中华优秀传统文化

程议莹　张志燕　陈　鹏　主编

中国国际广播出版社

图书在版编目（CIP）数据

中华优秀传统文化 / 程议莹，张志燕，陈鹏主编；王芳，高小晴副主编. --北京：中国国际广播出版社，2024.8--ISBN 978-7-5078-5593-7

Ⅰ. K203

中国国家版本馆 CIP 数据核字第 2024RV1918 号

中华优秀传统文化

著　　者	程议莹　张志燕　陈　鹏
责任编辑	万晓文
校　　队	张　娜
版式设计	邢秀娟
封面设计	豫燕川

出版发行	中国国际广播出版社有限公司　［010－89508207（传真）］
社　　址	北京市丰台区榴乡路 88 号石榴中心 2 号楼 1701
	邮编：100079
印　　刷	北京启航东方印刷有限公司

开　　本	787×1092　　1/16
字　　数	241 千字
印　　张	14
版　　次	2024 年 8 月　北京第一版
印　　次	2024 年 8 月　第一次印刷
定　　价	58.00 元

版权所有　盗版必究

前 言

中华民族是一个历史文化悠久的民族,自有人类文明史以来,中华文化是世界上唯一一脉相承至今而不曾中断的文化。五千多年文明发展中孕育的中华优秀传统文化,积淀着中华民族最深层的精神追求,代表着中华民族独特的精神标识,为中华民族生生不息、发展壮大提供了精神滋养,是我们坚定中国特色社会主义道路自信、理论自信、制度自信、文化自信的精神源头。因此,每一个中国人,特别是青少年学生,一定要了解、认同有着五千多年悠久历史的中华优秀传统文化,自觉传承和弘扬中华优秀传统文化,真正让文化自信在每个中华儿女心中落地生根。

本书吸收、借鉴相关教材的编写内容、思路和体例,在选材上贴近传统、贴近生活,着眼于全景式介绍中华优秀传统文化的形成、发展和基本内容,致力于给学生提供一个掌握浩如烟海、博大精深的中华优秀传统文化的系统而简明的文本,助力学生更好地理解中华优秀传统文化的特征和精神,进而思考传统文化的传承和发展问题,以此来提升大学生的人文素质,增强文化自信心和民族自尊心、自豪感。

本书内容包括中华优秀传统文化概述、中国传统文学、中国传统哲学、中国古代教育、中国传统史学、中国传统艺术、中国饮食文化、中国节日习俗文化、中国古代科技等。

在编写教材的过程中,编者参阅并引进许多学者的有关著作和著述并从中受到了不少启发。在此表示衷心的感谢!由于水平有限,本书中不妥之处也许难免,敬请广大读者和专家给予批评、指正。

目 录

第一章　中华优秀传统文化概述 …………………………………… 1
- 第一节　文化的基本概念 ………………………………………… 1
- 第二节　中国传统文化的生成及特征 …………………………… 13
- 第三节　学习中华优秀传统文化的意义 ………………………… 21

第二章　中国传统文学 ……………………………………………… 25
- 第一节　中国传统文学的特点 …………………………………… 25
- 第二节　中国传统文学的发展脉络 ……………………………… 29
- 第三节　中国传统文学的文体 …………………………………… 36

第三章　中国传统哲学 ……………………………………………… 47
- 第一节　中国传统哲学的发展和流变 …………………………… 47
- 第二节　中国传统哲学的宇宙观和人生观 ……………………… 57
- 第三节　中国传统思维方式 ……………………………………… 61

第四章　中国古代教育 ……………………………………………… 65
- 第一节　中国传统教育的历史与特点 …………………………… 65
- 第二节　古代读物与教材 ………………………………………… 74
- 第三节　中国传统教育类型 ……………………………………… 78

第五章　中国传统史学 ……………………………………………… 84
- 第一节　中国传统史学的发展历程 ……………………………… 84
- 第二节　中国传统史籍的主要体裁和史学著作 ………………… 89
- 第三节　中国传统史学的优良传统 ……………………………… 96

第六章　中国传统艺术 ·· 102
第一节　综合艺术：戏曲 ······································ 103
第二节　表演艺术：音乐、舞蹈 ································ 108
第三节　造型艺术：书法、绘画、雕塑、建筑 ···················· 120

第七章　中国饮食文化 ·· 131
第一节　中国饮食文化概况 ···································· 131
第二节　茶文化 ·· 139
第三节　酒文化 ·· 157
第四节　饮食礼仪 ·· 167

第八章　中国节日习俗文化 ······································ 175
第一节　传统节庆的类型与特征 ································ 175
第二节　传统节庆文化的意蕴 ·································· 178
第三节　传统节日风俗 ·· 182

第九章　中国古代科技 ·· 192
第一节　中国古代科技文化的发展历程 ·························· 192
第二节　中国古代科技的伟大成就 ······························ 204

参考文献 ·· 215

第一章
中华优秀传统文化概述

纵观世界现代化的历程，我们可以清楚地发现：一个国家的现代化进程不仅与经济革命、政治革命密切相关，而且与文化革命紧密联系。思想观念和科学技术的革命，常常是社会现代化的先导，并成为推动社会现代化的巨大动力。随着科学技术水平的提高，科技转化为现实生产力速度不断加快，文化在现代化过程中的作用越来越大。具有中国特色的现代化是物质文明和精神文明建设的和谐发展和可持续发展，是现代化建设与社会主义振兴的统一，又是世界性与民族性的统一，既要汲取世界文化的先进成果，又要弘扬中华民族的优秀文化。包括价值观念、思维方式、伦理道德、科学技术、教育、文艺等在内的中国特色社会主义新文化体系的建立，既是中国现代化的重要内容，又是中国现代化的强大动力。

因此，作为中国人，作为中国现代化建设的物质承担者和民族文化继承者、创造者的中坚力量，广大青年学生应了解、学习、研究并继承我国的优秀传统文化，不仅有助于增强我们的民族自信心和自豪感，而且有助于为实现中华民族伟大复兴提供充分而必要的人文素质基础。学习中国传统文化，一方面，有助于我们辨别良莠，抛弃封建糟粕，继承优秀文化传统，建构具有现代意识的新文化；另一方面，有助于我们更准确地认清当前中国的国情，在科学发展观思想下更好地建设中国特色社会主义现代化。

第一节 文化的基本概念

一、文化

（一）文化概念的界定

对文化概念的界定，是个复杂的问题。到目前为止，国内外仍无公认的统一定论。我们要讨论中国传统文化，必须先从"文化"的基本概念入手，这是无法绕过去的"坎",必须予以准确界定。而要界定"文化"一词,又须从认识"文""化"两字开始。文,在甲骨文中写作纹理交错的形状,《说文解字》解释为"文,错划也,象交文",由此衍生,又有文字、文章、条文、条理、装饰等意义。化,在甲骨文中写作一正一倒的两人形状,指人的姿态的变动,由此衍生,又有变化、感化、教化等意义,因此《说文解字》将其解释为"教行也"。"文化"一词,源于《易经》:"观乎天文,以察时变,观乎人文,以化成天下。"西汉刘向的《说苑·指武》:"圣人之治天下也,先文德而后武力。凡武之兴,为不服也,文化不改,然后加诛。"这里的"文化",是指与"武力"相对的教化。其内容有两个方面:一是《诗经》《尚书》《礼记》《乐经》;二是礼仪风俗。由此可见,在中国古代,文化就是文治教化、礼乐典章制度。今天我们通常用的"文化"一词,是19世纪末通过日文转译引进的。这个词在英文和法文中为Culture,德文为Kultur,它们都是从拉丁文Cultura演化来的。拉丁文Cultura有耕种、居住、练习、留心、敬神等意思,现在的英、法、德等西方语种中都保留了拉丁文的某些含义。

19世纪中叶,一些新的人文学科,如人类学、社会学和民族学等在西方兴起,文化的概念也随之发生变化,开始具有现代意义,成为这些新兴学科的重要术语。随着时代的发展,地域的变迁和文化学的日新月异,其含义也就较为纷繁,众说纷纭了。

据统计,如今世界上对文化的定义已经多达一万多种。目前使用较多的主要有四种:第一,知书识礼,指读书及懂得道理的多少,如人事档案中的"文化水平"等,即同此类。第二,文化部门,如主管文学艺术、图书文博、群众游艺等工作的文化和旅游部、文化馆等。第三,观念形态的文化,指除了经济、政治以外的社会生活领域。第四,人类创造的一切物质财富和精神财富的总和,这是广义的文化,如张岱年先生认为,凡是超越本能的、人类有意识地作用于自然界和社会的一切活动及其结果都属于文化,或者说"自然的人化"即文化。

在人们的日常生活中,"文化"一词的使用非常频繁。有时,"文化"是指与政治、经济、军事相并列的人类社会活动的某一门类;有时,"文化"又仅仅是衡量某人受教育程度、是否是文盲的评价尺度。在学者眼中,"文化"的定义简略但内涵饱满。梁启超说:"文化者,人类心能所开释出来之有价值的共业也。"而梁漱溟认为,文化就是"生活的样法"。

文化的概念又是多层次的。一般来讲,人们对文化的理解有三个层次:第一个层次的文化涵盖了人类所有的文明大文化观。第二个层次的文化主要指人类精神文化方面的创造性成果，而不包括物质生产及器物性、实体性成果，如英国人类学家泰勒在其《原始文化》一书中所说的，文化或文明，就其广泛性的民族意义来说，乃是包括知识、信仰、艺术、道德、习俗和任何人作为一名社会成员而获得的能力和习惯在内的复杂的整体。第三个层次的文化概念缩小了文化的范围，它沿袭了传统和现实生活中人们对文化的直观理解，即将文化理解为以文学、艺术、音乐、戏剧为主的艺术文化，如国人所熟知的我国文化部门所管辖的文化范畴等。

（二）马克思主义的文化观

马克思、恩格斯构建的文化观是基于历史唯物主义文化观发展起来的，他们在揭示人类社会运动变化规律的基础上，深刻揭示了文化的实质、特点和文化在发展过程中呈现的变化及动力等诸多方面。马克思主义树立的文化观是一种科学的文化理论，是当前我国社会文化建设的根本指导思想。同时，在马克思主义中国化的过程中，马克思主义的文化观又与中国历史和国情相结合，进一步被丰富和发展。中国特色社会主义文化作为中国特色社会主义理论体系的核心构成元素，也是马克思主义对应的文化理论原理和我国革命、建设相结合的产物，是我国文化建设及社会进步领域的具体指导理念。

辩证唯物主义及历史唯物主义作为马克思主义最根本的世界观和方法论，也是马克思主义文化观得以存在与发展的哲学基石。马克思、恩格斯在运用唯物史观分析揭示自然界、人类社会和人的思维发展规律的基础上，坚持从唯物主义的哲学立场出发，对人类文化的产生和发展做出了有益的探索，并提出"哲学正变成文化的活的灵魂"这一富有思辨性的观念。马克思、恩格斯在批判黑格尔和费尔巴哈唯心主义文化观的基础上，将人类思想文化的产生放置于社会实践中加以考察，强调"思想、观念、意识的生产最初是直接与人们的物质活动，与人们的物质交往，与现实生活的语言交织在一起的。人们的想象、思维、精神交往在这里还是人们物质行动的直接产物"。

马克思和恩格斯并未确立专门的文化著作及文章，但在他们的经济学、哲学等著作中，我们可以看到许多关于"文明""艺术""文学""观念""思想""精神生产""精神生活""意识形态"等的论述。这些论述基于辩证法和唯物论的哲学基础，包含了对文化本质的论述，对文化创造原动力的论述，对文化形态的论述，对精神生产、精神生产力和精神产品的论述，对经济、政治和文化三者关系的论述等。这些论述为我们展现了不同于以往任何一个时代的文化态度和文化观念：其一，人本主义文化观；其二，需要和为不断满足需要而进行的劳动是文化创造的原动力；其三，伴随着生产力水平的不断提高和生产关系的变化，文化形态也处于不断变化过程之中；其四，文化生产也是生产力，其过程和产品具有和物质生产不同的特殊性；其五，文化作为一种特殊的上层建筑，是由特殊的经济基础决定的，但与此同时，文化又对经济基础具有反作用。

以人为本的文化观是马克思主义文化观的核心思想。文化存在于特定的社会历史条件下，作为一种特殊的上层建筑，文化具有明显的社会历史性、阶级性特征。文化的社会历史性、阶级属性也是判断和区分不同性质文化的重要标准。马克思主义的文化观是无产阶级的文化观。为了确保人民群众的根本利益，马克思主义文化确立了以人为本、服务大众的文化政治立场。马克思和恩格斯在构建唯物史观及科学社会主义的过程中，积极肯定群众史观，指出民众自身的利益及意愿对社会的发展都起着重要指导作用，人民群众也是促进社会稳定发展的主体。基于这一认识基础，马克思明确了无产阶级政党自身所处的政治立场，这也充分说明了无产阶级对应的政治立场，无论是从无产阶级维度还是政党服务范畴方面，都为其提供了十分有效的指引。因此，伴随无产阶级运动发展起来的马克思主义文化观也需要明确自身的立场，将实现人民群众最广大的根本利益作为有效支撑，为无产阶级解放事业的稳定发展提供有效指引。由此，我们需要清楚地认识到，基于政治立场，需要对马克思主义文化详细解读，进而充分明确其阶级、人民属性。前者能够对马克思主义文化观开展有效阐述，后者则主要是基于服务目标阐述的，两者能够有效统一于马克思主义文化思想。中国在革命、建设和改革过程中坚持的文化建设指导思想也是以马克思主义为指导的，强调人民群众在文化创作中的作用及服务于广大劳动人民的文化宗旨。

文化有先进与落后的性质之分，先进文化对文化主体及整个社会具有巨大的指导作用。判断一种文化进步与否的重要标准是看其是否符合社会历史发展的潮流，是否能对社会发展起到积极的推动作用。马克思主义是科学的世界观和方法论，是以人为核心构建起来的学说，其根本目的是最终实现人的自由全面发展。马克思和恩格斯基于文化对人的解放作用及塑造作用等方面展开了具体分析，不仅在政治立场上明确了无产阶级文化构建的必要条件，也基于价值目标的维度充分明确了无产阶级文化对于人类生存发展所起到的重要作用。马克思、恩格斯在对资本主义文化进行深刻批判的基础上，深刻揭示出社会主义文化对于人这一文化主体的全面发展产生的重要意义，并将其作为人类自由发展的有效支撑，以及人类社会进步的重要标志。人类社会与文化相关的关注对于自身的稳健发展有着重要的促进效用。由此可知，先进的思想文化对于主体的全面发展都有着重要的指引作用，马克思主义文化观也是基于这一理念持续发展的，其价值目标在于为主体的自由发展奠定厚实的基础。

以上马克思主义关于文化的认识和研究为我国社会主义文化建设的发展奠定了深厚基础。当前，中国特色社会主义文化建设就是以马克思主义为指导的社会主义新文化建设，它与封建主义、资本主义文化有着本质区别，同时与共产主义文化相比，在理想信念、价值原则和伦理道德的实现程度、层次和范围上有着较大差别。当代中国先进文化的特质内涵可以概括为：它是民族性与时代性、民族性与世界性相统一的文化，是反映人民意志、代表人民利益的文化，是把弘扬科学理性精神与倡导人文精神统一起来的文化，是适应并引导、促进社会主义市场经济健康发展的文化，是与现代化进程相适应的文化。

（三）文化的基本特征

1. 文化的社会历史性

社会历史性是文化的根本属性和特征。文化存在于特定的社会历史环境中，是对特定的社会历史条件和状况的反映和认识。伴随着社会历史的发展变化，文化又是不断变化发展的。同时，文化是一个受客观规律支配的历史发展过程，文化的发展是继承和创新的统一。

首先，文化是对特定社会历史状况的反映。文化实质上是由特定社会历史条件决定的，是对具体社会状况的主观反映。经济基础决定上层建筑，文化作为一种特殊的上层建筑也是由经济基础决定的，是为特定利益群体服务的。因此，文化的这一属性从根本上决定了文化性质的不同。

其次，文化是一个受客观规律支配的变化发展过程。人类社会的发展同自然界一样也受到客观规律的支配，文化作为一种特殊的社会现象有其自身的发展规律，具体表现为，在文化规律的支配下，文化的历史进程呈现出由低级向高级的演变过程。纵观人类文化的发展历程，物质文化经历了由原始文化到传统农业文化，再经过近代工业文化到达现代信息文化的由低级到高级的发展过程；精神文化经历了由原始文化、古代文化、近代文化发展到现代文化的过程；制度文化经历了从原始公社制度、奴隶制度、封建制度、资本主义制度到社会主义制度的变迁。总之，文化发展的过程不是一帆风顺的，是曲折的，但方向是前进的，是前进性与曲折性的统一。

再次，文化系统是一个由量变到质变的过程。根据唯物辩证法观点，我们可以认为文化系统一直在进行着从量变到质变的过程，既体现出变化的稳定性，又体现出一种动态变化。这种量变在文化体系中被叫作稳定性；而质变则被称作动态性。分析世界历史进程我们会发现，文化大部分时间都处于积累状态，也就是所谓的量变阶段，这时候体现出来的是稳定性。而在文化积累到一定程度时，就会发生质变，这个过程是很快的，并且表现出了动态性。我们可以认为文化的沟通及一代代继承叫作文化的量变，而各种文化改革与革命就被叫作文化的质变。如果没有文化的积累就不会发生文化革命，文化的动态性变化离不开稳定性积累。所以我们在进行文化的发展与创新时，要注重对文化的积累和继承，让文化可以传承下来，保持文化的稳定性积累；在这个基础上，要注重对文化制度的变革，让文化创新的进程加快，让文化可以在传承精华的基础上更好地发展。

最后，文化的发展又是继承和创新的统一。文化的发展过程中既有对传统文化的继承，也有对新文化的创造。任何一种文化都不是凭空产生的，都是在继承先前文化的基础之上产生的。精华的积累带给了文化年代感，因此对精华的继承就是继承性的体现；但是文化也是要与时俱进的，如果一直故步自封，不接受文化创新，那么文化就只能一直原地踏步。文化的继承和创新既是相互矛盾的，又是彼此统一的。文化要想创新就要先继承，没有继承也就不存在文化的创新；而文化继承也是为了创新，如果不进行文化的创新，那么继承文化就变得毫无意义。也就是说，要想让文化可以一直存在下去，就不能只继承、不创新。所以，在经济与文化高速发展和不断更新的今天，我们也要注意对传统文化的继承与创新，对待传统文化不能一味地否定，也不能一味地吸收，要懂得分析，继承文化的精华，去除文化中的糟粕，并且与时俱进。同时，在对本民族文化进行继承和创新的过程中，我们还要打开国门，分析、学习和研究其他民族的文化，并且根据我国国情，在辩证分析的基础上有效进行合理吸收和借鉴，从而使我国的文化逐渐走向现代化。

2. 文化的主体性

文化可以理解为人化。文化的主体性是由人的主体性决定的，因此，我们首先必须探讨人的主体性。人是文化的创造者和主体，文化创造的过程实质也是主体客体化和客体主体化的辩证统一。马克思指出，人除了能够从事各种实践活动，同时也是文化的主体构成部分。人自身的主体性对于实践及文化活动的发展有着重要意义。首先，人的主体性最突出的表现为自觉性，具体指人对自身主体地位的意识。实践活动与认知活动都是围绕自觉主体而产生的，人们也逐步意识到自己能够能动地对世界进行改造，还能够能动地对自我进行改造，进而充分体现其自觉性。其次，人自身的主体性还表现为自主性，这也是基于人对其他自主性所呈现出来的主动性及独立性。然后，人自身的主体性还表现出显著的自为性。自为性指具有自觉性和自主性的主体所拥有的能力，也可以将其视为主体在实践维度的能力。最后，主体对应的主体性还能够视为对应的创造性。人和动物存在的差异主要在于人不仅可以模仿，还能对文化进行创新。

同时，人的主体性对文化的主体性起着决定作用。首先，文化具有的主体性体现为文化主体具有目的性和工具性辩证统一。文化对于具备创造性的主体有着十分重要的作用，也能为主体的综合发展奠定厚实的基础。其次，文化作为主体自由发展的必要元素，可以充分表现主体所具有的重要工具及举措，脱离文化之后，主体自身的发展也会受到巨大影响。所以，文化所具有的主体性表现为目的性和工具性有效统一。最后，文化所带有的主体性体现为文化主体具有的生产性及消费性的协调。文化生产的目的主要是更好地满足文化消费，文化生产可以视为一项具体举措，文化消费则可以理解为配套的目的，为了进一步促进社会主义文化的繁荣，更好地满足主体文化方面的需求。

文化的主体性与人的主体性是辩证统一的。一方面，人所具有的主体性决定文化主体性的发展，文化所具有的主体性又是依托人的这一属性而发展起来的。这也意味着，一旦两者脱离，文化的生产工作是无法开展的。另一方面，文化所具有的主体性能够对人的主体性产生重要影响。文化不仅有着"人化"特征，还具有"化人"属性。文化构建了人的主体性，马克思将其定义为"环境创造人"。这也意味着文化主体具备较强的被创造性，人所拥有的主体性和文化所具有的主体性的关系可以概括为：文化是由人创造的，文化对人具有塑造作用。

3. 文化的实践性

文化的实践性指的是人类依托自身的能动性进行文化创作、改造、发展等活动。文化的实践性表现为以下两个方面。

一方面，文化源于实践。实践是文化的唯一源泉，文化是实践的产物。因此，文化具有实践性特征。实践决定文化，文化反作用于实践。在实践与文化的彼此作用之中，实践对文化的决定性作用是根本的。首先，人类的实践方式决定着文化的性质。在实践方式中居于基础地位的是物质生产方式，文化的性质最终由物质生产方式决定。其次，社会实践的结构层次决定社会文化的结构层次。最后，实践的辩证性决定了文化的辩证性。人类实践活动既是一种自觉能动性的活动，又是一种客观物质活动。实践的主观性与客观性的辩证统一关系决定了文化主观性与客观性的辩证统一关系。

另一方面，文化指导实践。文化和实践之间彼此渗透。在实践决定文化的同时，文化也反作用于实践。实践的文化性表现在以下几个方面：首先，实践是在一定的文化背景下进行的，离开一定的文化背景，实践就无法进行。其次，实践是在一定的文化指导之下进行的，离开了先进文化的指导，实践难以取得成功。最后，人的实践活动本身就是一定文化的体现。实践行为是人的观念文化的外显，观念文化是实践行为的内在因素。由此可见，实践与文化相互依赖，实践依赖文化，文化也依赖实践。实践是发展和繁荣文化的基础，文化是人类实践的重要条件。在当代中国，必须积极投身于建设中国特色社会主义的伟大实践，才能发展和繁荣社会主义文化；也只有大力发展和繁荣社会主义文化，才能推动建设中国特色社会主义的伟大实践不断向前发展。

4．文化的创造性

文化的核心特征就是创造性。文化是被人们创造出来的，是创造性的一种表现形式。所以文化表现出来的最明显、最本质的特点就是创造性。马克思认为，人是文化的主体，实践是文化的基础；正是因为有了人，有了人对自然、对社会、对自身的认识和改造，世界上才有了可以称为文化的东西。所以我们可以做出下述总结：文化离不开创造者的创造性。人创造了文化，人的出现才带来了文化。但是如果用发展的眼光来看待这个问题，我们会发现正是文化的存在，才塑造出一个个活生生的人。人在刚刚出生的时候是不具备创造能力的，所以无法担任文化创造的主体；而慢慢学习文化以后，人就会被塑造成有自己特点的个体，并且也开始懂得认识事物与实践了，进而开始创造出新的文化。因此我们也可以说，人是被文化创造的，即人的性格、精神文化的塑造离不开文化。马克思也将文化与人之间的创新与塑造的关系定义为革命的实践。这直接表明了文化具有创造性。这也表明，在实践活动过程中，一方面人创造文化，另一方面文化塑造人。

由此可见，文化创新依赖创造型人才。这里所说的文化创新，就是推陈出新，创造出新的、符合时代发展需求的文化。文化创新一定要依靠创新型人才，离开创新型人才，任何文化创新都不可能实现。所以我们在进行文化创新的过程中，一定要注重对人才的积累与培训，只有具备足够多的人才，才能促进文化事业的发展。

5．文化的系统性

文化不是独自存在的，而是以系统的方式出现的。文化系统是指若干相互联系、相互作用、相互影响的文化要素所构成的具有一定层次结构并发挥文化功能的有机整体。因此文化系统体现出来的特性有整体性、交流性及传播性等。文化的整体性体现在，系统中的要素都是有机结合以后共同发挥文化作用的。层次性是指文化系统是由包含内容更广的母系统与单个的子系统组成的。我们可以认为全球的文化是一个包罗万象的母系统，而不同的国家体现出来的文化就是一个个子系统；而如果把国家文化作为母系统，那么省、市、区的文化就是子系统。随着经济全球化的发展，不同地区、不同国家之间的文化也在相互沟通、融合，不同的文化相互碰撞与整合。在这个过程中，我们既要坚持民族文化特色和社会主义文化的本质，又要放眼全球，紧跟时代和世界文化发展潮流，还要学习其他国家的文化，扬长避短，把我国文化建设得更全面。

（四）文化的功能

1. 文化具有社会服务功能

文化的存在和发展是对现实社会状况的真实反映，同时也具有对特定社会、特定阶级服务的功能。在阶级社会，居于主流地位的文化往往成为统治阶级维护统治秩序、巩固统治地位，继而更好地实现其经济利益的有效工具。比如，在我国封建社会中长期居于主导地位的儒家文化，其核心思想符合了封建地主阶级维持长久统治的需求，因此被推崇、被大力弘扬。因此，文化的性质从根本上决定了文化的服务方向，但不管文化代表哪个阶级和阶层的利益，其服务社会的特殊功能是不容抹杀的。这也是马克思主义唯物史观的具体体现。

2. 文化具有记录功能

文化的记录功能是比较重要的功能之一。在文字出现之前，人类通过语言口口相传，语言是唯一的传播方式，长者给幼者口传经验，教他们如何打猎和农作。同时，语言又可以跨越时间流传给后代。比如，在中国现代依旧有大量的古代流传下来的谚语，这些谚语是农耕时期的人们长时间经验总结出来的自然现象和生活经历，记录着当时农耕时代人们春耕秋收的历史。因此，语言是文化记录的有力方式。

在文字出现前期，人们还没有系统的表达符号来记录文化，但是人们似乎不约而同地想把自己做了什么流传下去，因此世界各地都发现了大量的壁画，原始人用烧过的木头、动物的血液等在墙上形象地画出眼中所看、心里所想，我们才得以了解到那时的祖先如何生活。后来人类的发展出现了系统的文字符号，有的写在动物的骨头上，有的写在泥土上，有的刻在墙上，人类从身边的事物开始记载，古代先贤们通过他们的双手给我们留下了大量的财富。后来人们发明了可以书写的纸，这给文字的发展做出了巨大贡献，文字的记录也越来越多。通过文字，我们可以清楚地了解往日的世界及伟大先贤的生活，这就是文字记录的功能。

当然，除了语言和文字，人类还有大量的文化瑰宝流传于世。原始人的石斧、农耕人民的犁耙、青铜时期精美的青铜器，每一件瑰宝的流传都记录着几个时代的文化。我国五千年的历史长河中也有不少举世震惊的大制作，如长城、故宫、敦煌石窟、京杭大运河等，无论哪一样都是令全世界瞠目结舌的旷世之作，体现着我国古代劳动人民的勤劳与智慧。

3. 文化具有认知功能

在历史的漫漫长河中，文化在潜移默化中形成，又深远地影响着这片土地上的人类。独特的文化对应着独特的思维，在漫长的进化中人们形成了相对稳定的思维方式和习惯，这种定式一代又一代地流传，也在不断地发展。因此，这就赋予了文化强大的认知功能。从某种意义上说，几千年流行的传统文化对于今天的人来说，第一个用处就是其认识价值。它们是一面面历史的镜子，可以让人们看到人类的昨天，思考人类的今天并探索其明天；帮助人们结合新的实践，不断丰富扩展着对自然、社会和自身的认识。

4. 文化具有传播功能

文化是具有生命力的，它随着人类自身的活动不断地传播、交流、更新。文化的传播在世界的发展过程中起到了巨大的作用，文化传播和交流是文化发展的基本动力。人类的语言是文化传播的重要手段。语言的出现是人类文明发展中巨大的里程碑，有了语言，人类可以通过这一种表达来传播文化，文化的传播得以穿越河山大川。而文字的产生更是辉煌的创造，文字的记载让文化流传千年，今人在字里行间就能够读出千百年前人类的文化生活。

不同的地区、国家有不同的语言文字，给文化交流带来了困难，但是除了基本的表达之外，具体可见的实物同样承担着文化传播的重任。现代互联网的发展给文化的传播带来了空前的效率。随着时间的流逝，科技飞速发展，信息的传播速度迅速增长，全世界文化日益成为一体。

5. 文化具有教化功能

文化是具有教化意义的。人们在发展的道路上创造了文化，这些文化也在打造一代又一代的人们，文化和人类是相互影响的。文化流传的最终目的也是教化后代，把自己的生活经历告诉后代，文化的其他功能甚至可以说都是以教育教化为基本目的的，人类在发展中不断地完善着人类这个角色。因此，教化功能是文化的重要功能。

6．文化具有凝聚功能

文化是一个国家的凝聚力。中国地域辽阔，民族众多，民族的文化是我们团结一致的根源。各族人民同根、同源，在华夏文化的熏陶下长大，我们都是炎黄子孙，文化给了我们最强的动力。我们要把文化的凝聚力引向更积极的方向，凝聚在一起为实现中国梦而努力。在今后的文化建设中，我们要充分发挥先进文化的引领作用，凝聚共识、众志成城，集中广大人民的智慧和力量，共同推进中华民族的伟大复兴。

7．文化具有调节功能

文化的调节功能是有力的。人是社会性的，没有哪个人可以离开社会独自生活，但是人类的思想不是统一的，每个人的欲望需求都不尽相同，所以社会处处存在矛盾，如果矛盾无法解决，社会就会进入混乱状态。文化可以调节、影响和制约人们的行为规范，通过制定法律法规、道德规范等，具体规定什么是合法的、什么是非法的、什么是道德的、什么是不道德的，从而调节人与人、人与社会的关系，维护良好的社会秩序，实现整个社会的和谐发展。因此，文化的调节、制约功能是社会文明发展的有力保障。

8．文化具有价值功能

文化是社会价值选择判断的指针。任何社会形态的文化，不仅包含着这个社会"是什么"的价值支撑，而且也蕴含着这个社会"应如何"的价值判断，以维护这个社会的稳定和引导其持续发展。在特定的社会环境下，人通过接受各种形式的主流价值观的教育教化，通过不断处理与周边各种关系的过程，调整自己的观念和行为，以至于最终内化成为自己的价值选择和行为方式。文化作为一定的价值体系，使人形成十分明确的价值需求和取向。而且人们通常根据这类需求和取向的基本要求，评价和判断一个人进行或积极或消极的价值取向。因此，文化成为整个社会的"指示"系统，它不仅向人们昭示着追求高尚德行的准绳，而且规范着人们的行为选择，使人们的行为更具理性。

9．文化具有动力功能

文化是人类进步的原动力，推进着人类前进的步伐。从历史的演变来看，从原始社会历经奴隶社会、封建社会，进入现代的文明社会，人类社会制度是在不断演变更替的，同时也是在不断完善改进的。从人自身的发展来看，人类在满足自身物质需求的基础上，自身的认知能力和水平是不断提升的。而文化是人类社会不断进化的动力，是人类在地球不断强大、登上生物界之顶的重要原因。人类社会发展的历史表明，当一种旧制度、旧体制无法适应生产力、无法满足经济基础进一步发展需要的时候，文化对新制度、新体制的建立起着重要的引导作用。蕴藏在新制度、新体制中的文化精神，一方面为批判、否定和超越旧制度、旧体制提供锐利武器，另一方面又以一种新的价值理念，给人们以理想、信念的支撑，推动革命阶级和人民群众去变革社会，促进社会制度的创新发展。

10. 文化具有创造功能

文化是不断变化的，不是一成不变的。文化的发展过程就是不断创新、创造的过程，文化的发展包括社会制度、人们的信仰、科技等，这些都是人类在现有的文化中创新、创造出来的，所以文化具有强大的创造力。

文化的创新是人类得以繁荣、延续的根本，一部文化的发展史就是一部人类社会的变迁和发展史。文化的创新与传承是相辅相成的，创新离不开传承，传承没有了创新也就失去了意义。中国特色社会主义文化建设就是一个传承与创新的过程。一方面，它继承和发展了中华民族的优秀传统文化基因和内核；另一方面，它又与时俱进，放眼全球，不断推陈出新。正是在正确认识和处理文化传承与创新的基础上，中国特色社会主义文化才不断得以繁荣发展。

二、传统文化

中国是具有五千年历史的文明古国，中华文明从来都没有断裂过，中华文化始终处在不断传承和创新之中。因此，中国具有丰富的传统文化资源。然而，当前学术界对于传统文化的定义很模糊。在这里，笔者认为传统文化是文化和传统的一个结合概念，更突出文化的传统性。"传统"是指世代传承的具有自身特点的社会历史因素，是历史上流传下来的思想文化、思维方式、行为方式、制度规范、风俗习惯、宗教艺术等的总和，其具有时间上的历史性、延续性及空间上的拓展性和权威性的特点。传统的文化涵盖古今，范围很广，是跨越时间、空间的延续。

中华传统文化深深影响着华夏民族的发展。中华传统文化从时间上来看，是从中华文化的形成到清朝灭亡之间形成的博大文化，是一个大的整体；从思想派别分类和意义上来讲，传统文化是指在人们生活发展过程中形成的统一的文化系统，涵盖诸子百家，儒、道、法、佛各家思想；从文化内容来讲，它包括从自然到社会和人类自身，涵盖政治、经济、文化、艺术、军事、医药等诸多方面；从文化结构来讲，中华传统文化既包括人们的饮食、服饰、建筑等物质文化，也包括各种思想观念、价值判断等。当然，我们在这里主要研究和探讨的是精神层面的文化。丰富的传统文化资源为我们进行社会主义文化建设提供了重要的基础。当然，在如何对待传统文化方面，我们也要坚持和掌握一定的原则。

三、中华优秀传统文化

中华优秀传统文化主要是指我国的传统文化在发展过程中所具备的优秀的文化发展因素，它展现了我国文化发展的核心方向，对于促进我国文化的快速发展具有深远的意义，对于我国的整体文化发展具有促进的意义，是民族文化发展的主要推动力。简言之，中华优秀传统文化是指在我国民族文化发展进程中所形成的积极向上、不仅适用于古代社会，并且对当前社会发展仍然具有重大推动作用的文化因素。从这里可以看出，优秀传统文化不完全等同于传统文化。它是传统文化中那些反映中华文化健康向上的内容；能够鼓舞人们前进，无论在历史上还是在当代中华文化的建设中，都具有激发民族自信心和自豪感的作用；具有民族文化认同功能；具有历史继承性和稳定性；是中华文化的活的精神，在今天仍然具有强大的生命力。因此，所谓中华优秀传统文化，是指中华传统文化的精华所在、精神所在、气魄所在，是体现民族精神的优秀价值内涵。中华优秀传统文化博大精深、丰富多彩。从文化的外延来看，中华优秀传统文化既包括物质文化，也包括精神文化（这里主要研究精神文化）；从学派来看，其既包括儒家的思想，也涵盖道家、法家、墨家等各家学派的思想精华；从文化内容来看，其既包括优秀的政治思想，也包括以爱国主义为核心的民族精神和优秀的道德精髓。

第二节 中国传统文化的生成及特征

中国传统文化是一条源远流长的大河，它产生于"人猿相揖别"的远古时代，经历了数千年的风风雨雨、坎坷曲折，穿越千沟万壑，汇聚了条条溪涧，终于形成了汹涌澎湃、一泻千里的巨浪波涛。它从孕育起源到雄强博大，走过了一个漫长而曲折的发展历程，并逐步形成了自身显著的特征。

一、中国传统文化的生成与发展

文化，如果从广义的概念理解，它的起源就是人类的起源，有了人类，就有了文化。全世界各地都流传着各种各样的神话传说，其共同特点就是上帝或者神创造了人，创造了世界，如中国的"盘古开天辟地""女娲造人说"等。科学的人类学产生之后，人们现在大都承认，人类起源于一种古猿。而在人类的进化过程中，劳动起了决定性的作用。恩格斯在《劳动在从猿到人转变过程中的作用》一文中，将人类的起源过程分为"攀树的猿→正在形成的人→完全形成的人"这样几个阶段，提出了著名的"劳动创造了人"的著名论断。中国的考古工作者经过长期的考古发掘，在中国境内先后发现了北京猿人遗址和蓝田猿人遗址，后来又发现了元谋猿人遗址、安徽繁昌猿人遗址等，这些都证明中国大地是人类的摇篮之一。从体质人类学考察，从旧石器时代到新石器时代的中国居民，基本上是在蒙古人种的主干水平下发生和发展的，构成中国原始先民的人种特征中没有发现西方人种的成分，中国人种是独立起源的。

中国地域辽阔，地理环境和自然条件复杂，产生在不同地域和条件下的中国文化一开始便呈现多元分布和多样统一性。黄河流域、长江流域、东北地区、华北地区、西北地区、青藏高原都有不同类型的旧石器和新石器时代文化遗址的发现。新石器时代文化遗址多达七八千处，证明中国文化是在不同地方多元发生而后逐渐融合形成的统一体。

中国境内发现的猿人化石，存在着一些共同的体质特征，但至新石器时代，各地区居民的体质有明显的差异，而且骨骼的异常变形还反映出各地存在着地区性的特殊风俗。根据考古发现、神话传说和民俗学的研究，中国上古文化分布很广，而华夏、东夷、苗蛮等可以称为中华民族远祖的三大文化部落。三大部落之间曾经发生长期的联合和不断的冲突，最后则在冲突中走向融合。首先，华夏族炎、黄两个部落联合打败了东夷族蚩尤部落，完成了华夏与东夷族的融合；后来，黄帝部落又击败炎帝部落，黄帝成为华夏部落的代表；之后华夏部落又征服了苗蛮部落，实现了华夏部落在中国的统一，从而确立了中华民族文化的主流地位。

文化有其自身的发展序列，这就是文化史。中国文化经历了原始文化、古代文化、近代文化、现代文化四个阶段。

中国传统文化主要指中国古代文化。这一时期，中国文化大体经历了奴隶制时代和封建制时代。根据学术界对中国文化史的普遍分期，可以大致划分为五个时期。

夏、商、西周和春秋战国时期：中国文明奠基和元典创制期。公元前2000年左右，文字、青铜器、宫殿、祭坛等的出现，揭开了童年时期中国早期文明的面纱;天地人三大祭祀,孕育了中国文化一系列特征;公元前5世纪至公元前3世纪形成的《诗经》《尚书》《礼记》《周易》《春秋》以及《论语》《墨子》《老子》《庄子》《孟子》《韩非子》等中华元典,系统地展现了中华文化的中坚理念,营造了中国人的精神家园。

秦汉时期:一统文化探索、定格期。中国文化的很多基本面貌都在秦汉时期固定下来;在经过秦朝至汉朝前期百余年的探索、调适与磨合之后,大一统帝国的集权制终于找到了一种与之相契合的意识形态,即发端于元典时代而又吸纳了道、法、阴阳诸家的文化;中国古代皇权更替、朝代循环的基本模式,在这一阶段形成并固定下来;中国文化由多元走向统一,中原农耕文明在与周边游牧文明的冲突交融中,逐渐赢得强有力的控制地位。

魏晋南北朝至唐中叶:胡汉、中印文化融合期。农耕文化与游牧文化的冲突整合是600年间中国文化的一大主题。北方游牧民族、西域商业民族大量迁入中原地区,造成胡汉文化的交流和融合;印度佛教文化东传,与中国传统文化冲突、碰撞,互相吸收,造成儒释道的吸收与交融。在这一时期,佛教中国化,并最终融入中国传统文化的主流,成为中国文化的一部分;随着经济重心的转移,文化中心也开始发生向东南的转移。

唐中叶至明中叶:近古文化定型期。唐代中叶以后,庄园经济破产,自耕农经济定型;赋税制度的改革,越来越明确地把封建政府与平民的直接经济关系确定下来;由于科举制度的实行,官吏直接通过考试选拔,造成综合型官僚和士大夫政治的出现。城市经济日益发展,工商业繁荣,市民阶层兴起,市井文化趋于活跃;酝酿于唐中叶、在宋明两代得到发扬光大的"理学"成为封建社会后期官方意识形态;文人、官僚、地主或商贾合为一体,形成所谓士大夫阶层,其审美情趣、人格理想、道德观念主导了全社会的价值规范,影响深远。

明代后期至鸦片战争:中西文化交汇及文化转型期。随着欧洲人环球航行的成功,西方传教士来华活动揭开了中外文化交流史上新的一页,开始了西学东渐和汉学西传的新局面。这是继佛教东传以后,中国本土文化与域外文化的又一次大交汇。中国传统文化遇到西方现代文明的挑战。商品经济的发展,市民阶层的兴起,导致意识形态领域许多新思想、新观念的产生;明朝的覆亡,给中国地主阶级、知识分子心灵上极大的震撼,明清之际顾炎武、黄宗羲、王夫之等开启近代启蒙主义之先河。这些都预示着中国传统文化进入一个深刻变革时期。至鸦片战争发生,西方列强用炮舰和商品打开中国封闭的大门,中国文化便进入与西方文化冲突、调适、融合、变革的艰难过程，成为中国传统文化现代转型的起点。

二、中国传统文化的基本特征

中国传统文化的特质决定着它所表现出来的种种特征。由于中国传统文化的历史源远流长，内容博大精深，因而在表现形式上就不可能是单一的，而是丰富多彩、有着众多层次和方面的系统结构。概括起来讲，中国传统文化的基本特征有如下几个方面。

（一）以德性修养为安身立命之本

在中国传统的安身立命观念中，最注重的是个人的自我德性修养，而其中又以儒家的自我修养理论影响最为深远。在孔子看来，要变"天下无道"为"天下有道"，志士仁人在德行修养方面就要达到"仁、智、勇"的"三达德"境界。一旦一个人达到了这一德性修养境界，就能做到"知（智）者不惑，仁者不忧，勇者不惧"（《孔子·子罕》）。

到了宋代，朱熹发挥了"居敬察省"的德性修养理论。所谓居敬，就是意念之间存在一个郑重而不苟且的态度，对人、对事、对学问、对根本的义理，都郑重其事。所谓察省，就是做到时时反省检查自己。正是鉴于德性修养对于一个人安身立命的重要性，他把《礼记》中的一篇《大学》单独拿出来，列为"四书"之首，而《大学》之所以被看重，其原因就在于它强调了自我修身的八个步骤，并以天下太平、和谐为终极目标。这一修身功夫最初的两个步骤是诚意、正心，即立志；接下来两个步骤是格物、致知，其目的在于了解世界；接下来的一个步骤是前面四个步骤的总结概括，即修身，其目的在于使自己变得完美，以便使自己能够担负起社会历史责任；最后三个步骤是齐家、治国、平天下，其目的是实践自己的德行，在治国安邦的社会活动中实现一个人的生命价值。在古代，《大学》是每一个读书人接触的第一本经典，具有启蒙和确定人生宗旨的作用。可以说，后来整个中国文化关于修身方面的论述都是以它为主导的。

中国传统修身理论讲诚意、正心、格物、致知、修身、齐家、治国、平天下，其中心环节是修身。因为诚意、正心、格物、致知是功夫，目的是修身；齐家、治国、平天下是修身的必然结果，身修好了，那就会家齐、国治、天下太平。所以说，修身是立身之道，也是立国之道。传统文化中的德行修养理论，强调了个人道德修养对社会的重要作用，这显然是非常合理的。这一德行修养的传统积极结果就是在历史上塑造了无数个像范仲淹那样的"先天下之忧而忧，后天下之乐而乐"的志士仁人，他们身上所体现的崇高德行已成为我们民族的道德理想追求。

（二）以中庸为基本处世之道

中庸之道作为儒家最推崇的为人处世之道，一直贯穿整个中国古代的传统观念。按照孔子及其以后儒家的解释，"中庸"的"中"，有中正、中和、不偏不倚等含义；"庸"，即"用"的意思。"中庸"，即"中用"之意。所以，"中庸"的意思，即把两个极端统一起来，采取适度的中间立场，既不能过，也不能不及。从历史上来看，中正平和思想在孔子之前就有人提倡。尧在让位于舜时就强调治理社会要公正、执中。《周易》中也体现了"尚中"的观点，所以，它的中爻的爻辞大多是吉利的，也就是说，只要不走极端是不会出现不利局面的。春秋时期，中正平和思想进一步扩展到其他领域，如晏子认为，食物、色彩、声音等能使人们心平德和。

孔子及以后的儒者，则在上述基础上对中庸思想做了广泛的发挥：在政治上，依据中庸之道的原则，既不能一味宽容、宽厚，采取无为的态度，也不能使政策过于刚猛，刑罚过于苛重，二者要互相协调、互相补充，以中和的态度处理政治问题。在经济上，依照中庸之道的原则，要给予百姓实惠，但不能浪费；要使百姓勤于劳作，但不能过度压榨他们，使他们产生怨恨；要允许各种欲望得到满足，但不能鼓励贪婪，没有限度。在伦理道德上，中庸更是被视为最高的道德原则。只有遵循中庸原则的人，才能成为君子；行为过激的人，只能被看作小人。孔子就曾批评他的两个学生，子张放肆过了头，子夏则过于拘谨，他们都没有做到中庸。在日常行为方面，以中庸之道来看，做事若只考虑实际的质朴，以致忽视了文采，就会显得粗野；而若只考虑外表的文采，以致忽视了质朴，则又会显得虚浮。在处世态度方面，主观武断而不留余地，以自我为中心，固执己见，都不符合中庸之道。在审美欣赏方面，依照中庸之道，可以追求美的享受，但不能沉溺其中；可以有各种忧思悲哀，但要适度，不能伤害身体。

中庸之道还被后世儒家进一步概括为世界的普遍规律，它不但体现了事物发展运行的规律，也成了人们实践所必须遵循的普遍原则。所以，中庸之道成为社会教化的重要内容，被视为是做人必须达到的一种境界。《礼记·中庸》把这种境界称为"极高明而道中庸"。至于如何达到这一境界，《礼记·中庸》认为有五个步骤："博学之，审问之，慎思之，明辨之，笃行之。"这一思想对我国古代知识分子安身立命与为人处世的实践产生了极其重要的影响。

作为一种根本的处世之道，中庸之道使人们普遍认识到自己的行为态度要适度,从而避免过激行为的出现,这使得中国社会有了某种特殊的稳定性,这是它积极的一面。但另一方面,它也为折中主义、明哲保身的处世哲学提供了理论土壤,这又在一定程度上阻碍了社会的向前发展。

(三)以耕读传家为根本的治家之道

在古代中国家国同构的社会结构下,治家之道历来被看得很重。其中,"耕读传家"被视为最基本的治家之道。"耕"是指农耕,"读"则是指读书。这一注重耕读的传统观念是与我国两千多年的封建社会相适应的。

我国古代社会的基本结构是以农养天下,以士治天下。这也就是说,养天下必须重农耕,治天下必须重读书。我们知道,农业是中国古代社会的根基,历代统治者均有深刻的认识,故而总把"重农"作为安邦兴国的基本精神。《吕氏春秋》一书中讲:"霸王有不先耕而成霸王者,古今无有。"所以,春秋战国以来,"重农"已成为君主既定的兴国之策。另外,古代统治者也看到了读书人在治国安邦中的重要作用,于是采取各种方式把读书人中的佼佼者吸收到统治阶层中来,置其于官位,供之以俸禄,使读书人为其所用。统治者的这种重农耕、尚读书的长久治国策略影响到民间社会,就形成了中国家庭"耕读传家"的基本观念。

其实,中国自古就有尚农的传统,把农桑视作生存之根本。《周易》讲:"不耕获,未富也。"从秦朝开始,历代统治者的重农抑商政策,更是把人们牢固地牵制在土地上,天下百姓莫不以农耕作为根本的生活手段。长期的经验积淀使得古代中国人树立了一个牢固的信念:农耕是最可靠的、最为稳定的生存手段,除非万不得已,否则是不能放弃的。正是在这样一种观念的影响下,在我国古代,即使是通过工商业致富或为官发财的人,最终也以购买田产作为根本生存与发展之计。因为,相比而言,这乃是最稳定的保存家产的办法。

虽然农耕是生存的基础,而若要求发展、求成就、求财富,在中国古代社会,唯一的正道就是读书。因为"学而优则仕",读书人可以通过读书入仕谋生,乃至发财致富、光宗耀祖。所以,孟子就说过:"士之仕也,犹农之耕也。"这句话的意思是说,读书人做官就像农夫耕地一样可以安身立命。

可见,"耕读传家"这一观念既有重生计之"俗",又有求高洁之"雅",实在是我国古代传统文化中融雅俗于一体的生存智慧。它是古人在重农尚仕的社会之中所能采用的最好治家方式。因此,"耕读传家"作为根本的治家观念深植于传统文化之中,几千年来一直为世人所接受并传承。

（四）以经学为治学之根本

在中国传统文化中，经学成为一以贯之的学术之根本。"经"本来是孔子所整理的上古文化典籍，总称为"六经"，即《周易》《尚书》《诗经》《礼》《乐》《春秋》。它包括了古代的政治、历史、哲学、文学、音乐、典章制度等丰富的文化内容。孔子去世后，儒家分为很多流派，但这些不同派别的思想家对"六经"均非常重视。荀子在《劝学》篇中就认为，做学问"始乎诵经，终乎读礼"。也许正因为这一缘故，荀子被认为是经学最初倡导者。到了汉代，汉武帝采纳董仲舒的建议，"罢黜百家，独尊儒术"，"经"的地位也因此而大大提高。研究"六经"及儒家经典的学问被称为经学，是当时学术文化领域中压倒一切的学问。与此同时，"经"也在不断扩充与增加，到宋朝时已扩充为"十三经"，《论语》《孟子》及阅读古代经书的语言文字工具书《尔雅》等也都包括在了其中，成为一切文化学术的根本。

正因为如此，在我国古代，"经"具有不可更改和不容怀疑的权威性。西汉王朝推行"以经取士"的选官制度，更是引导读书人只从"经"处做学问。此后，传授经典和注解经典都成为专门的学问，并逐步形成了自汉代至清代的官方哲学——经学。

作为一切文化学术的指导性经典，这些"经"常常被刻在石碑上，以显示其权威性。据史籍记载，在中国历史上，就曾有过七次大规模的刻经。如今，西安碑林博物馆内还完整地保存着唐代的"开成石经"。除刻经外，历代对"十三经"的注疏、训解、发挥更是层出不穷。清代乾隆年间的《四库全书总目》记载，"经部"的著作有1773部，20427卷。可以说，在汉代以后，经学的发展取得了驾驭和主导一切学术文化领域的至高无上的地位。

其实，经学是一门内容涉及广泛的学科，仅就"六经"而言，就已经包含了人文科学及某些自然科学。孔子就说过，读《诗经》，甚至可以增加对鸟、兽、虫、鱼、草、木之名的博物知识。因此，经学本身并不排斥自然科学，相反，儒家经学中的理性主义及某些思辨方法，对自然科学甚至还有启迪的意义。

（五）以义利合一为基本价值追求

追求义利合一是中国传统文化中基本的价值思想，它是在古代思想家们漫长的义利之辩的争论中逐步形成的。这里所说的"义"是指道义，而"利"则是指利益，一般多指物质利益。

从先秦开始，中国古代思想家们就纷纷对义与利的关系问题发表自己的看法。以孔孟为代表的儒家主张重义轻利，如孔子就说"君子喻于义，小人喻于利"。孔子虽然没有否定"利",但他反对见利忘义,主张君子要"义以为上""见利思义"。孟子继承了孔子的思想,但更强调义与利的对峙。他说"何必曰利?亦有仁义而已矣"(《孟子·梁惠王上》),并以"为利"还是"为义"作为区别小人与君子的唯一价值标准。荀子则认为,任何人都不可能不考虑个人利益,然而应使个人利益的考虑服从道义原则的指导,用他的话来说就是"义与利者,人之所两有也"。荀子就认为虽尧舜不能排除民之欲利,虽桀纣不能去民之好义。所以,荀子认为处理好义利关系的基本原则是"见利思义"。这与孔子的思想也基本是一致的,只不过他更承认人有好利之心这一基本事实。到了汉代,董仲舒提出了"正其谊不谋其利,明其道不计其功"的著名命题,以尚义返利的观点片面发展了先秦儒家的重义轻利的价值观。所以,后来清初的启蒙思想家颜元针锋相对地提出"正其谊以谋其利,明其道而计其功"的相反命题。他认为:"义中之利,君子所贵也",把义与利结合了起来。颜元在古代思想史上第一次对董仲舒以来的道义论价值观做了可贵的纠正。

(六)以直观意象为基本思维方式

与西方传统文化中强调逻辑推理的思维方式不同,中国传统文化在思维方式上以直观意象为主。这是一种通过直观、直觉来直接体悟和把握对象的一种思维方式。这种思维首先是直观和直觉的,儒、道、佛三家的认识论都带有这一思维特点,最典型的表现就是充分体现儒、道、佛三家合一的理学思维。宋明理学家将"太极""天理"作为包容了宇宙人生一切真理的本体存在。但对这个本体的认识,他们认为只有通过直觉、顿悟才能实现。只不过以朱熹为代表的理学派强调"格物致知""即物穷理",把经验和积累作为顿悟的必要条件,最后通过顿悟而"豁然贯通",由渐而悟,完成心理合一、天人合一的整体认识。而以陆九渊、王阳明为代表的心学派则主张当下参悟,明心见性,"立其大著""点铁成金"。张岱年先生曾指出,中国哲学只注重生活上的实证,或内心之神秘的冥证,而不注重逻辑的论证,体验久之,忽而有悟,以前许多疑难豁然消释,日常的经验乃得到贯通,如此即是有所得。中国思想家的习惯,即直接将此悟所得写出,而不是更仔细地证明之。由此可见,与讲究分析、注重普遍、偏于抽象的西方传统思维方式不同,中国的直觉思维更着重于从特殊、具体的直观领域去把握真理,它超越概念、逻辑,是一种创造性思维,显示出中国人在思维过程中的活泼不滞、长于悟性的高度智慧。

中国传统文化中所体现的思维方式又是意象的。这种意象性源于直观直觉又超出直观直觉。在《周易》里,我们就可以看到这种极具中国特色的思维模式。《周易》中由阴阳、八卦、六十四卦和三百六十四爻组成的卦象，就充分显示着意象性思维，它由象数符号表现整体意义。中国传统的文学艺术则更注重意和象的浑融一体，强调只有发现和形成了意象之后的创作，才能进入独特的境地。所以，中国艺术就是在营造意象的艺术，如中国画就强调"意存笔先，画尽意在"。所以，中国画中所描绘的，与其说是客观对象，不如说是主观的意义和象征。中国书法艺术是意象艺术，书法美是意象美。所谓书为心画，是有意味的形式与象征。同样，中国古代的诗歌不同于西方偏于表现情节，而是借象寓意，借景抒情、情景交融，追求意和象、意和境的极致。"昔我往矣，杨柳依依；今我来思，雨雪霏霏。"从中国最古老的诗歌总集《诗经》就开始对意象的追求与营造，显示出中国传统文学所特有的韵致和意境。

独特的思维方式使中国传统文学艺术不同于西方文学艺术偏于再现、模仿、写实，追求美与真的统一，而是偏重象征、表现、写意，追求美与善的统一。正是在这一特有的文学艺术传统的范式熏陶下，中国古代的艺术家们创作出了大量绚丽多彩、意境深远的艺术作品。

第三节　学习中华优秀传统文化的意义

中华文明源远流长，孕育了中华民族的宝贵精神品格，培育了中国人民的崇高价值追求。自强不息、厚德载物的思想，支撑着中华民族生生不息、薪火相传。中华民族之所以几千年屹立于世界民族之林，历经磨难，一次次凤凰涅槃，成为人类发展史上的奇观，最根本的就是深深植根于民族基因的伟大精神支撑和崇高价值追求。

一、有助于更加准确地认识自己

中国是古代四大文明古国之一，中华文化也是唯一传承和发展至今的古代文明。中华文明历史悠久，内容丰富，有着独特的魅力。在很长一段时间，在世界文明舞台上独树一帜，独领风骚，是世界其他国家主动前来学习的对象，尤其是中国的儒家文化广泛地影响到了日本、朝鲜等国家，形成了以中国为中心的东亚文化圈。在中国社会日益现代化的今天，学习中国传统文化，有助于了解中国历史，掌握中国文化的特征，更好地明确中国文化的特性，这是当前中国人民在实现中华民族伟大复兴征程中，在全球化时代，始终保持中国文化特色、明确中国身份的关键。

二、有助于继承中华优秀传统，创造美好未来

学习中国传统文化，不仅仅是了解中国传统文化的丰富内涵，更要懂得中国为什么会有这种文化类型，以及中国传统文化的优秀之处。在全球化时代，中国传统文化的传承与发展在抵御全球文化一体化、捍卫世界文化多样性上有着积极的作用。通过系统的知识学习，大学生会增进对中国传统文化的全面了解和认识，增强对中华文化的自信心，要懂得在全球化时代，文化的多样性必然建立在各国人民对本国文化的传承和发展的基石上，只有各美其美、美人之美，才能美美与共，天下大同。学生只有认真学习和了解中国传统文化，才能自觉承担起传承和发展中国传统文化的责任，才能使 21 世纪的中国，在实现政治、经济富强的同时，有属于自己值得自豪的民族文化，这也是支撑中华民族屹立于世界之林的文化基石。

三、有助于坚定全国人民的理想信念

中国特色社会主义根植于中华文化沃土，反映中国人民意愿，符合中国和时代发展进步要求，有着深厚历史渊源和广泛现实基础。我国的特色社会主义文化发展的根本因素是中华优秀传统文化，在继承中华优秀传统文化的基础之上，中国共产党不断探索适合中国的社会主义发展道路，将马克思理论与我国的发展现状相结合，实现中国化发展道路。中华文化的发展与马克思主义的发展都要以中华优秀传统文化作为基本要素，所以不了解中华传统文化，就无法发挥中华文化具备的较强文化发展优势，达到我国文化发展的目的。

黑格尔在其《历史哲学》中指出，世界历史自身本质上是民族精神或国家精神的辩证法。即一个民族或国家之所以能屹立于世界民族之林，就在于其具有独特的民族精神和文化传统；而一个民族或国家要想引领世界发展，就在于其具有优秀的民族精神和文化传统。因为优秀的民族精神和文化传统是其"凝聚剂"和"助推器"。博大精深的中华优秀传统文化和时代发展的特征紧密地结合起来，能够为我国增添文化发展的动力。中华民族实现伟大的发展征程，既要反映我国的发展，同时也要继承我国悠久的中华文化。只有很好地认识和把握中华传统文化，才能很好地认识和选择当代中国的发展特色和发展道路，进而增强文化自信和道路自信。弘

扬中华优秀传统文化，对于我们坚定中国特色社会主义的共同理想，实现中华民族伟大复兴具有重大意义。所以我们要积极传承优秀传统文化，为我国的文化发展增添新的文化发展动力，实现中华文化朝更加繁荣方向发展。

四、有助于强化公民道德建设，增强中华民族凝聚力

道德的发展对于国家的整体发展具有深远的意义。道德是我国文化发展的最高层次的精神追求方向，正是这种追求，培养出了优秀的中华民族文化。道德对于整个社会的发展具有不可替代的作用，对于社会文化的发展起着基础性作用。道德行为建设与个人的发展息息相关。道德的发展立足于日常的生活之中，体现在个人的为人处世方面。中华传统美德是中华文化的精髓，蕴含着丰富的思想道德资源。

中华传统美德体现在个人修养和理想追求上，主张"修齐治平"。所谓"大学之道，在明明德，在亲民，在止于至善"，"物格而后知至，知至而后意诚，意诚而后心正，心正而后身修，身修而后家齐，家齐而后国治，国治而后天下平"（《礼记·大学》），则是经典表达。包括以孔子为主要代表的儒家思想，上至天子、下至平民百姓，都强调修身的重要性。因此，古人就将诚意的修养与思想道德修养等看作修身治家的本质。在中华传统文化的发展之中，人们追求积极向上的发展心态，经久不衰。中华传统美德落实到具体的实际之中，重点关注天下大同的核心思想，建设大同社会，实现整体的理想发展状态。中华传统美德培养了中华民族伟大的品德建设，提升了我国整体的文化发展创造力。所以，我国的文化在完善的过程中虽然遇到了很大的发展阻力，但是其所形成的高尚的人文主义思想的发展对社会的发展起到了积极的作用。

一个国家或民族共同的道德基础，是维系一个国家或民族团结统一的精神纽带，也是增强一个国家或民族凝聚力的文化基因。共同的文化基因、共同的道德基础不仅成为中华儿女独特的文化符号和标志，更是其万众一心、团结合作、同仇敌忾的凝聚力。因此，中华优秀传统文化作为我们共同的文化历史和精神，不仅有利于整个民族文化认同的形成，更有利于形成强大的向心力和凝聚力。中华民族历经沧桑岁月，仍始终紧紧凝聚在一起，这离不开中华民族共同培育的道德基础，离不开共同凝结的民族精神和时代精神，离不开共同坚守的理想信念。鲁迅先生曾说过："唯有民族魂是值得宝贵的，唯有它发扬起来，中国才有真进步。"今天，当全体中华儿女致力于实现国家富强、民族振兴、人民幸福的中国梦的过程中，更需要铸造民族魂，集聚起强大的正能量，以真正实现我们的奋斗目标。而中华优秀传统文化，积淀着中华民族最深沉的精神追求，是中华民族生生不息、发展壮大的丰厚

滋养。2000多年前，中国就出现了诸子百家的盛况，老子、孔子、墨子等思想家上究天文、下通地理，广泛探讨人与人、人与社会、人与自然关系的真谛，提出了博大精深的思想体系。因此，大力弘扬中华优秀传统文化，特别是其中的传统美德，夯实全国人民共同的道德基础，在此基础上增强中华民族的凝聚力，无疑具有重大的理论意义和现实意义。

在中国特色社会主义道路不断得到发展的当今社会，注重道德素养的培养，增强中华文化发展的动力，文化建设是关键的环节和手段。所以，发展我国的优秀文化建设，强化我国的文化发展道路及培育现代社会主义核心价值观对于我国的发展而言十分重要。社会主义核心价值观是社会主义先进文化的"魂"，对于增强中华民族的凝聚力而言，社会主义核心价值观建设处于关键地位，培育和弘扬社会主义核心价值观关系到社会的和谐稳定、国家的长治久安。

五、有助于增强文化自信，有效应对国际竞争

现代人类社会的发展不是某一个国家的特殊成就和功劳，全世界文明都曾为世界的发展进步做出过积极的、卓越的贡献。当然在这一过程中因为环境、地域、文化传统等条件的差异，各个文化系统发挥作用的程度、影响力的大小也不尽相同。但不可否认的是，世界上所有的文化都是平等的，它们都是整个世界文化的组成部分，不存在优劣之分。因此，任何一种文明都不应该有文化心理上的优越感，甚至贬低其他民族文化，而更应该着眼于未来，为未来人类的发展做出更多的贡献。

中华优秀传统文化是中华文明历经沧桑而积淀下来的精华，是中华民族五千多年文明智慧最基本的元素和最珍贵的结晶，承载着伟大的民族精神和优良的道德传统。在中华文化的结构体系中，核心价值观是其枢纽和精髓。中华民族之所以能够历经数千年而不断繁荣兴盛，其重要原因之一就是我们的一代又一代先人创造了绵延不断的符合社会发展趋势的核心价值观和核心价值体系，并以此为精神支柱构建起了我们民族生生不息的精神家园。

在今后的文化建设中，一方面，我们要积极树立文化自信，认真学习和了解中华优秀传统文化；另一方面，还要选择性地学习和借鉴外来民族文化，推动民族文化的繁荣发展。在当今世界激烈的国际竞争中，文化作为一个国家的软实力，其影响力和作用越来越显著。对此，我们也要迎头赶上，既要积极推动中国特色社会主义文化的繁荣，充分发扬本民族文化的优势和特长，在世界舞台上展示中华民族的内涵和魅力，也要选择性地学习和借鉴其他文化。

第二章 中国传统文学

中国文学的产生可以追溯到文字产生之前的远古时期，仅就文字记载的历史，也已有着长达3000多年的连续发展历程。中国传统文学具有很强的稳定性与连续性，有些文体更是绵延两千多年，如诗歌和散文。它以汉民族文学为主，同时兼容了其他民族的历史与文学，构成蔚为大观的文学体系。

第一节 中国传统文学的特点

一、语言特点

汉语言文字是世界上历史最悠久、最古老的语言文字之一。汉语言文字对中国文学的形成和建设起着巨大的作用。

第一，容易引起具体意象。由于汉字具有表意性特征，其自身排列有时就会引起某种具体的意象，如赋和骈文就大量运用同形旁的字。此外，中国文字的象征表意特征也能造成一种独特的审美效果。

第二，汉字一般为单文独义、一字一音，这就使中国诗歌在音节变化上有了一整套独特的严谨的格律，并且在外观上构成整齐对称的形式美。

第三，汉语有四声，诗人利用汉语言的这种特性，在写诗时注意字声安排，于是近体诗（五言律诗、七言律诗、绝句）、词、散曲等诗歌体应运而生，并统领诗坛达千年之久。诗歌充分利用四声变化，造成了节奏鲜明、抑扬顿挫的艺术效果。

第四，文言文作为特殊的书面语言，可与日常用语长期分离而保持官方语言的地位，这就产生了文学在文言和白话两个不同的轨道上运行且内容与形式皆有巨大差异的现象。

二、文化传统

（一）文学思想传统

中国文学除了因为汉语言文字具有自己的特征以外，还具有它自己的思想传统。在中国思想史上，儒、道两家的思想体系是互为补充的，儒、道、释三家也常常合流。儒家、道家、佛教思想有相异和对立的一面，又分别给予中国文学以不同侧面的影响。所谓"穷则独善其身，达则兼济天下"，儒家继承的是兼善精神，道家则本着"无为"之旨，发展了独善思想。在中国文人身上，积极入世和消极避世的思想往往交织在一起，此消彼长，在文学作品中，这种现象有着鲜明的表现。如果说"兼济天下"与"独善其身"是古代士大夫的互补的人生趋向，那么慷慨悲歌与愤世嫉俗则成为古代知识分子常有的心理状态和艺术意念。

虽然儒家思想在对中国文学总体风格的影响上占据主导地位，但老庄哲学对中国文学艺术的影响也是巨大的。这种影响表现在两个方面。

第一，"大音希声，大象无形"。该观点揭示了艺术中虚和实、无和有的辩证法，指出"有生于无"，对于形成中国文学含蓄精练的艺术表现形态特点有异常重要的作用。中国文学极强调以虚写实、以静写动的表现方法；中国文人不喜欢纤毫毕现地直接描述，而把艺术感觉、艺术想象的空间留给读者自己去品味、揣摩和思寻，他们追索那些不可言传的"大音""大象"——美的极致，创造出无声胜有声的艺术境界。

第二，"大制不割""道法自然"。"不割"，即强调一种自然的完整性，强调自然的纯朴、素朴、浑朴；"道法自然"，就是说至高无上的、形而上的道，要求"法"形而下的自然，这里强调的是一种自然的美。因此，中国文学艺术家向来把刻苦的技巧训练与不露刀斧凿痕的无技巧境界结合起来。"看似寻常最奇崛，成如容易却艰辛"，这是大多数中国作家毕生孜孜以求的艺术境界的写照，也是他们艺术道路的真实反映。

（二）人文精神传统

中国传统文学具有鲜明的人文色彩和关注现实的理性精神。即便是上古神话，所崇拜的也并非天上神灵，而是具有神力并建立伟业的人间英雄，如"盘古创世""后羿射日""大禹治水"等。至于英雄崇拜，则更是先民们对自身力量的崇拜。具体来说，我国传统文学人文精神传统主要表现在以下三个方面。

1. 乡国情怀

在我国的诗文里,对于故乡、故国的思念是一个永恒的主题。与乡土相联系的,是对于国家的思念,而君主与国家,在古代文人看来,是一致的;到了近代,此种精神由忠君报国转向追求国家的自立自强。乡国情怀的泛化,是对于山川之美的描写与赞颂。

2. 情感主题

例如,爱情,可分为来自民间和受民间作品影响的一系及文人作品的一系,而来自民间的一系表现出更为充分的人性特点。从《诗经》开始到乐府民歌,所表现的男女之爱很少受到礼的约束,热烈执着,更具野性色彩。与之相对,文人描写爱情之作则表现得较为复杂,有含蓄、深化、带有理想色彩的《墙头马上》,还有悲剧色彩浓厚的《会真记》《长恨歌》《西厢记》《长生殿》《牡丹亭》《红楼梦》。

3. 人生感悟

对于生命短促而宇宙永恒的感悟,对于历史、人生的思索,实际上是对于生命永恒的向往,是珍视生命、热爱生命的一种独特的表现方式。在传统文学中,对于人生的感悟还表现为对于现实人生的反思,其间又往往交叉着劝善惩恶,提出人生的归宿问题。这一点在小说、戏剧中表现得尤为突出。

儒家的入世哲学和教化观念给中国文学带来了政治热情、进取精神和社会使命感,但同时也抑制了自我情欲的释放、自由个性的迸发和自我意识的开掘,尤其是"存天理、灭人欲"的理学观念,使文学蒙上了理性主义的烟霭。中国文学讲求中和之美,"乐而不淫,哀而不伤",一般不把情感表达得过分热烈。中国旧体诗大都感情节制、思想含蓄,言有尽而意无穷,同样表现出浓厚的理性主义色彩。

(三)社会教化传统

中国文化蕴含了大量的教育理念,而文化中的文学发挥了巨大的教育功用。中国的古典文学带有浓厚的儒家理性色彩,强调文以载道,主张温文尔雅、温柔敦厚的社会教化作用,贯穿了对真善美的热情讴歌与对假恶丑的严肃批判,注重对理想人格的张扬和丑陋人生的针砭。在很早以前,中国人就已经认识到文化对人的感染和教育意义。《尚书·尧典》记载:"夔,命汝典乐,教胄子。直而温,宽而栗,刚而无虐,简而无傲。诗言志,歌永言,声依永,律和声。八音克谐,无相夺伦,神人以和。"这段文字说明在当时,诗和乐同样起着言志和教育人的作用。从孔子提倡诗"无邪"到后来的主张"发乎情,止乎礼义",以至提倡"温柔敦厚"的儒家诗教,一系列的努力都集中在诗之"志"必须符合其本阶级的道德规范。

以孔、孟为代表的儒家思想主要在几个方面影响中国的民族性格和文化思想。其一，是以"修身、齐家、治国、平天下"（《礼记·大学》）为核心的入世思想；其二，是以"仁、义、礼、智、信"为标准的道德观念；其三，是以"天、地、君、亲、师"为次序的伦理观念；其四，是以"允执其中"（《论语》）为规范的中庸哲学。

（四）文学创作传统

抒情传统是我国文学的重要特色。首先，在体裁上，中国文学偏重抒情，而叙事文学兴起较晚，也不甚发达。在整个诗歌史上，从《诗经》这部最早的古代诗歌总集开始，抒情诗就蔚为大观，而叙事诗则总有不够景气之嫌。中国小说冷清寂寞地到了魏晋南北朝时期才有所起色，但真正具有小说意识，是进入唐代以后的事情，长篇小说的产生时期则迟至明代。而中国戏剧文学不仅产生得晚，而且充满浓厚的抒情气息，近于抒情诗连缀的格局，其中中国戏曲假定性的虚拟表现手法更为某些表现派戏剧家所乐道。其次，在创作方法上，中国文学不重写实而重写意。如古典诗歌中游历山川、探览名胜、凭吊古迹的题材，大可以处理成叙事性或描述性的作品，但在众多的诗歌中，即日所见的景象往往被虚化，而代之以象征、暗示、隐喻、抒情等艺术手段。例如，唐朝诗人陈子昂的《登幽州台歌》："前不见古人，后不见来者，念天地之悠悠，独怆然而涕下。"全诗无一字关于幽州古台的具体描写，完全是人生的感喟、心灵的外射和意念的迸发。此外，古诗常提倡情景交融，其实主要也是借景抒情，其着眼点在于内心郁积情感的宣泄与抒发。

其实，无论是抒情文体还是叙事文体，都有明显的抒情特色。陆机《文赋》曾说："遵四时以叹逝，瞻万物而思纷。"李白也在《金乡送韦八之西京》中写道："狂风吹我心，西挂咸阳树。"诗人们诗化了世界的认知方式，因此在表述上就常常着重于内心感情的抒发而非对外物的描写。各种文体文学虽式样各异，但有一点相通，那就是重视意境的创造。如《牡丹亭·惊梦》："原来姹紫嫣红开遍，似这般都付与断井颓垣。良辰美景奈何天，赏心乐事谁家院！"就达到了心境与物境的无缝融合。

中国传统文学的独特气韵与古代文人的创作传统有密切的关系。中国传统文学在发展历史中要求文人具有丰富的生活经验和渊博的知识，提倡"行万里路，读万卷书"；文人在创作时要赋予实情，反对"为文而造情"，而"要为情而造文"，如司马迁的"发愤著书"说、韩愈的"不平则鸣"说、欧阳修的"穷而后工"说。传统文学还认为诗人"少达而多穷""愈穷则愈工"，把作家的创作与社会联系起来；

文人创作时要进入境界，发挥想象，如司马相如写《子虚赋》《上林赋》时"控引天地，错综古今……近百日而后成"，汤显祖创作《牡丹亭》进行艺术构思时完全进入角色。

第二节　中国传统文学的发展脉络

中国传统文学的发展历史可以分为上古期、中古期、近古期。三古之分，是中国文学史大的时代断限。在三古之内，其又可以细分为七段。

上古期：先秦两汉（公元3世纪以前）。第一段：先秦；第二段：秦汉。

中古期：魏晋至明中叶（公元3世纪至16世纪）。第三段：魏晋至唐中叶（天宝末）；第四段：唐中叶至南宋末；第五段：元初至明中叶（正德末）。

近古期：明中叶至五四运动（公元16世纪至20世纪初期）。第六段：明嘉靖初至鸦片战争（1840）；第七段：鸦片战争至五四运动（1919）。

一、上古期

上古期包括先秦、秦汉。首先，中国文学的各种体裁几乎都孕育于这个时期：散文可以追溯到甲骨卜辞；诗歌可以追溯到《诗经》、《楚辞》和汉乐府；小说可以追溯到神话传说，《左传》《史记》等历史散文，以及诸子著作中的寓言故事；辞赋则可以追溯到《楚辞》。骈文中对偶的修辞手法在这个时期也已出现，就连戏曲的因素也已在《九歌》中有了萌芽。其次，中国文学的思想基础也孕育于上古期，特别是儒、道两家的思想影响着此后几千年作家的世界观、人生观和价值观。再次，中国的文学思潮以儒、道两家为主，儒家注重文学的社会功能，道家注重文学的审美价值的偏向，在上古期也已经形成。影响着整个中国文学的一些观念，如"诗言志""法自然""思无邪""温柔敦厚"等，都是在这个时期提出来的。最后，从文学的创作、传播、接受来看，中国文学的基本格局，即士大夫作为创作的主体和接受对象，文字作为传播的主要媒介，也是在上古期奠定的，这个格局直到宋代出现市民文学，才发生变化。

上古期的第一段是先秦文学。在这个阶段，文学的创作主体经历了由群体到个体的演变。先秦文学包含着原始社会和夏、商、周三代以来的奴隶社会及封建社会（早期）三个阶段，远古时期的歌谣和神话是中国文学的源头。先秦文学以诗歌、散文等为主要文体。其中诗歌以《诗经》《楚辞》为代表，《诗经》风、雅、颂、赋、比、兴之"六义"广为传播，对后世影响深远；散文则以《左传》《国语》《战国策》和诸子散文等为最佳。此外，先秦文学还孕育着很多其他文学题材的萌芽。其中神话传说、历史散文和诸子著作中的寓言散文是小说的源头，辞赋可以追溯到楚辞。《九歌》中已有戏曲的萌芽。

中国文学的思想也在先秦、秦汉时代孕育。春秋战国时期，儒家、道家、法家、墨家、阴阳家、纵横家、小说家、杂家、农家等"诸子百家"流派纷呈，形成"百家争鸣"。各家思想对中国人的世界观、人生观、价值观等影响巨大，尤其是儒家、道家的思想观念对整个中国古代知识分子及广大社会其他阶层的人物产生着深远的影响，他们如何生存、以何种态度来对待人生等，都取决于对传统观念的取舍。儒、道两家思想被中国读书人接受，而且影响根深蒂固，不可动摇，直至今日。战国百家争鸣局面的形成和发展，带来了文学上散文的勃兴和繁荣。各家都有自己的学说主张，他们著书立说，大力宣传各自思想，他们的学说影响着中国人的思维方式，决定着世人对一切事物的取舍。在诗歌创作方面，战国后期出现了我国第一位伟大的诗人——屈原。他开创了我国古代爱国主义诗歌的题材，并创造了新诗体——楚辞，打破了《诗经》以后诗坛三百年的寂寞，揭开了我国诗歌崭新的一页，开启了奇文郁起、大放光芒的诗歌新时代。在文学理论上，诸子散文中已出现一些理论观点和美学思想。总而言之，先秦文学是我国文学光辉的起点。

秦汉文学，主要以汉代为主。秦始皇于公元前221年统一中国，建立统一的中央集权，开创了历史的崭新一页，但其思想钳制严酷，在文学上几乎是一片空白，除了秦统一前吕不韦召集门客编写的《吕氏春秋》和李斯的散文，再无佳作可言。汉代文学以散文、汉赋和乐府民歌为代表，代表作家有贾谊、晁错、司马迁等。司马迁的《史记》以"不虚美、不隐恶"的实录精神，记述了我国上自传说中的黄帝下至汉武帝时代的三千年间的历史，其史学价值和文学价值之高，被鲁迅誉为"史家之绝唱，无韵之离骚"。汉乐府诗以民间创作和叙事诗形式给诗坛注入新鲜血液，为文人诗歌创作提供可资借鉴的范例和推动力。汉乐府民歌在我国诗歌发展史上是继《诗经》《楚辞》之后的第三个重要发展阶段。东汉的文人五言诗，是在乐府民歌的基础上产生和发展起来的。今存无名氏《古诗十九首》是东汉文人五言诗的代表作品。它以高度的艺术造诣开创了我国抒情诗的新风格。两汉文学在散文和诗歌上取得的成就为建安文学奠定了基础。

二、中古期

中古期从魏晋开始,经过南北朝、隋唐五代、宋元,到明朝中叶为止。

将魏晋作为一个新时期的开端,并将其到明中叶这样长的时间划为中古期是考虑到以下几个因素。第一,中国文学的自觉时代自此开始,并在南北朝完成了自觉的进程。第二,文学语言在该时期发生了划时代的变化,由深奥转向浅近。第三,这是诗、词、曲三种重要文学体裁的鼎盛期,它们分别在中古期内的唐、宋、元三朝达到了高峰。第四,文言小说在魏晋南北朝已初具规模,在唐代达到成熟。白话短篇小说在宋元两代已经相当繁荣,元末明初出现了《三国演义》《水浒传》等白话长篇小说作品。第五,文学传媒出现了印刷出版、讲唱、舞台表演等多种新形式。第六,这个时期文学创作的主体和对象,涵盖了宫廷、士林、乡村、市井等各个方面。总之,中国文学的各种因素都在这个时期逐渐完善并走向成熟。

魏晋南北朝文学是在玄学这种思辨哲学的影响下形成的,这是文学走向自觉的时代。文人在作品中表现出一种强烈的忧患意识、苦闷情感和自我意识。这一时期的主要文学成就是诗歌,以"三曹"(曹操、曹丕、曹植)为代表的建安文学表现最为突出,其悲凉慷慨、刚健有力的创作风格,被后人称为"建安风骨"或"建安风力"。谢灵运是中国第一位山水诗人。东晋末年的陶渊明是著名的田园诗人,他也是魏晋南北朝时期最有成就的诗人,以不与统治者同流合污的高尚情操和遗世独立的生活态度,傲然屹立于浑浊的时代,表现出超凡的人格和诗风。

魏晋南北朝时期骈文曾经风行一时,但只重视形式而忽略内容的表达,传世之作只有孔稚珪的《北山移文》和丘迟的《与陈伯之书》等。小说在这一时期也开始兴盛起来,主要形式是志怪小说和志人小说,其代表作分别是干宝的《搜神记》和刘义庆的《世说新语》。文学理论和文学批评空前繁荣,对文学的发展产生了深远影响的著作有曹丕的《典论·论文》、陆机的《文赋》、挚虞的《文章流别论》、刘勰的《文心雕龙》、钟嵘的《诗品》等。此时还出现了文章选集,如萧统编的《昭明文选》、徐陵编的《玉台新咏》,文学达到繁盛阶段。

隋唐五代文学以唐代文学为代表。隋代时间短,文学成就不大。五代时新的文学体裁"词"得到发展,以香而软为特色的花间词派占领了整个词坛。其中"南唐二主"李璟、李煜成就较高,尤其是李煜后期的词哀婉深沉,抒发了他痛失故国的悲哀。唐代是古代文学发展的黄金时期,这一时期文体齐备,诗歌、散文、传奇、词、变文、话本等共同构成唐代文学的繁荣。唐诗是我国文学的骄傲,流传下来的诗歌有四万八千九百多首，涌现的世界级伟大的诗人有李白、杜甫等，他们的诗作是后人创作的范本，把中国古代诗歌推到了历史的最高峰。

从历史的发展梳理唐诗的发展脉络，我们可以看到："初唐四杰"首开新路，突破"宫体"的内容，开拓了诗歌新境界，使诗歌题材由宫廷延伸到塞外。沈佺期、宋之问确立律诗形式，陈子昂痛斥齐梁诗风，高唱建安风骨，为唐诗健康发展开辟了道路。盛唐时期，诗人以蓬勃热烈的感情、激昂慷慨的诗句，反映出积极浪漫的盛世之音。李白的积极浪漫主义创作和杜甫的现实主义创作，社会和生活底蕴丰富，为后人树立了光辉的榜样，具有里程碑的意义。中唐诗歌流派众多，诗人冷峻地思考现实，是诗歌丰收的季节。以白居易为代表的新乐府诗派，反映民生疾苦，与现实紧密相连，追求语言的浅显易懂，为诗歌发展作出了不可磨灭的贡献。韩孟诗派在艺术上追求奇险，以个人遭遇反映现实，其代表诗人有视野开阔、风格独特的李贺，也有隐逸山林、意绪萧条的刘长卿、韦应物，还有风格哀怨却又不失秀丽的柳宗元、刘禹锡。晚唐社会形势继续走下坡路，国家动荡不安，皮日休、杜荀鹤等人的小品文具有强烈的时代感，李商隐、杜牧更是在诗中渲染了黄昏迟暮的感伤情调。晚唐的温庭筠、韦庄还是词的奠基人，词经过五代的发展，到宋代成为文学主流。

宋代文学以诗歌、词、散文和话本小说为主要形式，其内容与时代息息相关，在文学发展上具有承前启后的作用。宋代西昆体诗歌风靡一时，大多以粉饰现实、歌颂太平为主旋律，思想空虚。词，是宋代造诣最高的文体。宋初晏殊、欧阳修的小令已开始摆脱花间词的影响，表现出清丽的词风。范仲淹之词较有气魄，别具一格，柳永、苏轼则使词走上革新道路。柳永的贡献在于创造了慢词和与之相适应的铺叙手法，并善用俚俗语。苏轼冲破了词为"艳科"的藩篱，在内容上将词的题材范围拓宽到怀古、感旧、记游、说理等；在形式上，他革新语言，不拘音律，将词变成不再依附音乐的新诗体；在风格上，他于婉约派外别开豪放词风，对词的发展做出了划时代的贡献。北宋后期，周邦彦注重格律，以典雅工丽之词为没落王朝点缀升平，使词又回到脱离现实的道路上。南宋民族矛盾激化，在人民强烈的爱国热情的鼓舞下，爱国主义文学出现了繁荣的局面。涌现出众多爱国主义词人，张元干、张孝祥、岳飞、陈与义、曾几等写出了一大批爱国主义诗词。女词人李清照南渡前后词风迥然不同，其后期作品主要抒发家国之痛。辛弃疾以词来表现抗金救国的意志，是这一时期豪放派词人的杰出代表。南宋中后期，格律派词人姜夔等逃避现实，追求形式技巧，把词再次引入狭窄之途，宋词的光辉逐渐衰退。除了词，宋代散文丰富，名家辈出。他们师承韩愈"文道合一"的主张，在此基础上又有新的发展，其文章主要反映现实、指陈时弊。唐宋八大家中的六家——欧阳修、王安石、苏洵、苏轼、苏辙、曾巩散文都各具特色，文风平易自然，流畅婉转，富于时代精神，政治倾向浓烈，且有汪洋恣肆的议论，对同时代和后世影响很大。另外，董解元的《西厢记诸宫调》描写崔莺莺和张君瑞的爱情故事，情节曲折，文字生动，是王实甫《西厢记》的先导。

元代文学出现俗雅之变。戏曲、散曲等俗文学受到广大市民的喜爱。元代文学的主要成就是曲。元曲在文学史上获得了与诗、词同样高的地位。元曲包括杂剧和散曲。杂剧是戏曲，散曲属于诗歌，二者均以曲辞为主，因而总称为曲。元杂剧现存剧目600种，作品162种，前期产生了关汉卿、王实甫、白朴、马致远等一大批杰出的作家和优秀的作品，是元杂剧的鼎盛期。后期重心南移至杭州，创作呈衰微趋势。散曲是金元时期在北方兴起的一种合乐歌唱的诗歌新体式，主要来源于民间小曲和北方民族乐曲，一部分从词调演化而来。散曲形式自由活泼，语言通俗明快，风格爽朗，显示出强大的艺术活力。现存元散曲作品小令3800余首，套数400余套。作品以愤世嫉俗、揭露社会黑暗、抨击丑恶现实为多，但也有部分宣传听天由命、避世归隐、及时行乐的消极思想。前期散曲注重本色，风格质朴，后期偏重辞藻音律，风格趋于典雅。

除曲之外，元代南戏和话本小说也有新发展。其中南戏是南曲戏文的简称，北宋末年产生于浙江温州一带，用南曲演唱，是一种民间戏曲。它结构宏大，形式自由，曲调柔婉悠扬，为南方民众所喜爱。南戏中成就最高的是高明的《琵琶记》，"四大传奇"（《荆钗记》《白兔记》《拜月亭记》《杀狗记》）也较著名。南戏发展到元末已经定型并臻于成熟，到明清演变为长篇传奇。元代诗歌、散文呈衰落趋势，诗文创作成就不高，较著名的诗人有刘因、赵孟頫、萨都剌、王冕、杨维桢等。

三、近古期

在近古期的第一段，文学集团和派别的大量涌现及它们之间的论争，是一种值得注意的现象。诗文方面有公安派、竟陵派、神韵派、格调派、性灵派、桐城派等，词方面，有阳羡词派、浙西词派、常州词派等，甚至在戏曲方面，也有以临川派和吴江派为主的两大群体的论争。在不同流派的相互激荡中，涌现出一些杰出的作家，清诗、清词更取得不可忽视的成就。值得特别注意的还有戏曲、小说方面的收获。汤显祖的《牡丹亭》、洪昇的《长生殿》、孔尚任的《桃花扇》，共同达到传奇的顶峰。近古期的第一段也是白话长篇小说的丰收期，吴承恩的《西游记》、兰陵笑笑生的《金瓶梅》、吴敬梓的《儒林外史》和曹雪芹的《红楼梦》是这个阶段的巅峰之作。蒲松龄的《聊斋志异》则是中国文言小说的一座高峰。

明代文学的主要成就是小说和戏曲。明代无论长篇小说还是短篇小说都呈现出了空前繁荣的局面。产生于元末明初的长篇历史小说《三国演义》开辟了章回体说的先河，与英雄传奇小说《水浒传》一道总结历史，反映深刻现实。神魔小说以《西游记》为代表，塑造的孙悟空、猪八戒、唐僧、众妖等形象深入人心，代表性强，充满时代特色。《金瓶梅》则是我国第一部以家庭生活为内容的长篇小说，反映出封建社会种种丑陋的罪恶和超乎常理的淫乱生活，揭露和批判性强。短篇小说则以反映市民阶层生活为重心，以小人物做大文章，出现了冯梦龙编写的"三言"、凌濛初的"二拍"等话本、拟话本小说集。元代戏曲也取得一定的成就。杂剧作家徐渭的《四声猿》通过历史题材抨击社会黑暗和丑恶，在形式上也有创新。魏良辅改革昆腔，标志着戏曲进入一个新阶段，产生了大批有特色的传奇作品，出现了以汤显祖为代表的文采派和以沈璟为代表的格律派。其中汤显祖的《牡丹亭》以"情"与"理"的矛盾为焦点，体现了反对封建礼教、要求个性解放的思想，在当时影响很大。沈璟一派则注重格律，与舞台演出联系紧密。相比小说和戏曲的辉煌，明代诗文虽有前后七子和台阁体、公安派、茶陵诗派等的创作，但成就与唐、宋两代相比相去甚远。

明嘉靖以后文学发生了划时代的变化。这种变化主要表现在以下几个方面。

第一，随着商业经济的繁荣、市民阶层的壮大、印刷术的普及，文人的市民化和文学创作的商品化成为一种新的趋势。为适应市民这一新的群体的需要，文学作品的内容、题材、趣味都发生了一系列的变化。同时，在表现正统思想的士大夫文学之外，反映市民生活和思想趣味的文学占据了重要的地位，《金瓶梅》的出现就是这种种现象的综合反映。

第二，在王学左派的影响下，创作主体个性高扬，并在作品中以更加强烈的色彩表现出来；文学作品中对人的情欲有了更多肯定的描述，理学禁欲主义遭到强烈的冲击。汤显祖的《牡丹亭》中写的那种"生者可以死，死可以生"的爱情，便是一种新的呼声。而晚明诗文中表现出来的重视个人性情、追求生活趣味、模仿市井俗调的倾向，也透露出一种新的气息。

第三，诗文等传统的文体虽然仍有发展，但形式已难以创新，而通俗文体显得生机勃勃，其中又以小说最富有生命力。这些通俗文学借助日益廉价的印刷出版媒体,渗入社会的各个阶层,并产生了广泛的影响。综上看来,明代中叶的确是一个文学新时代的开端。

清代文学是中国封建社会总结时期的文学。这一时期的文学样式繁多,各具特色,以小说成就最大。作者们着意对社会现实、人生命运及其走向等作周密而又全面的剖析和反思,有着强烈的社会影响力。其中蒲松龄的《聊斋志异》是文言小说的总结,深刻而又全面地反映了社会生活。吴敬梓的《儒林外史》通过对士林群丑的细致描写和深入剖析,把古代讽刺小说推向了高峰,并影响了近现代作家的创作。曹雪芹的《红楼梦》,依托作者身世,选取贾、史、王、薛四大家族为背景,以大观园为舞台,把贾宝玉、林黛玉、薛宝钗的爱情悲欢作为中心线索,从多角度、立体交叉式地反映了行将就木的社会现实,无论是思想上还是艺术上都取得了前所未有的成就。李汝珍的《镜花缘》写海外传说,很有创意,漫画式的夸张运用得较好。此外,清代的英雄传奇小说、历史小说、才子佳人小说等在中国小说史上也有一定地位。在戏曲方面,这一时期出现了"南洪北孔",即当时有名的传奇作家洪昇和孔尚任。他们分别创作的《长生殿》和《桃花扇》是传世的佳作,充满时代感。在诗文、词方面,清代出现了众多有影响的流派,诗文有王士禛为代表的神韵派、沈德潜的格律派、翁方纲的肌理派等,词则有朱彝尊的浙西词派和张惠言的常州词派。散文方面,以桐城派影响最大,恽敬的阳湖派是其旁支。他们各有自己的主张和创作特色,影响一时。

近古期的第二段是从鸦片战争开始的。鸦片战争带来千年未有之变局,从此中国由封建社会沦为半殖民地半封建社会。西方文化开始涌入中国这片古老的土地,而中国许多有识之士在向西方寻求新的富国强兵之路的同时,也寻找到新的文学灵感,成为一代新的作家,龚自珍、黄遵宪、梁启超便是这批新人的代表。与社会的变化相适应,文学创作也发生了变化,救亡图存的意识成为当时文学的基调。与此同时,文学观念也发生了变化,文学被视为社会改良的工具,在国民中最易产生影响的小说的地位得到充分肯定。随着外国翻译作品的逐渐增多,文学的叙事技巧也得到更新。报刊这种新的媒体出现后,一批新的报人兼具作家的身份,他们以报刊传播其作品,写作方法也因适应报刊的形式需要而有所变化。如在古文领域出现了通俗化的报刊文体,在诗歌领域里则提出了"我手写我口"这样的口号。

五四运动爆发时的 1919 年是近古期的终结。五四运动作为一次新文化运动,不仅在社会史上开启了一个新的时期,也在文学史上开辟了一个新的时代。

第三节　中国传统文学的文体

在中国传统文学的历史长河中，诗歌、散文、词、戏曲、小说等各种文体齐备，且各具时代特色：汉之盛在赋，唐之盛在诗，宋之盛在词，元之盛在曲，明清之盛在小说。各种文体的发展历程和特色都记载着沉甸甸的历史与文化，值得我们去学习和品味。

一、古典诗歌

中国是诗的国度。几千年来，中国有无数优秀的诗人，创作出了无数色彩绚丽、美丽动人的诗篇。我们要了解中国文化，就不能不了解屈原、李白、杜甫、苏轼这样的大诗人，不能不了解中国的古诗。

中国的诗，有狭义和广义之分。狭义的诗，指的是从远古到唐代的句式比较整齐的韵文形式。而广义的"诗"，就是指所有的诗歌，它不但涵盖了狭义的诗，也包括了楚辞、宋词、元曲等形式。所以，我们经常用"诗词""诗词曲"这些词汇来概括古典诗歌。直到今天，还有许多人喜欢模仿它们，进行古体诗歌的创作。

今天能够看到的中国最早的诗歌，是每句两个字的。但是这样的作品留传下来的很少。在此之后，我国最早的诗歌总集《诗经》出现了，它收集了西周初年到春秋中叶（公元前11世纪—公元前6世纪）大约五百年间的诗歌305篇。这些诗歌的形式以每句四个字为主。我们现在叫它们"四言诗"。如其中的第一篇《关雎》，写的是一个小伙子爱上了一位美丽善良的姑娘：

　　关关雎鸠，在河之洲。
　　窈窕淑女，君子好逑。

战国晚期，出现了以屈原《离骚》为代表的楚辞体诗歌，又称"骚体"，由于这些诗歌比较难懂，而且楚辞体也没有成为中国诗歌的主流，我们在这里就不详细介绍了。

随着时代的发展，四言诗逐渐不能满足表达的需要，因此在汉代时出现了五言诗。如《古诗十九首》中的一首：

　　涉江采芙蓉，兰泽多芳草。
　　采之欲遗谁，所思在远道。
　　还顾望旧乡，长路漫浩浩。
　　同心而离居，忧伤以终老。

这首诗写的是一个离家远游的人，采下了芙蓉花，想要送给故乡的爱人，但是因离故乡太远，愿望无法实现，因而只能感到无比的忧伤。

在魏晋南北朝时期，五言一直是诗歌的主要形式，但是七言诗也已经开始出现。七言诗在唐代确立下来，并取得了和五言诗同样重要的地位。同时，由于汉语在声韵上的特色，诗歌逐渐形成了严格的格律，按照这种格律的规定来写作的诗，就叫格律诗。格律诗从句式上来说，可以分为五言、七言两大类；从诗句的数目上来说，又可以分为三种——绝句、律诗、长律（又叫排律），其中每首四句的叫绝句，每首八句的叫律诗，十句以上的则叫长律，比较少见。下面，我们就举几个例子，来分别说明格律诗的几种主要形式。

李白的五言绝句《静夜思》，写的是在静静的夜里，诗人看见皎洁的月光，而引起了思念家乡的感情：

　　床前明月光，疑是地上霜。
　　举头望明月，低头思故乡。

王维的五言律诗《山居秋暝》描绘了秋天山中雨后的夜景，风格清新灵动，给人以美的享受：

　　空山新雨后，天气晚来秋。
　　明月松间照，清泉石上流。
　　竹喧归浣女，莲动下渔舟。
　　随意春芳歇，王孙自可留。

王翰的七言绝句《凉州词》是唐代边塞诗中的名作，在豪迈旷达之外，更有不尽的沉痛悲愤之意：

　　葡萄美酒夜光杯，欲饮琵琶马上催。
　　醉卧沙场君莫笑，古来征战几人回？

李商隐的七言律诗《无题·相见时难别亦难》，用美丽而朦胧的语言表达了男女间哀婉而深沉的爱情，给人以无尽的回味：

　　相见时难别亦难，东风无力百花残。
　　春蚕到死丝方尽，蜡炬成灰泪始干。
　　晓镜但愁云鬓改，夜吟应觉月光寒。
　　蓬山此去无多路，青鸟殷勤为探看。

格律诗讲究平仄和押韵，朗读起来非常有节奏感，可以非常好地发挥汉语音韵上的美感。另外，律诗的中间二联还特别要求对仗。格律诗后来成为中国诗歌的主要形式。

唐代的诗歌，除五言、七言以外，还有杂言，也就是各种长短不同的句子混在一首诗里；除了格律诗，还有古诗、乐府等体裁，它们对于平仄、对仗和诗歌的长短并不太讲究。下面以一首李白的乐府诗《关山月》为例：

> 明月出天山，苍茫云海间。
> 长风几万里，吹度玉门关。
> 汉下白登道，胡窥青海湾。
> 由来征战地，不见有人还。
> 戍客望边邑，思归多苦颜。
> 高楼当此夜，叹息未应闲。

唐代时，唐王朝与周围的民族进行了长期的战争，这使得许多战士长期不能回家。这首诗写的就是戍守边疆的战士和他们在家里的妻子的相思之苦，表达了人民对和平幸福生活的向往。

从唐代开始，出现了一种新的诗歌形式，叫作"词"，又称"长短句"。这种新的诗体在宋代得到了很大的发展，成为宋代诗歌最代表性的体裁。所谓词，是可以配乐歌唱的，每一句的字数长短不一，形式比诗自由。词有不同的曲调，叫作"词调"，又叫"词牌"，如"菩萨蛮""西江月""蝶恋花""水调歌头"等。每种词牌的形式各不相同，许多作品在词牌下面，又另外写有题目，或对作品的内容和创作背景加以简短说明，如北宋词坛上最为引人注目的作品之一——苏轼的《念奴娇·赤壁怀古》。它是宋神宗元丰五年（1082）七月作者被贬谪黄州时，在游赏黄冈城外的赤壁矶时写下的。它将写景与抒情、议论与描述、怀古与伤今都巧妙地结合在一起，气势磅礴、壮怀激烈、意境开阔，有极强的感染力。宋代胡仔说东坡这首词"语意高妙，真古今绝唱"（见《苕溪渔隐丛话》卷五十九）。词人用词来歌颂古代英雄人物，抒发爱国主义情怀，在通过题材的创新不断扩大词的视野的同时，也在突破传统格律的束缚。苏轼精练洒脱的笔触、豪健清旷的词风，给当时仍然盛行缠绵悱恻之调的北宋词坛带来了一股清新的空气，"指出向上一路"（王灼《碧鸡漫志》），产生了深远的影响。

词按照长度可以分为小令、中调、长调三种。有一种常见的说法是，58字以内的叫小令，59字到90字的叫中调，91字以上的叫长调。如果按照段落结构来划分，词又可以分为单调、双调、三叠、四叠等几种。词的段落叫作阕，又叫片。

单调的词不分段，往往比较短，大多是小令。比如唐代张志和的《渔歌子》，

描写了在风景秀丽的西塞山下,隐居垂钓者悠然自得的情态:

西塞山前白鹭飞,桃花流水鳜鱼肥。

青箬笠,绿蓑衣,斜风细雨不须归。

双调的词分为前后(或上下)两阕,两阕的字数和形式基本一样。这种形式最常见,小令、中调、长调都有。以北宋李之仪的《卜算子》为例:

我住长江头,君住长江尾。

日日思君不见君,共饮长江水。

此水几时休,此恨何时已。

只愿君心似我心,定不负相思意。

三叠分三段,四叠分四段,这两类词都非常少。词也有格律,比较复杂,这里就不介绍了。

到了元代,由于语音、词汇和音乐的发展变化,又出现了一种新的诗体——"曲"(散曲)。曲也是可以合乐演唱的,只不过比词的形式更加自由、灵活和口语化,且经常加有衬字。正如词有词牌,曲也有曲牌,如"天净沙""清江引""醉太平""得胜令"等。以马致远的《天净沙·秋思》为例:

枯藤老树昏鸦,小桥流水人家,古道西风瘦马。夕阳西下,断肠人在天涯。

这首散曲描写的是暮秋季节黄昏时候的苍凉萧瑟景色,而在这个背景下,漂泊天涯的旅人的孤独感也就被表现得淋漓尽致了。

二、古代散文

中国古代散文的雏形可以追溯到殷商卜辞,然而成篇的散文却只能追溯到《尚书》。其中的《商书》是殷商的一些历史文献,《周书》大多是西周初期的文献。这些散文十分难懂。

相传鲁太史左丘明著《春秋左氏传》(简称《左传》)。《左传》是为阐释《春秋》而写的,《春秋》是孔子根据鲁国的史料编纂的一部编年史,它只是一部大事记,记述十分简要。与《春秋》不同,《左传》详细地叙述了事件的本末,以及有关的逸闻琐事,虽然是历史著作,却有很强的文学性,在战争描写、人物刻画方面都很出色,《齐晋鞌之战》《晋公子重耳之亡》等更已成为脍炙人口的篇章。《战国策》是战国末年和秦汉间人所纂集的一部历史著作,因主要记录战国时代游说之士的策谋而得名。它按国别划分,以记言为主。《邹忌讽齐王纳谏》是其中的名篇。

在先秦诸子散文中,记述孔子言行的《论语》,语言简洁明快,多有格言警句;

记述孟子言行的《孟子》，以气势胜，富有雄辩的力量。《庄子》则想象丰富，挥洒自如，另有一种雄奇的气势。

汉代最著名的散文家是司马迁，他的《史记》是中国第一部纪传体史书。《史记》善于刻画人物、叙述事件，有不可磨灭的文学价值。其中的一些人物传记，如《项羽本纪》《廉颇蔺相如列传》《魏公子列传》等，非常接近纪实小说。汉代的政论文也很发达，贾谊《过秦论》、晁错《论贵粟疏》等都十分精彩。

魏晋时期，诸葛亮的《出师表》表达了对蜀汉的忠诚，陶渊明《桃花源记》则虚构了一个和谐美好的理想社会，这些都是非常著名的文章。

对偶句早在先秦散文中已经出现，东汉散文在辞赋影响下更加注意对偶，魏晋时期散文骈化的趋势日益明显，骈文初步形成。骈是中国特有的一种文体，骈文是相对散文而言的。它有三个特点：第一，讲究对偶，又多用四六句。因为它每两句都对偶，好像并驾的两匹马，所以叫骈文。第二，语音方面讲究平仄。第三，多用典故和华丽的辞藻。可以说，骈文就是一种诗化的散文。在南朝时，由于汉语声韵理论的发展，骈文的体制变得更加严密。当时连应用文也采取骈文的形式，刘勰的文学理论著作《文心雕龙》就是用骈文写成的。梁代丘迟的著名书信《与陈伯之书》，也是用骈文写作的，它劝说投降了北魏的陈伯之再归降梁朝，之后陈伯之果然率兵来降。此外还有些短篇的骈文写得隽秀清新，如陶弘景的《答谢中书书》、吴均的《与朱元思书》等。

北朝散文的名作有北魏郦道元的《水经注》、杨衒之的《洛阳伽蓝记》。

隋和初唐沿袭南朝余风，骈文仍然广泛流行，王勃的《滕王阁序》中"落霞与孤鹜齐飞，秋水共长天一色"两句尤其为人所传诵。此外，骆宾王的《为徐敬业讨武曌檄》等也是名篇。

骈文的出现丰富了文学体裁，加强了艺术表现力，具有一定的积极意义。但它过于追求语言的形式美，也导致了文风的华而不实。所以早在南北朝时就有人提出批评，隋和初唐也不断有人呼吁改革文风，但是直到中唐韩愈和柳宗元配合儒学复古思潮，掀起轰轰烈烈的"古文运动"大力提倡古文，并写出许多优秀的作品，这才一扫文坛陈风。韩、柳的主张是"文道合一"，韩愈说"通其辞者，本志乎古道者也"，柳宗元说"文者以明道"。他们所谓"道"就是以孔孟为正宗的儒家思想体系。韩、柳力求创立一种新的具有自然的语法规范的文学语言，并用它来建立自由流畅的新散文。他们用创作身体力行着这些主张，其中韩愈的《师说》《杂说》《张中丞传后叙》，柳宗元的《永州八记》（八篇山水游记），已成为脍炙人口的佳作。

在韩愈提倡的古文产生较大影响之时，骈文也在自身的变革中得到发展。与韩、柳同时的陆贽以其浅近而精警的"骈体奏议"而著称；到晚唐又有李商隐善写四六骈文用于公文，其骈文在晚唐五代和北宋前期，一度成为政府公文的楷模。直到北宋中叶的欧阳修、王安石、苏轼再一次掀起古文运动，才确立了韩、柳古文的传统。欧阳修的《醉翁亭记》、王安石的《答司马谏议书》、苏轼的《石钟山记》都是难得的散文佳作。

元、明、清三代，戏曲小说兴盛起来，而诗文等封建社会的正统文学的成就已不能和唐宋相较。四六骈文局限于公文的范围，成为僵化的官样文章。清代用以取士的八股文是骈文旁支，因为对人的思想束缚太大，其文学成就不高。

散文的创作，明代有前后七子，主张"文必秦汉"；归有光、王慎中等唐宋派则提倡唐宋古文；以袁宏道为代表的公安派提倡性灵，也就是表现作者个性化的思想感情，而反对各种拟古蹈袭。明代散文中，刘基的《卖柑者言》、宗臣的《报刘一丈书》、归有光的《项脊轩志》、袁宏道的《徐文长传》、张溥的《五人墓碑记》都是名篇。特别值得注意的是晚明小品文，其中多有清新之作，代表着晚明散文的新方向。晚明小品文的一大特点是生活化和个人化，多有个人生活情趣的抒发。张岱是晚明小品文的能手，其《湖心亭看雪》《西湖七月半》等作品都为人所称道。

清初散文家有侯方域、魏禧、汪琬等人。其中侯方域继承唐宋古文传统，且更加委曲详尽，影响最大。清代的桐城派是一个著名的散文流派，其主要作家有方苞、刘大櫆、姚鼐等，他们都是安徽桐城人，桐城派即由此得名。他们通过唐宋派上追韩愈，在内容方面鼓吹封建正统观念，在形式上企图建立一套艺术法则，并提倡文章与学术的沟通，其影响一直延续到清末。方苞的《狱中杂记》、姚鼐的《登泰山记》等都是名篇。

清代骈文还有一位名家汪中，他的《哀盐船文》写扬州江面盐船失火、死伤无数的惨状，被人誉为"惊心动魄，一字千金"。

三、古代戏曲

中国古代的戏曲和西方的戏剧不同，前者是曲的传统，后者是诗的传统。前者讲究音乐性，以曲为舞台运动的承载基础，讲究迂回、婉转、起伏与流畅，注重情感抒发；后者讲究行动、冲突、激变、高潮之类以动作为核心的展开方式。曲是吟唱的，诗是朗诵的。中国戏曲的曲的规定，决定了中国戏曲是一种唱出来的戏剧，正所谓"唱戏"之说。当20世纪初西方戏剧被引入中国的时候，为了显著地区分二者，中国戏剧家特地为外来的戏剧取名为"话剧"。仅从字面上就可以看出，西方戏剧是"说"的，中国戏曲是"唱"的。

中国古代的戏曲有一个漫长的产生过程，但是真正成型是在北宋后期。宋代出现了杂剧和诸宫调。后来，在南方发展出南戏，在北方则发展出北杂剧，后者到元代的时候进一步发展为元杂剧（元曲）。

曲又分为散曲和剧曲两种。散曲是继诗、词之后出现的一种新的诗体，是比较短小的单篇作品（如马致远的《天净沙·秋思》），有很多不同的曲牌；而剧曲则是专供舞台表演的杂剧脚本，是由若干套曲子组成的。

元代出现了戏曲创作的高峰。当时最伟大的戏剧家是关汉卿，他的杂剧名作《窦娥冤》描写一个年轻女子窦娥遭人诬陷，被官府处死。她的鬼魂托梦给自己的父亲，父亲再审此案，使其得以沉冤昭雪。该剧揭露了社会的黑暗，反映了下层人民的疾苦。关汉卿的剧作还有《救风尘》《望江亭》《单刀会》等。

王实甫的杂剧《西厢记》影响极大，也是被改编上演最多的古典戏曲剧本。故事讲的是，书生张君瑞在进京赶考路上遇到了美丽的崔莺莺。两人萌发了热烈的爱情，但是遭到了崔莺莺母亲的极力阻挠。张、崔二人在丫鬟红娘的帮助下，与老夫人进行了多次斗争，最后张生考取状元归来，与崔莺莺完婚。该剧在封建时代积极主张男女婚恋自由，高喊出"愿普天下有情人都成了眷属"的口号。而剧中助成好事的红娘，更是成了中国百姓中家喻户晓的人物。从此，中国人就把促成男女婚姻的人叫作"红娘"了。

元杂剧的优秀剧目很多，值得一提的还有马致远的《汉宫秋》、郑光祖的《倩女离魂》、白朴的《梧桐雨》、纪君祥的《赵氏孤儿》等。

到了元末明初，南方的南戏也进入了一个新的繁荣期，代表作是高明的《琵琶记》，另外还有四部有影响的剧目——《荆钗记》、《白兔记》、《拜月记》和《杀狗记》，简称"荆刘拜杀"。南戏最初比较简单、粗陋，但是经过长期发展以后，逐渐吸取了北杂剧的精华和优点，日渐成熟完善，表现力越来越强。明朝以后，南戏最终发展为传奇，取代了北杂剧的正统地位。明代和清代前期，戏曲的主体都是传奇。至明代中期，南戏已形成所谓"四大声腔"，即余姚腔、海盐腔、弋阳腔和昆山腔，其中昆山腔经过魏良辅、梁辰鱼等人的革新，最终获得了各阶层人民的喜爱，发展壮大成为一种全国性的大剧种。

明代最伟大的传奇剧作家是汤显祖，他的代表作是《牡丹亭》。该剧的剧情是说，少女杜丽娘在梦中遇见了书生柳梦梅，结果竟然相思成疾，郁郁而死。柳梦梅路过杜丽娘家时,她的魂魄与他幽会。后柳梦梅掘开杜丽娘的坟墓,后者竟然起死回生。经过一番周折,二人终于结成了美好的婚姻。这部文辞典雅优美的浪漫主义作品,批判了"存天理、灭人欲"的封建礼教,歌颂了生死不渝的伟大的爱情,赞美了个性的解放,强调人应该主宰自己的命运。

清朝康熙年间,出现了两部影响巨大的传奇作品——洪昇的《长生殿》和孔尚任的《桃花扇》。《长生殿》写的是唐玄宗和杨贵妃的爱情悲剧。《桃花扇》则依托明代末年才子侯方域与名妓李香君的爱情故事,全景式地展现了南明小朝廷亡国的悲剧。由于这两部戏的伟大成就,洪昇、孔尚任被并称为"南洪北孔"。除洪、孔二人外,清朝著名的传奇作家还有李玉、李渔等。

四、古代小说

中国古代的小说,起源于先秦时的神话传说、寓言故事和历史传记。但是小说的真正形成,还是在魏晋南北朝时期。

魏晋南北朝小说可以分为志怪小说和志人小说两类。志怪小说记述神仙方术、鬼魅妖怪、佛法灵异,如干宝的《搜神记》、王嘉的《拾遗记》等。志人小说记述人物的逸闻轶事、言谈举止,从中可以窥见当时社会生活面貌,如葛洪的《西京杂记》、裴启的《语林》等,其中南朝宋刘义庆的《世说新语》是成就和影响最大的一部。《世说新语》主要记录了魏晋名士的轶事和清谈,也可以说是一部魏晋风流的故事集。它注重表现人物的特点,通过言谈举止的描写表现人物的独特性格,使之活灵活现、跃然纸上。

唐代流行的文言小说,称为"传奇"。唐传奇的出现,标志着我国文言小说发展到了成熟的阶段,其中比较有名的作品有白行简的《李娃传》、元稹的《莺莺传》、李朝威的《柳毅传》、蒋防的《霍小玉传》和沈既济的《枕中记》等。唐传奇作家已经开始有意识地去创作小说,虚构故事,而且比六朝时代的作者更加注重作品的审美价值。

以听众为对象的"说话"艺术,最迟在唐代就已经出现了。"说话"的本义是口传故事。到了宋、金、元时代,"说话"活动越来越兴盛,在书场中流传的故事越来越多,而以口传故事为蓝本的文字记录本,以及受说话体式影响而衍生的其他故事文本等,也日见其多。后世统称之为"话本"。宋元话本中有许多优秀之作,如《碾玉观音》《闹樊楼多情周胜仙》等。另外还有一些讲史话本,又称"平话",如《三国志平话》《武王伐纣平话》《大宋宣和遗事》等。

元末明初，罗贯中用浅近的文言写出了我国第一部长篇章回体小说《三国志通俗演义》，简称《三国演义》，是历史演义小说的开山之作。《三国演义》描写了从黄巾起义到西晋统一的近百年历史，"七分事实，三分虚构"，借三国史实的基干和框架，另外描绘出一幅波澜壮阔、气势恢宏的历史画卷。这部小说将众多的人物和繁杂的事件组织得有条不紊、主次分明，充分地显示了作者的叙事才能。它创造的一批具有特征化性格的典型人物形象，如奸诈雄豪的曹操、忠义勇武的关羽、仁爱宽厚的刘备、谋略超人的诸葛亮、浑身是胆的赵云、心地狭窄的周瑜等，都给读者以强烈、鲜明的印象。

施耐庵的白话小说《水浒传》，属于英雄传奇小说。这类小说和历史演义的不同之处在于，虽然它也有一定的历史根据，但主要还是虚构。《水浒传》写的是北宋时期宋江等人在梁山起义的故事，深刻地揭露了官逼民反的事实，热情讴歌了不畏强暴、勇于反抗的梁山好汉们。小说赞扬"忠义"的品德，强调"替天行道"，成功地塑造了一系列武艺超群而又神态各异的英雄形象，如鲁智深、武松、林冲、杨志、宋江等。它注意多层次地刻画人物性格，写出人物性格的复杂性和变化；同时又把这些超凡的人物放在现实生活的背景上，增强了作品的生活气息和真实感。

明代后期，在通俗小说领域中兴起了编写神怪小说的热潮，吴承恩的《西游记》是其中最优秀的代表。这部小说以唐代玄奘大师前往天竺取经的历史事件为原型，讲述了一个充满浪漫色彩的神魔故事。小说的主人公孙悟空本领高强、桀骜不驯，极富反抗精神，他先是大闹天宫，失败后随唐僧西行取经，一路降妖伏魔，最终修成正果。小说以瑰丽的想象、极度的夸张，突破时空，突破生死，突破神、人、物的界限，创造了一个光怪陆离、神异奇幻的世界。而那些神魔人物又都有人情、通世故，极幻之文中包含有极真之情、极致之理。

明代后期的神魔小说，还有许仲琳创作的《封神演义》等。纵观三国、水浒、西游等故事，都有一个在民间长期流传、逐渐成形，最后由作家加以写定的过程。而明代晚期出现的世情小说《金瓶梅》则没有经历这个过程，它是中国第一部文人独立创作的白话长篇小说，作者兰陵笑笑生，具体情况不详。《金瓶梅》以西门庆的暴发和暴亡，以及以潘金莲、李瓶儿为主的妻妾间争宠妒恨的故事为主线，全面暴露了封建社会的黑暗丑恶。该书语言非常口语化、俚俗化，同时又不乏文采，形象而传神，给整部作品带来了浓郁的俗世情味和鲜明的时代特征，为之后不论在数量上还是在质量上都占压倒优势的世情小说的发展奠定了基础。

除了长篇小说，明代的短篇小说也有了很大的发展。以"三言""二拍"为代表，出现了一大批色彩各异的短篇小说集。"三言"是冯梦龙编纂的《喻世明言》《警世通言》《醒世恒言》三部小说集的总称，它们标志着古代白话短篇小说整理和创作高潮的到来。"三言"里的《蒋兴哥重会珍珠衫》《卖油郎独占花魁》《玉堂春落难逢夫》《杜十娘怒沉百宝箱》等篇目，都是脍炙人口的名篇。"二拍"是指凌濛初编纂的《初刻拍案惊奇》和《二刻拍案惊奇》。"三言""二拍"的主要篇幅是写世俗社会的人生百态，展开了一幅完整细致的市民生活风情画卷，尤其反映了当时商人力量的兴起。在主题思想方面，它们倡导婚恋自主，张扬女性意识，抨击贪官污吏，表现了那个时代的许多新的思潮。

在清代初年的白话小说中，比较优秀的有西周生的长篇世情小说《醒世姻缘传》，以及李渔的短篇小说集《无声戏》《十二楼》。这一时期才子佳人小说数量很多，代表作家是天花藏主人张匀，他的《玉娇梨》《平山冷燕》比较有名。

中国最早的文言小说是非常粗略的，在后来的发展中，叙事技巧越来越成熟。到了清代初年，蒲松龄的文言志怪小说集《聊斋志异》达到了一个很高的境界，它文笔优美简洁，记叙详尽委曲，有的篇章还特别以情节曲折、有起伏跌宕之致取胜。《聊斋志异》里绝大部分篇章叙写的是神仙狐鬼精魅故事，这些花妖狐鬼多数是美的、善的，给人带来温馨、欢乐、幸福，寄托了作者的理想。该书中的许多故事还深刻地嘲讽了社会的黑暗，尤其是科举制度的弊端。

清代比较优秀的文言小说集，还有袁枚的《子不语》、纪昀的《阅微草堂笔记》等。

清代吴敬梓的《儒林外史》以知识分子的生活和精神状态为题材，对封建制度下知识分子的命运进行了深刻的思考和探索。小说把几代知识分子放在长达百年的历史背景中去描写，深刻揭示了科举制度对儒林士人的毒害。作者在辛辣地讽刺那些道德堕落、精神荒谬、才华枯萎、丧失了独立人格的士人的同时，又描写了一批体现着他改造社会的理想的优秀人物，如杜少卿等。《儒林外史》将中国讽刺小说提升到可以与世界讽刺名著并列的地步。

在明清小说中，最为后人称道的莫过于《红楼梦》。它原名《石头记》，前80回的作者是曹雪芹，后40回是高鹗续补的。小说以封建贵族青年贾宝玉、林黛玉、薛宝钗之间的恋爱、婚姻悲剧为中心，写出了当时具有代表性的贾、史、王、薛四大家族的兴衰，其中又以贾府为中心，揭露了封建社会后期的种种黑暗和罪恶，在客观上显示了封建社会走向没落的历史趋势。《红楼梦》塑造了大批有血有肉的个性化的人物形象，而贾宝玉、林黛玉、薛宝钗、王熙凤更是成为千古不朽的典型形象。在叙事技巧上,曹雪芹比较彻底地突破了中国古代小说单线结构的方式,采取了多条线索齐头并进、交相联结而又互相制约的网状结构。《红楼梦》的艺术魅力难以言尽,对于它的研究已经成了一门专门的学问——"红学"。《红楼梦》与《三国演义》《水浒传》《西游记》一起,并称为"中国四大古典名著"。

在清朝中期的小说中,李汝珍的《镜花缘》也算是优秀之作。清朝后期,比较有名的还有石玉昆《三侠五义》、文康《儿女英雄传》等侠义公案小说和陈森《品花宝鉴》、魏秀仁《花月痕》、韩邦庆《海上花列传》等人情世态小说。

晚清时期出现了四大谴责小说:李伯元《官场现形记》、吴趼人《二十年目睹之怪现状》、刘鹗《老残游记》、曾朴《孽海花》。它们从不同的方面对晚清社会的黑暗腐朽、病入膏肓作了深刻揭露,具有极强的批判性。

1902年,梁启超在《新小说》创刊号上发表《论小说与群治之关系》,弘扬"小说界革命",得到了广泛的响应。在这些新小说的创作中,人们已经可以嗅到现代小说的气息。

无论是中国古代的诗歌,还是散文、戏曲、小说,都有着明显的可以追寻的历史。它们与中国大历史、大文化紧密相连,形成独特的文学发展脉络,显示出特有的民族性、传承性、时代性的特征,成为我国传统文化中璀璨的瑰宝,值得我们永远珍视、传承。

第三章 中国传统哲学

中国传统哲学凝聚着中国文化的基本精神，体现着中华民族的最高智慧。作为中国文化系统的"硬核"，中国传统哲学对宗教、伦理道德、文学、史学、教育、文字、艺术、科学技术和民俗等传统文化诸要素发挥着主导作用。同时，中国传统哲学对当代社会文化和人们的思维观念仍然有潜在的影响。不仅如此，当今越来越多的西方哲学家将研究的视野转向了东方，倡导从东方传统哲学中寻求解决人类社会发展的灵感和方法。作为东方智慧的代表，中国传统哲学为探寻世界发展新路径提供了一个极具参考价值的哲学理论框架。在这个意义上，学习中国传统哲学不仅有助于深刻理解中国文化的精髓，把握诸多传统文化要素的内在本质和发展规律，同时也可为深入挖掘其现代价值奠定坚实的基础。在发展脉络上，中国传统哲学主要经历了先秦哲学、两汉经学、魏晋玄学、隋唐佛学和宋明理学五个主要阶段。在中国传统哲学中，诸多不同哲学流派的宇宙观可以划分为唯物主义和唯心主义两大阵营。中国传统思维方式主要包括整体思维、直觉体悟和知行统合。

第一节 中国传统哲学的发展和流变

"哲学"一词源于古希腊语 Philosophia，意即"爱智慧"。古希腊哲学家毕达哥拉斯是使用该词的第一人，他将自己称作"爱智者"。在我国的文化传统中，没有明确的"哲学"一词。但"哲"一词是古已有之，《尚书·皋陶谟》中有"知人则哲"；《说文》中有"哲，知也"；《尔雅》中有"哲，智也"。在汉语中，"哲"是聪明、智慧之意。在近代，日本著名学者西周使用汉字的"哲学"译介古希腊的西方哲学。我国晚清学者黄遵宪从日本将"哲学"一词引入我国，哲学逐渐为国人所接受，随即出现了中国哲学、中国传统哲学等概念。与中国传统文化的发展脉络相一致，中国传统哲学主要经历了先秦哲学、两汉经学、魏晋玄学、隋唐佛学和宋明理学五个主要阶段。

一、先秦哲学

中国传统哲学在原始社会就已经开始萌芽。旧石器时代晚期(距今约1.8万年前)的山顶洞人,已经有了"灵魂不死"的观念。生活在仰韶文化时代(距今5000—7000年)的原始先民,形成并盛行"万物有灵"的观念,并据此举行各种自然宗教祭祀活动。当然,受当时社会生产力发展水平的制约,先民的这种原始宗教观念和行为尚处于幼稚和愚昧阶段,但其间却蕴藏着中国古代先哲的早期世界观,是中国传统哲学的开端。

在殷周时期,出现了具有朴素唯物主义和辩证法思想的原始阴阳五行说。其中,原始阴阳说是古代先哲揭示宇宙万物矛盾对立与转化生成的学说。作为原始阴阳说的代表,《周易》用阴、阳二爻两个基本符号构成八卦,又以八卦互相重叠组合构成六十四卦,在此基础之上又推演出三百八十四爻。该书运用朴素辩证法将宇宙万物按其性质分为相互对立的阴、阳两个方面,以阳代表积极、进取、刚强、阳性等特性或具有这些特性的事物,以阴代表消极、退守、柔弱、阴性等特性或具有这些特性的事物。万事万物正是在相互矛盾的阴阳对立统一过程中,实现了发生、变化和发展,体现着"一阴一阳之谓道。继之者善也,成之者性也"。

原始五行说揭示了世界的多样性。中国传统哲学中最早的原始五行说见于《尚书·洪范》。据《尚书·洪范》记载:"一曰水,二曰火,三曰木,四曰金,五曰土。水曰润下,火曰炎上,木曰曲直,金曰从革,土爰稼穑。润下作咸,炎上作苦,曲直作酸,从革作辛,稼穑作甘。"该书明确地提出了水、火、木、金、土是构成世界不可缺少的五种最基本的物质元素,同时还对五种物质元素的性质和作用进行了概括性的说明,体现了古代先哲对世界本质的理性思考。这种刚刚开始形成的唯物主义观念,对后来中国古代唯物主义哲学产生了极为深远的影响。

作为中国文化的"轴心时代",春秋战国时期也是形成中国哲学流派和哲学体系的关键时期。该时期奠定了中国传统哲学的形成基础,形成了中华民族精神文化的核心,掀起了中国哲学的第一次高潮。著名哲学家冯友兰先生将春秋战国时期的主要哲学流派概括为六大家,即出文士的儒家、出武士的墨家、出隐者的道家、出辩者的名家、出方士的阴阳家及出法术之士的法家。此外,还有纵横家、杂家、农家、小说家等。

(一)儒家

作为影响最为深远的哲学流派,儒家奠定了中国哲学的精神底色,成为中国哲学的"中轴"。孔子是儒家的开创者和主要代表人物,被后世称为"圣人"。孔子哲学的基本观念是"仁"。在孔子看来,"仁"是人之为人的根本,"仁者,人也"。具体而言,"仁"的本质就是"爱人"。"樊迟问仁,子曰:'爱人。'"首先,"仁爱"是血亲之爱的"亲亲"。孔子认为:"孝悌也者,其为仁之本欤!"要以我为中心,由亲到疏,由人及物地施以爱心。其次,"仁爱"要有恻隐之心。人天生就有恻隐之心,能对别人的痛苦与欢乐产生共鸣。最后,"仁爱"要有忠恕之道。忠,即"尽己为人",就是自己想站得住,也要让别人也站得住,自己想行得通,也要让别人行得通,这叫作"己欲立而立人,己欲达而达人"。恕,就是自己不喜欢的,也不能强加于别人,即"己所不欲,勿施于人"。

孔子讲求的"仁"主要是为"礼"服务的,即以仁释礼。孔子追求的礼是西周时期的社会等级制度。孔子对人们提出了"克己复礼"的要求。其中,"克己"就是要约束自己,做到"推己及人";"复礼",就是要在"礼"的基础上行"仁",做到"非礼勿视,非礼勿听,非礼勿言,非礼勿动"。另外,孔子还认为,"礼"的另外一个重要作用就是"正名"。"名不正,则言不顺;言不顺,则事不成;事不成,则礼乐不兴;礼乐不兴,则刑罚不中;刑罚不中,则民无所措手足。"

孔子之后,被称为"亚圣"的孟子进一步完善了仁学体系,成为战国中期儒家的主要代表人物。"老吾老以及人之老,幼吾幼以及人之幼""亲亲而仁民,仁爱而爱物"。通过仁爱之心的推广,儒家将人的精神提升到超越寻常的人与我、物与我之分别的"天人合一"之境。另外,孟子还将孔子的"仁",从个人道德生活发展到政治和社会生活中,主张国家要实行"仁政"。他认为:"三代之得天下也以仁,其失天下也以不仁。国之所以废兴存亡者亦然。天子不仁,不保四海;诸侯不仁,不保社稷;卿大夫不仁,不保宗庙;士庶人不仁,不保四体。"而"民之归仁也,犹水之就下,兽之走圹也"。

在人性论上,孟子主张"性善论"。他认为:人生而就有四个"善端",即"恻隐之心,仁之端也;羞恶之心,义之端也;辞让之心,礼之端也;是非之心,智之端也"。其中,"端",即萌芽,而仁、义、礼、智是推广这四个"善端"的道德手段。

荀子是战国末期儒家学说的集大成者。荀子以儒家思想为主体,吸收其他各家学说,进一步丰富了早期的儒家哲学思想。在人性论上,与孟子的"性善论"不同,荀子主张"性恶论",他认为:"人之性恶,其善者伪也。"

荀子强调"隆礼"。他认为:"天下从之者治,不从者乱;从之者安,不从者危；从之者存，不从者亡。"同时，荀子还主张"重法"。他认为："礼者，法之大分，类之纲纪也。"可以说，荀子主张法礼并重，"法者，礼之端也"，"礼者，治辨之极也，强国之本也"，显示出儒家"礼治"与法家"法治"的互相糅合与过渡。

（二）道家

作为中国哲学的又一主要流派，道家对中华民族的文化精神发挥着重要的影响。老子是道家学派的开创者和代表人物。老子的哲学最高范畴是"道"。他认为："道可道，非常道；名可名，非常名。无名，天地之始，有名，万物之母。故常无欲，以观其妙；常有欲，以观其徼。此两者，同出异名，同谓之玄，玄之又玄，众妙之门。"在老子看来，"道"在本质上是不可言说和不可界定的。"有物混成，先天地生。寂兮寥兮，独立而不改，周行而不殆，可以为天地母。吾不知其名，字之曰道，强为之名曰大。"同时，他认为："道"是世界万物的本源。"道生一，一生二，二生三，三生万物。"虽然"道"超越了宇宙万物，但它又体现在具体的事物之中，即"德"。"道生之，德畜之，物形之，势成之。"对于万物而言，"道"的作用是"生而不有，为而不恃，长而不宰"，即"无为"。这种自然无为的天道观体现在政治上就是"无为而治"，即"道常无为，而无不为。侯王若能守之，万物将自化""圣人处无为之事，行不言之教"等。

同时，老子在朴素辩证法上也取得了很高的成就。他提出了"反者道之动"的哲学命题。例如，"祸兮，福之所倚，福兮，祸之所伏……正复为奇，善复为妖""天下皆知美之为美，斯恶矣；皆知善之为善，斯不善矣。故有无相生，难易相成，长短相形，高下相倾，音声相和，前后相随"。老子主张按照事物的本来面目去认识事物，"以身观身，以家观家，以乡观乡，以邦观邦，以天下观天下。吾何以知天下然哉"。

继老子之后，道家的主要代表人物是庄子。同老子一样，庄子将无形无象的"道"作为万物化生的根源。他认为："夫道，有情有信，无为无形；可传而不可受，可得而不可见；自本自根，未有天地，自古以固存。神鬼神帝，生天生地；在太极之先而不为高，在六极之下而不为深；先天地生而不为久，长于上古而不为老。"同时，庄子也提倡自然无为。"无以人灭天，无以故灭命，无以得殉名。"庄子将相对主义作为认识论的基础。他认为事物之间的差别是会随着人的主观意识转移的，是相对的。"天地与我并生，而万物与我为一"，强调个人与宇宙的契合。

（三）法家

法家是春秋战国时期以"法治"为核心的哲学流派。法家的创始人是战国前期的李悝、吴起、商鞅、慎到、申不害等。到了战国末期，韩非是法家思想的集大成者，建立了较为完备的朴素唯物主义和法治理论。

韩非发展了老子和荀子的思想，首次提出了"道"与"理"，即事物的普遍规律与特殊规律的关系问题。其中，"道"是事物的普遍规律，"理"是区别不同事物的特殊规律。"道"是"理"的依据，而"理"是"道"的具体体现。他认为："道者，万物之所然也，万理之所稽也。理者，成物之所文也……万物各异理而道尽。稽万物之理，故不得不化；不得不化，故无常操。"在认识论上，韩非提出了"参验"。他认为："循名实而定是非，因参验而审言辞。"韩非还提倡"矛盾之说"，即"甲兵折挫，士卒死伤，而贺战胜得地者，出其小害，计其大利也""法有立而有难，权其难而事成，则立之；事成而有害，权其害而功多，则为之"。在法治理论上，韩非对商鞅、申不害和慎到的思想进行了总结，提出了法、术、势相结合的观点。他说："君无术则弊于上，臣无法则乱于下，此不可一无，皆帝王之具也。""抱法处势则治，背法去势则乱。"他认为：在法、术、势之中，法是根本，势是前提，术是方法。在治理国家的过程中，国君要将法、术、势三要素有机地结合成为一个整体。

（四）兵家

兵家是中国先秦至汉初研究军事理论、从事军事活动的流派，是诸子百家中的一个重要派别，代表人物有春秋时期的孙武，战国时期的孙膑、吴起、尉缭、赵奢、白起，以及汉初的张良、韩信等人。

孙武是春秋时期军事家、政治家，有"兵圣"的美誉。他原本是齐国人，被伍子胥引荐给吴王阖闾，进献兵法十三篇，受到重用，曾带兵几近灭亡楚国。其进献的兵法，即后世所称的《孙子兵法》。《孙子兵法》是世界上最早的军事著作，被西方誉为"兵学圣典"，唐太宗曾盛赞道："观诸兵书，无出孙武。"

《孙子兵法》可分为四个层次：一是"慎战""重战"的战争观念，孙武不否定战争，但反对穷兵黩武。二是"上兵伐谋""不战而屈人之兵"的全胜战略思想，追求以最小的代价取得最大的胜利。三是先发制人、争取主动、知彼知己、以实击虚等战术思想，是《孙子兵法》的主体内容。四是赏罚分明、纪律严明的治军理论。

战争会带来巨大的灾难，轻则城毁人灭，重则国破家亡，或对人类的疯狂屠杀，或对生产的严重破坏，抑或对经济的惊人消耗，所以孙子对待战争是非常审慎的。孙武在《火攻篇》告诫："主不可以怒而兴师，将不可以愠而致战。"即国君、主将切不可因一时头脑发热而轻易发动战争，因为"怒可以复喜，愠可以复悦，亡国不可以复存，死者不可以复生"。因此，孙武希望"明君慎之，良将警之"。

孙武提出了"全胜"的战略思想，在古代军事思想史上占有重要地位。孙武认为："百战百胜，非善之善者也；不战而屈人之兵，善之善者也。""故善用兵者，屈人之兵而非战也，拔人之城而非攻也，毁人之国而非久也，必以全争于天下，故兵不顿而利可全，此谋攻之法也。"也就是说，"全胜"的意义在于以最小的代价换取最大的胜利。

《孙子兵法》提出了很多战术思想，如：避实击虚，即避开敌人兵力强大的部分，集中力量进攻敌军兵力薄弱的部分；"致人而不致于人"，即调动敌人而不被敌人调动，掌握战场的主动权；"先胜而后求战"，即不打无把握之仗；"知彼知己，百战不殆"，必须对己、对敌都有充分的了解；"以正合，以奇胜"，即作战必须有正面作战与侧面突袭的"正奇"变化；"识众寡之用者胜"，即懂得在兵多与兵少时的不同用兵之法。这些战术思想对后世产生了广泛而深刻的影响。

孙武的治军理念也很丰富。他认为政府和军队中的各个部门都要建立起健全的制度，把军队编制、官制和财务制度等都纳入法的轨道。孙武特别强调赏罚严明，赏罚不能滥施，制度颁布后必须先公之于众。他主张对士兵加强思想政治工作，恩威并施，使士兵真正为己所用。孙子要求将帅应具备"五德"，即智、信、仁、勇、严这五种素质。此外，孙子还主张将帅有相对独立的权力，必要时可以不受君命的左右。

总之，《孙子兵法》思想博大精深、内涵深邃、逻辑缜密，对中国乃至世界军事学的发展都产生了深远的影响。

二、两汉经学

"经学"是指研究"六经"的学问。所谓"六经"，即《诗经》《尚书》《礼记》《周易》《乐经》《春秋》，是孔子晚年整理并传授的六部著作。汉代经学出现了"古文经学"和"今文经学"的分别，是学者研习过程中自然形成的两个派别。在经历相互争辩、渗透和整合后，两个经学流派后来逐步实现了统一。

汉朝初期的"六经"经典，除了《易经》，其他几乎都未能幸免于秦始皇的焚书和秦汉之交的战火。从汉文帝时期开始，在统治者的过问下，一些年长的秦博士和儒生以口述的方式重新记录遭焚毁的经典，这些经典都是用汉代通行的隶书记录的，故统称为"今文经"。

汉景帝末年，有人在孔府的旧宅墙壁中发现了一批经典；汉武帝时期，河间献王刘德在流落民间的大批古典文献中发现了《周官》；汉宣帝时期，河内女子毁坏了老屋，又发现几篇《尚书》文本。因为这些古典文献都是秦始皇焚书以前用六国所用的篆书写成的，与当时通行的"今文经"在篇幅、字数、内容上都存在较大差异，因此被统称为"古文经"。

出于维护"大一统"政治局面和加强中央集权统治的需要，汉武帝采纳了董仲舒"罢黜百家，独尊儒术"的建议，改变了原有的博士制度，始设"五经博士"。自此，除《乐经》已无书外，《诗经》《尚书》《礼记》《周易》《春秋》就成为士子必读的经典。于是，汉代儒生便开始以传习、解释这些经典为业，宣告了经学的诞生。

学术的发展与社会形势的变化息息相关，不同的时代和执政思想必然会对学术思想和文化的发展造成影响。比如，今文经学将经典阴阳五行化，使其带上了一定的迷信色彩，而古文经学涉及广泛，却难以与时俱进、顺应社会变化。再比如，古文经学重视德治，而今文经学更重视法家思想，对"黄老""刑名"之学持赞赏态度。

今文经学的代表人物是董仲舒，他从保证中央集权、树立皇帝权威性的需要出发，将一些古文经书中的内容更改、解读为维护统治阶级利益的主张，为一些执政行为寻找理论依据。但是，他的思想过于刻板、定式，使得许多经书被解读得晦涩难懂而又烦琐，使经学日益脱离生活。尽管如此，今文经学的发展有利于统治者更有效地控制士大夫阶层，因此统治者也大多乐于尊崇。

在学术和教育方面，今文经学与古文经学的差异，导致了官学与私学的对立，这种思想冲突也成为统治阶级内部矛盾、社会阶级矛盾的缩影。在实际运用中，思想家和政治家们往往能从实际情况出发，将两种学说结合起来加以利用。

东汉时期，古文经学的影响力越来越大，逐步取得了对今文经学的优势，从而使一向自由、简明且放弃现实批判性的古文经学，日益受到统治者的青睐，取得了对今文经学斗争的最终胜利，并涌现出大批著名的古文经学大师，如贾逵、许慎、马融、服虔、卢植等。而今文经学方面只有何休取得了较大成就，他的《春秋公羊解诂》成为唯一一部完整流传至今的今文经学著作。

公元79年，旨在弥合古文经学与今文经学巨大分歧的"白虎观会议"召开，成为今文经学、古文经学斗争史上的一个重要标志，其成果便是班固写成的《白虎通义》。《白虎通义》以今文经学为基础，初步实现了两派经学的统一。到东汉末年，作为古文经学集大成者的郑玄对两派经学进行了全面总结，形成了以古文经学为基础、吸收今文经学优点而形成的一家之言，今文经学随之湮灭。

三、魏晋玄学

伴随着东汉末年社会矛盾的激化，儒学受到了巨大的打击，"旧居之庙（指孔庙），毁而不修，褒成之后，绝而莫继，阙里不闻讲颂之声，四时不睹蒸尝之位"。与此同时，伴随着佛教的传入和道教的蓬勃发展，为了弥补两汉经学的消弭，魏晋玄学开始形成并发展成为该时期占主导地位的哲学体系。魏晋玄学对两汉经学进行了多方改造，在内容上以本体论取代神学，否定阴阳祥瑞灾异与谶纬之学；在形式上以抽象的义理思辨取代烦琐的考据和象数比附。这就为中国传统哲学的发展注入了清新的活力，标志着中国哲学思想的进一步深化。由于当时的哲学家信奉儒家的《周易》、道家的《老子》和《庄子》，并称其为"三玄"，所以后世称这种哲学为"玄学"。

玄学思想虽然继承了先秦的老庄哲学，但与老庄哲学又不尽相同。魏晋玄学大多以研究《老子》《庄子》为主，同时也研究《周易》，并以《老子》《庄子》注释《周易》。例如，王弼著的《周易注》与《周易略例》两书，就是以老庄解《周易》的代表性著作。魏晋玄学把老庄哲学中的"有无"问题当作讨论的核心命题。以何晏、王弼为代表的玄学贵无派把"无"当作世界的根本和世界统一的基础，主张"以无为本""凡有皆始于无"，代表作有何晏的《道德论》、王弼注释的《老子》《易经》。崇有论者裴𬱟则认为："夫至无者，无以能生，故始生者，自生也。"裴𬱟反对贵无思想，否认无能生有，认为有是自生的，自生之物以有为体。而向秀和郭象则主张"无不能生有，有也不能生有，万物是突然自生自得的"，反对无能生有，提倡万物自生独化之说。他们认为世界是由众多的具体物构成的，"有"之外并不需要有一个"无"作为自己存在的依据。

魏晋玄学一改两汉经学注重宇宙生成问题探讨的做法，转而主要以讨论宇宙本体问题为主要课题。玄学贵无派把"无"当作"有"的存在根据，提出了"以无为体"的本体论思想。在他们看来，"有"不能作为自身存在的根据，"有"只能依赖本体"无"才能存在。郭象既反对"无中生有"说，亦反对有必"以无为体"说，主张有之自生说，并认为"有"是各个独自存在的，不需要一个"无"作为自己的本体。

先秦的老庄之学以崇尚自然、反对儒家礼教（名教）为主要特征，而魏晋玄学的代表人物中除阮籍和嵇康外，总的说来都是调和儒道、调和自然与名教。王弼用老庄的方法解读儒家的《周易》与《论语》，其目的就是要把儒、道调和起来。他从本末、"有无"的哲学体系出发，认为名教是"末"，自然（"无"或"道"）是"本"，名教是自然的必然表现，两者是本末体用的关系，是统一的。而郭象则提出，名教即自然的理论，认为"圣人虽在庙堂之上，然其心无异于山林之中"，故道家的自然与儒家的名教是一致的。阮籍、嵇康的老庄学表现出反儒的倾向，与王弼、郭象的玄学取向有所不同。魏晋玄学家重名理之辩，善进行概念分析与推理，强调在论证问题时应注意把握义理，反对执着言象，这对提高传统哲学的理论思维水平有一定的积极意义。

魏晋玄学在中国哲学发展史上占有重要的地位。它上承先秦的老庄之学，汲取汉代经学的教训，通过"有无"、本末之辩，建立了精致的唯心主义本体论，开创了糅合儒、道学说的一个新的哲学时期，对后世诸学均产生了深远影响。

四、隋唐佛学

佛教的广泛传播和发展对中国文化产生了巨大的影响。冯友兰说："佛教传入中国，是中国历史上最重大的事件之一，从它传入以后，它就是中国文化的重要因素，在宗教、哲学、文学、艺术方面有特殊影响。"[1] 在隋唐时期，佛教取代了玄学，融入中国哲学体系之中，成为当时的主导哲学流派。

佛教宗派的成熟与发展成为义学探索与传播的重要条件。当时禅宗与哲学发展密切相关，既关注实践方法的探索，也关注义理的研究。在义理方面，唯识与禅的主要区别并不是理论特质，而是侧重点的问题。唯识宗派集中分析了世界上各种物质和精神现象，认为一切现象都是"识"所变出来的，所谓"万法唯识"。禅宗教义简易，没有烦琐的理论说教，更容易为中国普通老百姓接受。作为一种人生哲学，它强调个体精神内在的自觉转变，注重宗教的实践化和民众化，对中国封建社会后期的思想文化及文学艺术都有很深的影响。事实上，义理探究不仅推动了隋唐佛教传播，也促进了传统哲学的发展。这主要表现在对经验现象与事实本质关系的诠释方面，从而为中国哲学特质的形成与发展奠定了坚实基础。[2]

---

[1] 冯友兰. 中国哲学简史 [M]. 涂又光，译. 北京：北京大学出版社，2013.
[2] 檀江林. 中国文化概论 [M]. 北京：科学出版社，2013：134.

五、宋明理学

宋明理学是以儒学为主体，融合道、佛两家，建立了包括理气论、心性论为中心的哲学理论体系。理学又称道学，是以研究儒家经典的义理为宗旨的学说，即义理之学。在宋代，就有人用"理学"来命名该时期的哲学。程颢说："吾学虽有所受，'天理'一字却是自家体贴出来。"宋明理学发轫于北宋，创始人主要有周敦颐、邵雍、张载、程颢、程颐。到南宋，在朱熹的推动下，该学说逐渐成熟。明代是该学说的兴盛时期，以王守仁为主要代表，建立了心学体系。

朱熹是宋代理学的集大成者。他认为："未有天地之先，毕竟也只是理。有此理，便有此天地，若无此理，便亦无天地，无人无物，都无该载了。有理，便有气流行，发育万物。"在朱熹看来，宇宙的本原是理或天理，世间万物都是由天理产生的，理充斥于宇宙之中。以此为基础，朱熹在人性论上秉承"性即理也"的思想，认为理体现在人的身上就是人性，即"性者，人之所得于天之理也"。他全面论述了"天命之性"与"气质之性"的人性二元论。他认为："有气质之性，无天命之性，亦做人不得；有天命之性，无气质之性，亦做人不得。"朱熹把理气论和心性论融为一体，形成了一个比较完备的理论思想体系。这一理论思想体系成为中国古代社会后期占统治地位的思想，并对以后的中国政治、思想和文化产生了深远的影响。

明代的王守仁是宋明理学中"心学"的集大成者。他提出了"心即理"、"知行合一"和"致良知"。他认为："夫万事万物之理，不外于吾心""心便是天理"。在他看来，"心外无物"和"心外无理"集中体现着"心即理"的本体论。同时，王守仁心学体系还包括"知行合一"。他说："一念发动处，便即是行了。"其中，"一念"是指道德意识，"行"是指道德实践。而知和行是相互统一的，不可以分为二。其中，行在认识过程中处于主导地位，"行可兼知，而知不可兼行"。在"知行合一"的基础上，王守仁还提出了"致良知"，即扩充良知。他说："良知自知，原是容易的，只是不能致那良知，便是'知之匪艰，行之惟艰'。"

宋明理学达到了思想发展史上的新水平，提出的范畴和命题、所讨论的问题是新的，探究的学术理论的广度和深度是前所未有的。

第二节 中国传统哲学的宇宙观和人生观

一、中国传统哲学的宇宙观

宇宙观是人们对世界和宇宙的根本观点和看法。战国末年的尸佼对宇宙进行了明确的解释和界定,即"四方上下曰宇,往古来今曰宙"。从中国传统哲学发轫之初,先哲就开始了对宇宙本原和生成的思考。随着社会实践的发展和人们认识水平的提高,宇宙观也发生着相应的变化。恩格斯指出,凡是断定精神对自然界来说是本原的,组成唯心主义阵营。凡是认为自然界是本原的,则属于唯物主义的各种学派。人们为了深入探寻中国传统哲学的宇宙观,主要围绕唯物主义宇宙观和唯心主义宇宙观两条主线去展现其历程。

（一）唯物主义宇宙观

中国古代先哲很早就开始探寻宇宙的本原。《尚书·洪范》中最早提出了水、火、木、金、土的五行说,奠定了古代朴素唯物主义宇宙观元素论的基础。这种五行说实际上是把五种物质元素看成世界上不可缺少的、最基本的东西。

周太史史伯进一步发展了《尚书·洪范》中所提出的五行说,将其视为产生世界万物的基本物质元素。他说:"先王以土与金、木、水、火杂,以成百物。"而"五材"(五种物质材料)则是产生"百物"的物质元素了。他说:"夫和实生物,同则不继。以他平他谓之和,故能丰长而物归之。若以同裨同,尽乃弃矣……是以和五味以调口,刚四支以卫体,和六律以聪耳,正七体以役心,平八索以成人,建九纪以立纯德,合十数以训百体。出千品,具万方,计亿事,材兆物,收经入,行姟极。"在史伯看来,五行是构成宇宙万物的基本元素,它们通过"和"来生成宇宙万物。

《周易》通过"近取诸身,远取诸物"的方法,用八卦乾、坤、震、离、巽、兑、坎、艮来对应天、地、雷、火、风、泽、水、山八种物质。《周易》认为,人们日常生活中的这八种物质是宇宙万物的根源。这是一种非常朴素的万物生成唯物主义观念。在宇宙的生成上,《周易》认为,阴、阳二气作为两种相互对抗的物质,两者相合,形成了生成宇宙万物的太极。"易有太极,是生两仪。两仪生四象,四象生八卦。"

另外,春秋末期的管子提出水是万物的本原。"水者,何也? 万物之本原也,诸生之宗室也。"冯友兰先生说，天地如父母，生出来六个子女，分别代表殷周之际的人所认为的自然界六种重要的自然现象。照这样的理解，包括天地在内的自然界成为一个血肉相连的大家庭。这种神话式的对于自然的理解，就是唯物主义世界观的胚胎。

老子认为，"道"是世上万物的本原。"有物混成，先天地生。寂兮寥兮，独立而不改，周行而不殆，可以为天下母。吾不知其名，字之曰道。"对于"道"的形状，老子认为："道之为物，惟恍惟惚。惚兮恍兮，其中有象；恍兮惚兮，其中有物。窈兮冥兮，其中有精；其精甚真，其中有信。"在老子看来，宇宙生成的过程是，"道生一，一生二，二生三，三生万物。万物负阴而抱阳，冲气以为和"。他还说："道冲，而用之或不盈。渊兮，似万物之宗。"与此同时，老子在用"道"来解释宇宙生成的过程中还引入了"气"的思想。庄子认为，世上万物都是由"气"聚合而成，"人之生，气之聚也。聚则为生，散则为死……故曰：通天下一气耳"。

荀子也把气作为万物的基础和本原，"天地合而万物生，阴阳接而变化起"。同时，他还指出不同事物之间存在着本质的差别，"水火有气而无生，草木有生而无知，禽兽有知而无义；人有气、有生、有知，亦且有义，故最为天下贵也"。

东汉王充认为，世上的万物是由天地合气而产生的，"天地合气，万物自生"。东汉的王符以元气为本原，详细地论述了宇宙万物的生成与演化。他说："上古之世，太素之时，元气窈冥，未有形兆，万精合并，混而为一，莫制莫御。若斯久之，翻然自化，清浊分别，变成阴阳。阴阳有体，实生两仪。天地壹郁，万物化淳，和气生人，以统理之。"

北宋的张载建立了完备的气本体论体系。他认为：世间存在的万物都是气，"凡可状皆有也，凡有皆象也，凡象皆气也"。而气的聚散就意味着万物的存亡。他说："太虚无形，气之本体；其聚其散，变化之客形尔。"明清的王夫之进一步发展了张载的思想，形成了完整的气一元论体系。王夫之认为："凡虚空皆气也，聚则显，显则人谓之有；散则隐，隐则人谓之无。……盖阴阳者气之二体，动静者气之二几，体同而用异则相感而动，动而成象则静，动静之几，聚散、出入，形不形之从来也。"

在形成古代朴素唯物主义宇宙观的同时，先哲们还坚持朴素的辩证法。他们认为宇宙万物是在生生不息的运动中变化和发展的。孔子说："天何言哉？四时行焉，百物生焉，天何言哉？"荀子说："阴阳大化，风雨博施。"老子说："大曰逝，逝曰远，远曰反。"庄子说："万化而未始有极也。"

在中国古代典籍中，《周易》是讲述宇宙变化最为集中的代表。"生生之谓易。""《易》之为书也，不可远，为道也屡迁，变动不居，周流六虚，上下无常，刚柔相易，不可为典要，唯变所适。"宇宙中没有什么东西是不变的，只有变才是不变的。"易穷则变，变则通，通则久。"另外，《周易》中还有朴素辩证法思想。《周易》中，"道"是阴、阳对立面相互转化的普遍规律，"形而上者谓之道，形而下者谓之器"。

老子系统地阐述了朴素的辩证法思想。他指出，万物都有其对立面，而对立的双方是相互依存和相互转化的。正是万物自身存在着对立统一矛盾，双方相互依存与转化，成为事物运动、变化和发展的根本动力。他说，"曲则全，枉则直；洼则盈，敝则新，少则得，多则惑""正复为奇，善复为妖""祸兮，福之所倚，福兮，祸之所伏""反者道之动""有无相生，难易相成""物或损之而益，或益之而损"。经荀子、王充、张载等人的继承和发展，王夫之在更高的程度上达到了中国哲学朴素唯物主义与朴素辩证法的结合。王夫之指出："天地之气，恒生于动而不生于静。"对于天地变化的原因，他认为是阴阳二气对立统一的结果。

（二）唯心主义宇宙观

中国古代唯心主义宇宙观认为，宇宙的本原是精神的，而非物质的。董仲舒认为："天者，群物之祖也，故遍覆包函而无所殊，建日月风雨以和之，经阴阳寒暑以成之。"同时，他还将阴阳道德化，"阳气仁而阴气戾"。"恶之属尽为阴，善之属尽为阳。"周敦颐认为："无极而太极。太极动而生阳，动极而静；静而生阴，静极复动。一动一静，互为其根。分阴分阳，两仪立焉。阳变阴合，而生水、火、木、金、土。五气顺布，四时行焉。五行，一阴阳也；阴阳，一太极也；太极，本无极也。五行之生也，各一其性。无极之真，二五之精，妙合而凝。乾道成男，坤道成女，二气交感，化生万物。万物生生，而变化无穷焉。"

南宋的陆九渊提出了主观唯心主义宇宙观。他认为"宇宙便是吾心，吾心便是宇宙"，万物都依附于吾心而存在。他说："宇宙内事，乃己分内事，己分内事，乃宇宙内事。""四方上下曰宇，往古来今曰宙。宇宙便是吾心，吾心便是宇宙。千万世之前，有圣人出焉，同此心同此理也。千万世之后，有圣人出焉，同此心同此理也。""人皆有是心，心皆具是理，心即理也。""万物森然于方寸之间，满心而发，充塞宇宙，无非此理。"杨简在陆九渊主观唯心主义宇宙观的基础上，提出了"易者，己也，非有他也。以易为书，不以易为己，不可也。以易为天地之变化，不以易为己之变化，不可也。天地，我之天地，变化，我之变化，非他物也。私者裂之,私者自小也"。

王守仁作为主观唯心主义的集中代表,形成了完整的主观唯心主义宇宙观。他说:"人者,天地万物之心也;心者,天地万物之主也。心即是天,言心则天地万物皆举之矣。""心外无物,心外无事,心外无理,心外无义。"心是宇宙的主宰,世间万物一切皆依附人心,有心则有一切,无心则无一切。

二、中国传统哲学的人生观

从中国哲学的主导倾向来说,儒、道两家大体上肯定:一个真正的人的博大气象,乃是以自己的生命通贯宇宙全体,努力成就宇宙的一切生命。这就是人类生命的价值与归宿。正是在这样的意义上,中国哲学家以公正平和的心态,使一切生命、万物在不同的存在领域中各安其位。人性为天命所授,人在宇宙的万象运化中,领受、秉持了"于穆不已"的创化力,成为宇宙的枢纽。

儒家主张以圣贤人格为向度。儒家学者认为,只要通过道德和学问的修养,"人皆可以为尧舜。"孔子认为,要想具备圣贤人格,就要坚持仁智统一,亲身践行才能成为圣人,实现"仁者与天地万物为一体"的最高境界。他说:"吾十有五而志于学,三十而立,四十而不惑,五十而知天命,六十而耳顺,七十而从心所欲,不逾矩。"孔子所谓的"志于学"就是"道"。"朝闻道,夕死可矣。"他所说的"三十而立",是指人这时候懂得了礼,言行都很得当。"四十不惑",说人这时已经成为知者,到此为止,也许只是认识到道德价值。但到了五十、六十,人就认识到天命了,并且能够顺于天命。人这时候已认识到超道德价值。而七十岁时人就可能从心所欲,其所做的一切自然而然地正确,他的行动用不着有意的指导,他的行动用不着有意的努力,这就是圣人发展的最高阶段——真善美的统一。

道家的人生宗旨是"法天贵真",与道为一,以"真人"人格为向度。道家哲学的出发点是全生避害。为了全生避害,杨朱的方法是"避";普通隐者的方法是远离人世,遁迹山林,认为这样可以避开人世的恶。可是即使如此,人世的恶仍不能完全避开。老子认为,人要避害,先要掌握宇宙万物运动变化的规律。如果人懂得了这些规律,并且遵循这些规律调整自己的行动,他就能够趋利避害。所以,他说:"人法地,地法天,天法道,道法自然。"庄子更进一步指出:"圣人法天贵真,不拘于俗。""真在内者,神动于外,是所以贵真也。""不离于真,谓之至人。""不以心捐道,不以人助天,是之谓真人。"然而,即使如此,人生避害也难绝对保证。事物的变化中总有些未预料到的因素,人仍有受害的可能。老子道出其中原因,

"吾所以有大患者，为吾有身。及吾无身，吾有何患"？因此，老子说，人要全生避害，就要"返璞归真"；而"返璞归真"的唯一途径就是"无己无为"。总之，道家的人生观认为，从"法天贵真"的人生宗旨出发，依赖"无己无为"的道德自觉、"虚极静笃"的智慧涵养和"遗物离人"的意志磨炼，就可以达到"天地与我并生，而万物与我为一"，"独与天地精神往来"的境界。

尽管不同时代、不同学派和人物所追求的精神意境、人格理想的目标及其实现途径并不完全一致，但他们都极力张扬道德人性，使人格充分发展，盈于宇宙天地，即从人所处的现实世界出发，而又不断地超越现实世界对人的种种限制，培养出真善美统一的理想人格，进入人类生命的终极归宿。

第三节　中国传统思维方式

哲学思维方式是一种以思辨的形式理解世界的思维方式，其目的在于理解对象世界整体或最一般的本质。虽然哲学思维方式是无形的，但它支配着整个哲学体系的构建。在中国传统哲学流派中，先哲们运用不同的思维方式认识世界，形成哲学体系。总体而言，先哲们的传统思维方式主要包括整体思维、直觉体悟和知行统合。

一、整体思维

具有自己的制度和风俗的一定类型的社会，也必然具有自己的思维样式，不同的思维样式与不同的社会类型符合。与中国社会类型相契合的中国传统哲学思维方式更为关注世界的整体性。与中国传统哲学的产生、发展相同步，整体思维方式贯穿传统哲学的整个发展过程。整体思维方式就是把全世界看作一个整体，把每一个人的身心、每一个动物、每一个植物都看作一个整体。因此，先哲们在观察宇宙、社会和人的过程中，普遍采用"统观"和"会通"的方式。在中国传统哲学中，阴阳、气、道、理等哲学范畴是这一思维方式的集中体现。其中，阴阳是万物发展变化的动力；气是宇宙的本原，天、地、人都由气生成；道（或理）是自然、社会运作的总规律，具有唯一性，所以称为"理一"。另外，各个具体事物之理是这个最高的"理"的体现，所以叫"分殊"。

《周易》认为，"立天之道，曰阴与阳；立地之道，曰柔与刚"，而"一阴一阳之谓道"。"气"的观念出现较早。伯阳夫在论述地震的成因时提出了"天地之气",并将气分为阴阳二气。《国语·周语》记载:"伯阳父曰:周将亡矣!夫天地之气,不失其序。若过其序,民乱之也。阳伏而不能出,阴迫而不能蒸,于是有地震。"庄子强调,世界是一个整体。他说:"夫天下也者,万物之所一也。得其所一而同焉,则四肢百体将为尘垢。"又说:"微夫子之发吾覆也,吾不知天地之大全也。"他认为,气是万物之本源。"方且与造物者为人,而游乎天地之一气。""人之生,气之聚也;聚则为生,散则为气。""天地之气,合而为一,分为阴阳,判为四时,列为五行。"

老子曾说:"有物混成,先天地生,寂兮寥兮,独立而不改,周行而不殆,可以为天下母。吾不知其名,字之曰道,强为之名曰大。大曰逝,逝曰远,远曰反。"其中,道是"混成"的,是一个整体。他说:"道生一,一生二,二生三,三生万物。万物负阴而抱阳,冲气以为和。"

程颢、程颐认为,"天者理也",用理的观念把天下万物统一起来,强调"万物只一理"。朱熹更提出"万物统体一太极"之说,以太极把天地万物统一起来。

二、直觉体悟

所谓直觉,就是一种理智的交融,这种交融使人们将自己置于对象之内,以便与其中独特的、无法表达的东西相符合。在中国传统哲学领域中并没有"直觉"一词,但有与之相类似的概念,如"体认""体道"。梁漱溟先生曾认为"西方重理智,中国任直觉";张岱年先生也认为,中国哲学"重了悟而不重论证"。

道家的哲学思维具有明显的直觉体悟特点。老子曾说:"致虚极,守静笃;万物并作,吾以观复。"而如何才能实现"致虚极,守静笃"呢?老子提出了"涤除玄览"。"涤除"就是否定、排开杂念,"玄览"就是深入静观,也就是说要把杂念统统去掉,就好像把镜子上的尘污清洗掉。老子还主张"为学日益,为道日损",即学习知识要日积月累,做加法;而把握或悟道时,则要用减法。庄子也推崇直觉体悟。他说:"言之所不能论,意之所不能察致者,不期精粗焉。"为此,他主张"坐忘",即心灵空寂到极点,"堕肢体,黜聪明,离形去知,同于大通,此谓坐忘"。庄子提倡"心斋",通过"无听之以耳而听之以心,无听之以心而听之以气"而体道,最终达到"天地与我并生,而万物与我为一"的至高境界。

在儒家,孔子所追求的是"仁"。他说:"仁远乎哉?我欲仁,斯仁至矣。"作为一种发自内心的思想情感和精神境界,"仁"的实现需要运用直接体悟的思维方式。所以,孔子主张"默而识之"、"叩其两端而竭矣"和"予欲无言"。孟子认为,

"不虑而知""不学而能"。荀子则主张"虚一而静"。张载说："大其心，则能体天下之物。"朱熹认为"万理具于一心"，"涵养中自有穷理工夫，穷其所养之理。穷理中自有涵养工夫，养其所穷之理，两项都不相离"，"至于用力之久，而一旦豁然贯通焉，则众物之表里精粗无不到，而吾心之全体大用无不明矣"。陆九渊认为："此理本天所以与我，非由外铄。明得此理，即是主宰。"王守仁也推崇内向直觉，他说："知是心之本体，心自然会知。见父自然知孝，见兄自然知弟，见孺子入井，自然知恻隐。此便是良知，不假外求。"同时，他还认为"良知"即"天理"，为人心本有，因此"正心"不是追求外物之理，而是去除私欲、恢复良知的过程："若良知之发，更无私意障碍，即所谓充其恻隐之心，而仁不可胜用矣。然在常人不能无私意障碍，所以须用致知格物之功，胜私复理。"克服"私意障碍""立恻隐之心"不仅是对道德知识的认识，更重要的是一个道德履践的过程及情感参与过程。因此，"正心"本质上是对天理良知的心理体验过程，其目标在于实现"天地万物为一体"的精神境界。

三、知行统合

知行关系一直是先哲们探讨的问题。张岱年先生指出，中国哲学中有许多名词与理论都有其实践的意义；若离开实践，便无意义。想了解其意义，必须在实践上做功夫，在生活中用心体察。可以说，中国哲学体系的知行关系问题是农业文明社会条件下重实践、轻理论的反映。在中国哲学发展过程中，先哲们围绕知行问题的先后、难易、分合和轻重等方面进行了论述。

作为一个重要的哲学范畴，知行范畴出现得很早。在《左传·昭公十年》中记载："非知之实难，将在行之。"《古文尚书·说命中》强调行比知更为艰难，"非知之艰，行之惟艰"。孔子也提出了知行关系问题。他说："生而知之者，上也；学而知之者，次也；困而学之，又其次也；困而不学，民斯为下矣。"孔子说："弟子入则孝，出则弟，谨而信，泛爱众，而亲仁。行有余力，则以学文。"在孔子看来，行在学先。同时，孔子还非常重视知行统一。他说："古者言之不出，耻躬之不逮也。"荀子认为："知之不若行之……知之而不行，虽敦必困。"

汉代的董仲舒也对知行关系进行了论述。他说："何谓之知？先言而后当。凡人欲舍行为，皆以其知先规而后为之。"在他看来，知是先于行的，知对行起着引导的作用。

宋代以后，知行观的探讨日趋成熟。就内涵上说，该时期对知行问题的探讨主要是在道德的范畴内进行的。程颐对知行的先后和难易两个方面进行了系统的论述。他说:"君子以识为本,行次之。今有人焉,力能行之,而识不足以知之,则有异端者出,彼将流宕而不知反。"在他看来,知为先,行为后,知是处于主导地位的。在知行的难易上,他认为:"故人力行,先须要知,非特行难,知亦难也。《书》曰:'知之非艰,行之惟艰。'此固是也,然知之亦自艰。"

朱熹构建了较为完整的知行关系学说。他强调"知先行后""以知为本"。他认为:"论先后,知为先;论轻重,行为重。""知之愈明,则行知愈笃;行知愈笃,则知之益明。"在朱熹看来,知先于行,知主行从。同时,朱熹还对知先行后进行了重要的补充,提出了"并进互发"。他说:"知行常相须,如目无足不行,足无目不见。"

明代王守仁针对宋明理学脱离现实的倾向,明确地提出了"知行合一"。他认为:"知是行的主意,行是知的功夫;知是行之始,行是知之成""知之真切笃实处即是行,行之明觉精察处即是知"。在他看来,知行合一是依靠"心"来承担的,"外心以求理,此知行之所以二也。求理于吾心,此圣门知行合一之教,吾子又何疑乎"?他说:"知行原是两个字说一个工夫,这一个工夫须著此两个字,方说得完全无弊病。若头脑处见得分明,见得原是一个头脑,则虽把知行分作两个说,将来毕竟做那一个工夫。则始或未便融会,终所谓百虑而一致焉。"王守仁说:"我今说个知行合一,正要人晓得,一念发动处,便即是行了。"在他看来,行不仅包括真实的活动和行为,人们意念、情感上的发动都可以叫作"行"。很明显,王守仁混淆了知与行的界限。

明清之际的王夫之在总结前人知行关系的基础上,将中国古代哲学中的知行观提升到了一个新的高度。王夫之批判王守仁的"知行合一"是"不知其各有功效而相资",批评朱熹的"先知后行"是"先知以废行""立一划然之秩序"。在此基础之上,他明确地提出了"行先知后"的命题,知和行是相互依赖的,行处于主导地位。他认为,"君子之学,未尝离行以为知也,必矣""行可兼知,而知不可兼行""知有不统行,而行必统知"。他强调知行的分而后合,肯定了知行各自的不同功效。他说:"唯其为致知、力行,故功可得而分。功可得而分,则可立先后之序。可立先后之序,而先后又互相为成。则由知而知所行,由行而行则知之,亦可云并进而有功。"另外,王夫之对知行之间的辩证统一关系进行了论述,提出了"知行相资以为用。惟其各有致功,而亦各有其效,故相资以互用"。

"究天人之际,通古今之变"是中国古代的哲学家所探讨的最为核心的问题。中国古代的先哲们立足当下、玄想未来,实现了理想和现实的相互沟通。

第四章

中国古代教育

中国古代教育是灿烂辉煌的中国传统文化的一部分，是中国传统文化赖以延续的基本方式，也是中国传统文化不断创新的动力，因为灿烂辉煌的中国传统文化是靠中国传统教育一代一代传承下来的。中国古代的学校教育、社会教育、家庭教育是中国传统文化传承的基本载体，是中国传统文化传承至今的重要保障。

第一节 中国传统教育的历史与特点

中国传统教育发端的历史较早，经历了不同的历史阶段，不断完善，并形成了自身的特点。直至近代以来，中国传统教育在西方现代教育的影响下开始实现自我转型。

一、中国传统教育的形成与演变

教育是文化在代际间的一种传承方式，在其多样化的形式中，父传子授的家庭教育形式历史悠久，发生最早；官方和民间组织创建的学校教育或社会教育，其发生的历史相对较晚。在中国历史上，中国传统学校教育的历史渊源，可以追溯至先秦时期，因此中国传统教育的形成与演变轨迹，可以这样来概括：形成于先秦时期，在秦汉至宋明时期蓬勃发展，在清代直至近代呈现出式微之势。

（一）先秦时期的中国教育

据历史文献记载，中国教育的起源最早可以追溯到三代以前。早在尧舜禹时代，就已有了社会教育的最早形态。夏代，就有了被称为"序"的早期学校类型。商代时，中国文字已经进入较为成熟的阶段，据说出现了"校""序""庠""学""大学""瞽宗"等学校类型，就有了与后来大致相同的学校教育。商代的学校分为大学（右学）和小学（左学），根据不同年龄实行不同类型的教育，这些学校都带有浓厚的官学色彩。

西周是中国古代奴隶制社会的全盛时期，也是早期学校教育发展的关键时期，在商代"学在官府"的基础上，西周教育得到了进一步的发展和完善，已逐步形成了一个以"礼、乐、射、御、书、数"为主体的"六艺"教育体制。西周的官学包括国学和乡学两种类型。国学包括大学和小学两级，其中大学包括辟雍（设在王都的天子之学）与泮宫（设在诸侯国都的诸侯之学）两类；乡学是依照行政区划设立的地方各级学校，包括设立于闾的"塾"，设立于党的"庠"，设立于州的"序"，设立于乡的"校"等四类。西周教育具有典型的人文主义色彩，集中体现在六艺的课程教学上，既注重思想道德教化，也注重实用技能应用的培养；既注重礼仪规范，也注重内心情感和道德修养等素质的全面提升。

春秋战国时期，周王朝的天下秩序遭到破坏，社会动荡，战争频仍，天下失序。尤其自周平王东迁洛邑后，王权衰落，列国纷争，礼崩乐坏，官学衰落。大批文化职官流落四方，将学术文化带到民间，原本藏于宫廷的图书典籍散落于民间，成为一般平民可以接触到的读物，出现了所谓的"文化下移"现象。此时值得一提的是齐国设立的稷下学宫，作为一种官办的高等学府，招纳和汇聚了一批著名学人，吸收了一大批学生。稷下学宫成立了近150年，既是一个教育空间，又是一个学术研究机构，培养了一大批经世致用的各类人才。

"文化下移"促进了私学的兴起。春秋战国出现的私学是中国古代教育史上划时代的一场革命。私学的兴起打破了"学在官府"的教育资源垄断局面，把学校教育从单一的官学模式中解放出来，扩大了受教育对象的范围，促进了中国古代文化的传播与发展；私学也是专门的教育场所，开创了教育独立化的过程，使教师成为一种相对独立的社会职业者；私学推动了教育理论的产生和发展，培养了大批人才，是春秋战国时期百家争鸣现象出现的一个重要前提，于是各家学派的教育思想竞相争辉。因此，春秋战国时代出现了一大批思想家，他们同时也是教育家，并著述了一大批有影响力的教育论述。如孔子、孟子、荀子等都是当时的民间私学大师。一些典籍，诸如《论语》《墨子》《孟子》《荀子》《礼记》《管子》《吕氏春秋》等记述了大量的教育论述，且有《大学》《学记》《劝学》等一批专门论述教育理论的专著。这些教育专著系统总结了春秋战国时期丰富的教育经验和教育思想，是世界上较早出现的教育学著作，奠定了中国传统教育的理论基础。

（二）西汉儒家教育和官学模式

春秋战国，百家争鸣，文化教育千帆竞发的繁荣局面及至秦朝以后逐渐终结。秦始皇灭六国一统天下后，为加强封建中央集权专制、统一思想文化，在文化教育上实行禁书、禁私学及"焚书坑儒"政策,这一政策致使中国古代教育出现了一次大转折。汉代统治者总结秦灭亡的历史教训,汉武帝采纳文化大儒董仲舒的建议,确立了"罢黜百家,独尊儒术"的文化政策,即尊奉儒家为正宗,儒家由此从民间学说一跃成为官方正统思想。汉代实行了与秦代不同的文化教育政策,促进了当时以儒学为内容的学校教育的发展。

汉代教育思想上占统治地位的是儒家思想,代表人物是汉代大儒董仲舒。在独尊儒术的文教政策的指导下,汉代的学校教育开始繁荣发展。此时学校教育分为官学(包括中央与地方两级)和私学两类。中央官学的最高学府是太学,设于京城长安,选择通晓儒家经典的经学大儒掌经教授,即为"博士",太学的学生称为"博士弟子",简称"弟子"。太学传授儒家经典,以注重师法和家法为主要特点。学生考课一经及格,即被委以官职,此谓"学而优则仕"。私学有书馆和经馆两类。东汉时期,私学兴盛,且有严格的学派及师传体系,规模盛大。汉代私学承担了绝大部分的基础教育工作,成为后世民间书院的渊源。

汉代教育已形成中国古代教育体制的基本框架,确立了尊奉孔孟为宗的儒家学说在中国封建社会教育中的独特地位,也在教育制度、教育内容、教育形式等方面为以后历代封建王朝的教育制度奠定了坚实的基础。

(三)唐宋元时代的教育繁荣

魏晋时期社会动荡、战乱不断,汉代儒家思想受到魏晋玄学的冲击,一度处于衰颓之势。隋朝统治者意识到儒家思想有利于维护国家统一和社会稳定,于是兴办学校,培养人才,重振儒学。至唐代,国家强盛、经济繁荣、政治开明、文化发达的社会环境为教育发展提供了丰厚的土壤。唐代实行宽容开放的文化政策,因此唐代教育思想具有兼容并蓄的特点。隋唐教育体系和官制中最重要的文教政策是科举制。科举制将培养人才和选拔人才紧密结合起来,践行"学而优则仕"的传统,对中国古代教育产生了极其重要的影响。在隋唐时期以及宋代,科举制度的积极作用较大。

北宋建立以后,统治者重视文治,确立了"兴文教、抑武事"的国策,广设学校培养人才,开科举选拔人才,重用文臣,一时间人才辈出,文教兴盛。北宋中叶,社会稳定,文化繁荣,出现了"庆历兴学""熙宁兴学""崇宁兴学"三次著名的兴学事件。在意识形态上,宋代承袭唐代的政策,尊孔崇儒,孕育出以儒家思想为主体、糅合佛道教思想而成的理学。宋代的教育制度也基本沿袭唐代,但宋代教育最重要的特色就是以书院教育为内容的私学取得了较大的发展。宋代书院在唐代基础上进一步发展，成为集教学和学术研究于一体的教育机构，先后共建造书院173所。书院不仅提倡日常教学与学术研究相结合，崇尚学术争鸣，还提倡以学生自修为主、以教师答疑为辅的教育风气，旨在培养学生的自主学习和独立研究能力。随着学院教育的兴起，当时社会风气渐新，教育隆兴。宋代也重视蒙学，出现了一些蒙学教育理论，编写了一些蒙学教材，重视培养学生的良好生活和学习习惯，使其终身受益。

元朝建立后，在教育制度方面承袭前朝，同时也有自身的特点。元朝统治者在统一中国后，为巩固统治，抬高儒学的地位，尊孔崇儒，以儒治国，重视孔子庙的祭祀礼仪。至大元年（1308年），加封孔子为"大成至圣文宣王"。元代时，理学在全国范围内得到了进一步的发展。元仁宗时，恢复了科举考试制度，规定科考从"四书""五经"等教材中出题，以程朱理学的注疏为标准，正式确定了程朱理学的官学地位。

元代中央官学分为两类：一类是国家最高学府——国子学（国子监），是负责掌管全国教育事业的机构。另一类是专业教育机构。元代设置了医学、算学、天文学等隶属于中央政府专职部门的下属专门教育机构，如天文学隶属于司天监，专门负责天文历法的教学与研究。元朝也十分重视地方官学。例如，元代设置了儒学提举司，专门管理地方官学，直接对朝廷负责。除儒学外，元代地方官学还设有蒙古字学、阴阳学和医学，这些地方学校与中央官学都相互配套。

元朝书院教育的一大特点就是书院官学化。元代除了赐学田、赐书籍、赐匾额、任命书院山长外，还直接对山长委予各地儒学提举司下属官员编制，学生须通过考核才能入仕。由此，书院被纳入官方教育系统。书院官学化虽限制了自由讲学，却在一定程度上推进了书院教育的普及与发展。

元代的专业技术教育、音乐美术教育在民间私学中广泛开展，内容丰富，反映了中国多元文化的繁荣发展，为中国古代文化教育事业作出了积极的贡献。

（四）明清时代的教育转型

明清两代的教育在承继宋元教育制度的基础上又有所发展，明代统治者利用文教政策统一思想文化，实行"治国以教化为先，教化以教育为本"，使中央官学、地方官学及社学得到一定发展，中央官学以儒家经典为教习内容，地方官学除了教习儒家经典，还设科施教。在思想方面，明朝统治者极力推崇程朱理学，并将"四书五经"作为科举考试的标准，实行八股取士，形成了固定的科考制度。

明朝初期，书院教育发展良好，日渐完备，同时又出现了非官方教育发展现象,尤其是文人自由讲学、质疑问难的学风体现出明代知识分子对文化专制的反抗,因此封建统治者认为这一现象对其思想文化控制造成了一定的威胁,遂在明朝中后期,曾四次禁毁书院。书院教育受到严重摧残,其中影响最大的是东林书院。东林书院不仅是重要的文化学术中心,也是政治活动场所,书院将自由讲学与政治事件相结合的精神,体现出在专制体制下知识分子争取思想自由的强烈愿望。明代统治者提升儒学地位,推崇程朱理学,使理学教育理论占有统治地位。明中叶以后,"心学"大师王守仁教育理论的创立,使明代教育思想出现了多元化发展的倾向。哲学家王廷相认为,理学教育脱离实际,这一批判成为明末清初实用教育思潮的先声。

清朝初期,统治者注重学习中原文化,尊崇儒学,采取了"兴文教,崇经术,以开太平"的文教政策。清朝统治者入关后就提倡孔教儒学,强化文治的政策,采取了一系列具体举措:顺治二年(1645年),顺治皇帝加封孔子为"大成至圣文宣先师";康熙二十二年(1683年),康熙皇帝为孔庙御书"万世师表"匾额。清朝时期,日臻完善的科举制度已成为一种完备的选官制度,科考程式已基本定型。在文体上,"八股文"是科举考试的法定文体,形式僵化,不重内容。"八股"形式主义严重,缺乏实用价值,禁锢文人思维。清朝的文教政策在清前中叶时期维护了社会稳定,但至清朝后期,这些文教政策的负面影响越来越大,最终影响了教育事业的良性发展。

二、中国传统教育的特点

(一)教育的核心是注重个体的人格培养

中国古代教育带有鲜明的人文主义教育色彩,其关注点在于个体完善的人格教育和培养。中国古代教育家极其重视人格培养、伦理道德的教育,还将"修身正己"的内圣君子人格作为教育的首要任务。如孔子所言:"其身正,不令而行;其身不正,虽令不从。"孔子还认为"孝悌忠信"的教育对于治国安邦有着极其重大的作用,发展教育事业以培养合格人才在治国安邦中占有首要地位。"忠孝仁义"是中国古代封建社会伦理道德的标志,也是修身正己所要达到的目标。此外,《学记》把教育的社会功能概括为"建国君民,教学为先""化民成俗,其必由学",即教育不仅能培养国家所需的人才,也有利于形成良好的社会道德风尚。人格培养及伦理教育对中国古代文化的发展产生了巨大的影响,这种教育培养形成了中华民族威武不屈、崇尚气节等品质。重视个人修养早已成为中国古代读书人普遍守信的价值观。正因为在此种重视人格培养、德性教育的浸染及熏陶下,中华民族孕育了一批批英雄豪杰、仁人志士，推动了中国社会的进步与发展。

（二）教育的关键是创造性学习

我国古代教育家一贯主张学生读书应该要有求知欲。明代王守仁倡导学生独立思考，自存本心，不要盲从权威，要敢于质疑权威。王守仁的教育思想独树一帜，提倡学习应有独立思考的能力，反对迷信权威，对后世有很大的影响。黄宗羲也是创造性学习的积极倡导者，他认为：学习就是要敢于并善于提出问题、发现问题和解决问题，提出独立见解。

（三）终身学习的教育理念

中国古代教育思想不乏终身教育的理念，认为教育不是阶段性的任务，而是贯穿人的一生。汉代教育家王充提倡终身学习，并以"积土成山，河水结冰"为例说明终身学习的重要性。王充的教育思想和教学经验对程颢、程颐及朱熹等人都产生过重大的影响。宋代教育家张载等人也特别强调终身学习，他告诫学生只有坚持终身学习，学问才会日渐增益。明清之交的教育家黄宗羲明确指出，知识学习和德性培养不但要重积累，而且要持之以恒，终生坚持。

（四）教育服务于政治的需要

中国古代教育具有重政治的突出特点，教育为政治服务，即教育为统治者培养所需的人才。历代王朝都十分重视通过教育培养人才以维护统治，"学而优则仕"的思想一直被古代读书人奉为重要信条，这些都说明中国古代对教育的政治功能十分重视。中国古代王朝统治者掌握教育领导权，掌控着各阶层受教育的权利，兴办官学，以国家的名义为各级各类学校颁定教材，实行察举制和科举制等选拔人才的制度。总之，教育为政治服务是中国以儒家为主的传统教育的显著特点。

三、中国古代教育思想

（一）孔子的教育思想

孔子是我国春秋战国时期的大思想家，也是众人皆知的大教育家，他的教育思想内容丰富，影响深远，对中国传统教育思想具有奠基作用，他的教育思想主要集中在《论语》一书中，具体体现在以下五个方面。

1. 有教无类

孔子非常重视教育的作用，认为教育是立国治国的三大要素之一，并从人性本质论的角度寻找依据。在他看来，"性相近也，习相远也"，即人们天生本性都是极为接近的，人之所以有个性差异，主要受后天教育学习和社会环境习染所致。

孔子创办私学,秉持"有教无类"的办学原则,他广收门徒,不差别对待。孔子认为,教育对象没有身份贵贱和地域限制,每个人都有接受教育的权利。只要诚心求学且能履行基本的求学手续,他都愿意接收。《论语·述而》云:"自行束脩以上,吾未尝无诲焉。"孔子"有教无类"的教育原则及实践活动,打破了贵族阶层对教育资源的垄断格局,使平民也能接受教育,将教育范围扩展到了民间,顺应了"士人"兴起和"文化下移"的社会发展趋势。这一思想突破了"人生来就有等次之分"的观念,体现了人生来平等,有一定社会历史进步意义。

2. 修己安人

孔子致力于培养具有远大志向与品德高尚的"士"和"君子"。士人必须有大志向,要有仁爱之心、忠义之品格,有道德操守,有能力处理实际政务,是德才兼备的贤能之士。"君子"是能"修己以安人"的人格高尚的道德模范。孔子要求弟子做"君子儒",而非"小人儒",只有做好自身修养的君子,才能处理好人际关系,治国平天下,对社会有益。

3. 学思结合

孔子认为,学习的方法是将学与思结合起来,才能学有所得。孔子所讲的"学而不思则罔,思而不学则殆",其实就是一种学习的方法,即学思并用。在学习的同时,多思考,只要抓住要点,便可根据这个要点推论一切事物,即推理方法。他曾告诫曾子与子贡"一贯之道""闻一以知十""举一以反三""其或继周者,虽百世,可知也"等,认为学思并重的基础是学习。《论语·卫灵公》中记载:"吾尝终日不食,终夜不寝。以思,无益,不如学也。"

4. 启发引导

孔子提倡的启发引导,是古代教学的基本原则和方法。启发引导这一教学方法体现在《论语·述而》中,如"不愤不启,不悱不发。举一隅不以三隅反,则不复也"。孔子认为,教师应该在学生认真思考且已达到一定程度时恰到好处地进行开导和点拨,同时还应该引导学生积极思考。在教学活动中,孔子也善于利用启发式教学。他的弟子颜回曾称赞他"循循善诱人"。

5. 因材施教

因材施教是中国古代优秀教学思想之一,也是孔子教学思想的精华之一。所谓"因材施教"是指教师需掌握学生的特点,根据学生的个性或性格具体施教,对不同的学生采取不同的教育方法。孔子是最早采用因材施教方法的教育家,他注意观察学生,"视其所以,观其所由,察其所安"。这种细致的观察有助于全面掌握学生的实际情况,才在教学中做到有的放矢,因材施教。同时,孔子针对不同弟子的发问，会有针对性地予以回答和引导。《论语·先进》中记载："子路问：'闻斯行诸？'子曰：'有父兄在，如之何其闻斯行之？'冉有问：'闻斯行诸？'子曰：'闻斯行之。'公西华曰：'由也问闻斯行诸'……子曰：'有父兄在。'求也问：'闻斯行诸？'子曰：'闻斯行之。'赤也惑，敢问。子曰：'求也退，故进之；由也兼人，故退之。'"这段对话体现了因材施教的方法。孔子因材施教的教育理念对后世影响深远。

（二）董仲舒的教育思想

董仲舒，西汉广川（河北景县）人，是我国西汉著名的思想家、教育家。作为西汉儒学大师，他关注教育，留下了关于教育的大量论说。董仲舒的教育思想主要有以下两个方面。

1. 性善情恶论

董仲舒充分吸收了先秦时期的人性论观点，他认为：自然赋予人的先天禀赋就是人性，人性包含"性"与"情"两部分。人的本性有善的本质，但在现实中需要教化才能得以展现，即本性经过教化即可成善。董仲舒的性善情恶理论，综合了孟子的性善论与荀子的性恶论，肯定了人具有善的本质，但针对私欲则是教化的重点。此外，董仲舒提出"性三品说"，认为圣人之性无需教化，斗筲之性是经过教育也难以转化为善的，但这两种都是少数，而中民之性占绝大多数，可以通过王者教化转化为善。可以看出，董仲舒的人性论中，教育所起的作用是很重要的。

2. 道德教化的重要性

董仲舒认为，教育是国家大事，要重视教育的作用，道德教育是立政之本，是德治教化天下的手段或工具。老百姓追求利益就如同水往低处流一样自然，如若不用教化去提防，那么奸邪必生、社会必乱，因此教化立则奸邪止。总之，董仲舒认为德治教化的目标是为当政者提供所需的良好社会风尚，是对儒家社会教化思想的高度概括。同时，董仲舒提出了以"三纲五常"为核心的道德教育内容，并对道德修养提出了一套方法，对后世具有深远的影响。

（三）朱熹的教育思想

朱熹，宋朝著名理学家、思想家、哲学家、教育家、诗人。朱熹一生著述极丰。在教育方面，朱熹著有《小学》《近思录》《童蒙须知》等。朱熹编撰的《四书章句集注》是官方认定的必读教科书和科举考试的标准。朱熹一生投身于书院教育，培养学生多达千人。他的教育思想主要体现在"小学"与"大学"的教育内容上。朱熹在总结古代教育经验及个人亲身实践的基础上，把教育化为"小学"与"大学"两个教育阶段，并系统论述了两类教育的内容与任务。

在教育目的上，作为理学大师的朱熹认为，教育的作用是非常重要的，教育不仅能改变人性，更能使人"明人伦、懂礼仪"。小学与大学虽是教育的不同阶段，但皆以体认天理、完善人格修养为目的，它们之间的差异，只是内容上有所不同，即所谓"小学学其事，大学明其理"。这里的"事"涉及的是形而下层面的知识，"理"涉及的是形而上的天理之道。

小学教育阶段从8岁开始，其主要任务是打基础。鉴于儿童思维能力不强、智识未开，小学教育内容强调儿童通过日常生活中的具体行为训练，习得基本伦理道德规范，养成良好的生活习惯。具体来说，就是教导儿童洒扫庭除、爱亲敬长、隆师亲友的礼节教养的基本行为规范。在教育方法上，他强调先入为主，及早施教，并力求生动形象，激发儿童学习兴趣，如《小学》一书中通过古代圣贤嘉言懿行格言、训诫诗及典范事例，对儿童进行生动形象的教育。

在朱熹看来，小学是大学的基础，大学是小学的提升与发展。没有小学阶段奠定的基础，就不可能有大学的顺利开展。小学阶段只需体认基本伦理道德知识，掌握具体的行为规范，而大学则要学习遵守这些行为规范的缘由及道理。朱熹认为，大学教育始自15岁，其目标是培养国家所需人才。大学重在"教理"，"学其小学所学之事之所以"，即如何穷理正心、修身养性。大学阶段的教材主要是"四书五经"。熟读"四书五经"，这是大学阶段的必备功课。朱熹认为，大学教育应当重视自学，在他看来，此年龄段的学习者已具备自学的基本能力。

朱熹一生致力于教育和学术研究，长期从事讲学活动。讲学四十余年间，弟子遍天下。他在地方任职时重视人文教化，开设学校，广招学生，以培养人才。朱熹的教育思想对巩固封建统治起到了重要的作用，其倡导的学风对后世教育也有很大的影响。

（四）王守仁的教育思想

王守仁，字伯安，号阳明，浙江余姚人，明代著名思想家、教育家。王守仁著作不多，主要是其弟子汇编收集而成的《王文成公全书》，其中学术思想代表作《传习录》反映了他的教育思想。

1. 致良知

王守仁认为教育就是通过"致良知"而"存天理"，教育的目的不单纯是学习，更是通群书而知礼，因此王守仁的教育目的性是很明确的，教育的内容也是很有针对性的。但凡利于"存其心、求其心、守其心、明其心"，都可以视为教育的内容，如读经、写字、习礼、弹琴等。王守仁所讲的"致良知"不是盲从儒家典籍，而是在学习中"自知自得"。读书的关键在于增知益智，提高独立思考的能力。他还反对盲从古圣先贤，主张学生要有独立思考、判断是非的能力。

2. 知行合一

王守仁的道德修养方法上主张"知行合一"。"知"与"行"主要是就伦理道德而言。"知"，即"知善知恶"，就是人们的道德认识和思想意念；"行"是"为善去恶"，就是人们的道德践行和实际行动，也包括情感。"知行合一"包含两层意思：第一，"知"与"行"密切相连，因为"知中有行，行中有知"，认识和行动是不可分割的。第二，"知"与"行"齐头并进、缺一不可。因为"知"与"行"互相渗透，二者不可分离。知必外现于行，行必出真知。

3. 儿童教育论

王守仁对儿童教育有深刻独到的见解，这对中国古代学前教育理论有重要影响。他认为：儿童教育至关重要，童蒙时期的启蒙教育先入为主地赋予"良知"，可以为儿童以后的学习打下坚实的基础。他重视儿童心理特点，反对传统教育不顾儿童的身心特点，反对体罚儿童以强迫他们学习，强调要多诱导、启发，不断激发儿童的学习兴趣。同时针对儿童的教育，他强调应顺应儿童的性情，在教学内容上要多以"歌诗""读书""习礼"等为主。总之，王守仁教育思想的目的是给儿童灌输封建伦理道德，但他提出的顺应儿童性情等一套教学理念，对古代早期教育是一大贡献。

第二节 古代读物与教材

在我国古代教育发展过程中，为了开展教学的需要，先后整理和编写了一系列教材，这些教材具有典型的时代特征，并在漫长的历史长河中不断演变。同时古代中国教育有官办和民办之分，他们在使用教材上也有所区别。总体而言，中国古代教材主要有以下三种。

一、"五经"

"五经"是《诗经》《尚书》《礼记》《周易》《春秋》的合称，是古代儒家作为研究基础的五本经典书籍。后世一直与"四书"并列使用，称为"四书五经"。据说，孔子最初整理教授的是"六经"，即《诗经》、《书经》（《尚书》）、《礼经》（《礼记》）、《易经》（《周易》）、《乐经》和《春秋》，由于后来《乐经》失传，余下的经书通常被称为"五经"。《礼经》在汉代指《仪礼》，宋朝以后《五经》中的《礼经》一般是指《礼记》。早在西周时期，《诗经》《尚书》《礼记》《乐经》曾是周朝贵族的教科书。西汉以来，随着汉武帝罢黜百家、独尊儒术，儒家思想成为国家的主流意识形态，在长安设立太学，置《诗经》《尚书》《礼记》《周易》《春秋》五经博士。隋唐以来，随着科举制度的确立，及至明清时期，"五经四书"一直是当时读书人的必读书目，科举考试的出题范围也以"四书五经"为参照。古代"五经"的具体内容如下。

（一）《诗经》

《诗经》是我国最早的一部诗歌总集，收录了周代诗歌305篇，遂有"诗三百"之称，孔子也曾做过搜集整理，并将其编为教材使用，西汉时开始有《诗经》之称。按所配乐曲的性质，《诗经》中的诗歌可分成风、雅、颂三类。风包括周南、召南、邶风、鄘风、卫风、王风、郑风、齐风、魏风、唐风、秦风、陈风、桧风、曹风、豳风，称为"十五国风"，共160篇。雅包括小雅和大雅，共105篇。雅基本上是贵族上层社会的作品，只有小雅的一部分来自民间，是由民间百姓创作。颂包括周颂、鲁颂和商颂，共40篇。颂是宫廷用于祭祀的歌词。孔子将《诗经》作为教材，在教学中发挥《诗经》的政治教育功能。

（二）《尚书》

"尚书"意为"上古之书"，是中国上古历史文件和部分追述古代事件作品的资料汇编，春秋战国时称为《书》，汉代时改称《尚书》。儒家将其尊为经典，故又有《书经》之称。据说，《尚书》原有百篇作品，汉初仅搜集到29篇，用当时通行的隶书写定，称为今文《尚书》。后晋人伪造古文《尚书》25篇，又从今文《尚书》中析出数篇，连同原有的今文《尚书》，共58篇，被称为古文《尚书》。今所流传的《尚书》，是后人将今文《尚书》与古文《尚书》合编而成。

（三）《礼记》

《礼记》是一部关于古代礼仪的论著，大多都由孔子的弟子记述，后世流传的版本较多，流传至今的有戴德和其侄子戴圣分别所录的《大戴礼记》和《小戴礼记》。学术界一般通用的是《小戴礼记》，共有20卷49篇，系统讲述了先秦时期的礼仪规范。《礼记》始自《曲礼》，终于《丧服四制》，内容包括各种礼节条文、各项规范等，是一部研究古代中国礼仪规范的参考书目。关于《礼记》的注疏，主要有东汉郑玄的《礼记注》、唐孔颖达的《礼记正义》等多个版本。

（四）《易经》

在中国传统文化的经典著作中，《易经》是一部古代卜筮之书。《易经》亦称《周易》，又简称《易》，孔子定其为"五经"之一，计有24070字，分为本经和大传两部分。本经包括八卦、重卦、卦辞，是"易"的主体，故称为"经"；大传包括上象一、下象二、上象三、下象四、上系五、下系六、文言七、说卦八、序卦九、杂卦十,此十者合称"十翼"。《易经》中所讲的通过八卦的形式变化推测天地万物的变化,是古代中国人在劳动生产实践中总结出的智慧和经验。可以说《易经》是我国最古老而深邃的一部经典,是华夏五千年智慧与文化的结晶。

(五)《春秋》

孔子所著《春秋》被奉为"五经"之一。这部原来由鲁国史官所编的《春秋》,相传经过孔子的整理、修订,被赋予特殊的意义,因而成为儒家重要的经典。《春秋》是我国古代第一部编年体史书,它以鲁国十二公为序,起自鲁隐公元年(公元前722年),迄于鲁哀公十四年(公元前481年),记载了242年的历史。它是纲目式的记载,文句极简短,几乎没有描写的成分,具有重要的历史价值。

二、传统私塾教材

(一)《三字经》

《三字经》为古代传统私塾蒙学教材之一,主要教授儿童识字,并掌握一些简单的常识。相传《三字经》为宋末元初学者王应麟所著,全书共356句,以三字成句,贯穿全文,因此有"三字经"之称。作为儿童启蒙教材,《三字经》的编写适应儿童的接受能力,文字简洁、通俗易懂、句句成韵,读之朗朗上口,容易识记。《三字经》从"人之初,性本善"开始,强调学习的重要意义,并且明确了封建伦理道德教育的基本纲领,接着介绍历史沿革及其兴衰原因、勤勉好学的范例,涵盖社会道德、历史、经书等内容,多处已成经典名句。《三字经》从宋代开始,经元、明、清三代,长期流传。

(二)《百家姓》

《百家姓》为古代传统私塾蒙学教材之一,作者不详,是一篇关于中国人姓氏的文章,成文于北宋初,以"赵钱孙李"打头。明人朱国桢说道:"今《百家姓》,以为出于宋,故首以'赵、钱、孙、李',尊国姓也。"全文四字一句,隔句押韵,读之朗朗上口,便于识读。此文原收集姓氏411个,后增补到568个,其中单姓444个,复姓124个。《百家姓》对姓氏进行排列,并无文理,却句句押韵,有助于儿童背诵,对于中国姓氏文化的传承有重要作用。《百家姓》既是一本启蒙教材,也是一本记录中国姓氏的书籍,便于中国人了解自己的姓氏。

(三)《千字文》

《千字文》的作者为南北朝时期梁国的周兴嗣,通篇以四字为句,简要精练,音调铿锵，句句成韵，有 250 句，共计 1000 字，故有"千字文"之称。据说，南朝梁武帝命人从王羲之书法作品中选取 1000 个不重复的汉字，并命员外散骑侍郎周兴嗣编纂成文，以供儿童识字。《千字文》全文都为四字句，各句之间对仗工整、条理清晰、通顺流畅、文字简洁，语句通俗易懂，易诵易记。《千字文》内容丰富，涵盖天文、地理、自然、社会、历史、为人处世等多方面知识，是儿童启蒙教育的最佳读物。《千字文》从隋朝开始流行，至宋朝已在蒙学教育中被广泛使用。

三、"四书"

"四书"与"五经"一直并列使用，遂有"四书五经"之称。"四书"，又名"四子书"等，是《大学》《中庸》《论语》《孟子》四本书的合称，是古代儒家传道授业的重要经典。明清时期，"四书"成为学校官定的教科书和科举考试的必读书，也是古代读书人的必读书目，对中国古代教育和社会产生了较大的影响。

（一）《大学》

《大学》出自先秦儒家经典《礼记》，原本只是其中的一个篇章，后独立成书。《大学》是论述儒家修身、治国、平天下的一篇散文，也是一部中国古代讨论教育理论的重要著作，着重阐明了"大学之道"。《大学》在宋代备受理学家推崇，南宋时，朱熹勘定科举考试教材时将其列为"四书"之首。明清时期，《大学》成为官定的教科书和科考必读书，对中国古代教育产生了深远的影响。

《大学》文辞简约，内容丰富，总结了先秦儒家的修身理论、基本原则和方法。《大学》有"三纲领"（"明明德、亲民、止于至善"）和"八条目"（"格物、致知、诚意、正心、修身、齐家、治国、平天下"），阐述了提高个人修养与治国平天下之间的逻辑关系，以及儒家对所谓"大学"的教育目标，体现了古代儒家知识分子的理想与追求。《大学》中提出的"修身、治国、平天下"的思想，对古代知识分子产生了深刻的影响，是古代读书人的共同理想和奋斗目标。

（二）《中庸》

《中庸》也出自先秦儒家经典《礼记》，亦是《礼记》中的一个篇章，后独立成书。《中庸》是古代儒家经典之一，是一部论述人生修养境界及为人处世之道的著作。一般认为，孔子之孙子思撰写了《中庸》。《中庸》一书共 33 章，分为四大部分，内容涉及为人处世之道、德行标准、学习方式等诸多方面，主旨是探讨"中庸"是人之道德行为的最高标准。中庸之道既是一种世界观，也是一种方法论，是一种评判君子人格的道德准则和方法。《中庸》认为"诚"是宇宙本然，"至诚"是人生最高境界，提出了人们自我完善的途径，即"自明诚"与"自诚明"，并提出

"博学之，审问之，慎思之，明辨之，笃行之"的学习过程和认识方法，将学习过程具体提炼为学、问、思、辨、行等五个连续的环节，这五个环节是完整的过程，是知识分子的"为学之序"，对后世产生了深远的影响。

（三）《论语》

《论语》是一部记录孔子及其门徒言行的语录，是春秋战国时期，孔子的弟子及其再传弟子记录并整理。《论语》共20篇，492章，语言精练，内容丰富，集中体现了孔子的政治观点、道德观念、行为准则、教育原则等。《论语》并没有严格的编纂体例，一条则为一章，篇与章之间并无逻辑关系。各代注释《论语》的版本主要有：三国时期魏国何晏的《论语集解》、南北朝梁代皇侃的《论语义疏》、宋代邢昺的《论语注疏》、朱熹的《论语集注》、清代刘宝楠的《论语正义》等。

（四）《孟子》

《孟子》一书是孟子及其弟子言行的语录汇编，由孟子及其弟子万章、公孙丑等共同编撰而成。《孟子》一书共7篇，记录了孟子的政治、教育、哲学、伦理等思想观点内容。《孟子》是"四书"中篇幅最大的一本书。宋元明清以来，《孟子》一书备受重视，朱熹将其编入"四书"中，并被定为官方教材，是古代读书人的必读书目，广为传诵，影响深远。

第三节　中国传统教育类型

一、传统家庭教育

在中华传统文化中，"家是最小国，国是千万家""家国一体""家国天下"的思想深入每个中国人的观念中，家庭不仅承担哺育子女的功能，更承担教育子女的功能。家庭教育自古有之，且以不同形式存在，正是由于对家庭教育的重视，家规、家风和家教也被社会重视，在5000年的岁月长河中积淀了丰富的内容，成为中华文化的一个重要的组成部分。

家规、家教、家风是一种普遍的文化现象，也是古代中国人重视家庭教育的体现。家规、家教、家风的形成是一种历史现象，是一个家庭或者一个家族创造并在其内部世代传承的一种家庭氛围、道德准则及为人处世的原则等。好的家风来源于良好的家教与优秀的家规，家规通过严格的家教付诸实施，且世代相传，成为一种家风。家风是中国传统文化的组成部分，也是古代家庭教育的组成内容。

家风的传承主要依靠家庭或家族成员代际间的言传身教并形成一种显著的家庭或家族文化，也是一个家族道德文化水准的直接体现。这样的例子在中国比比皆是，如我们耳熟能详的《曾子杀彘》的故事，就是曾子"言行一致""一诺千金"的行为示范。这些好的家规、家教、家风，有的靠人们口耳相传，有的则是写成文字传下来的，如《诫伯禽书》《袁氏世范》《颜氏家训》《朱子家训》《曾国藩家书》《诫子书》《诫外甥书》等古代家训，内容均涉及中华民族的价值观、伦理观、道德观等。《颜氏家训》中说，"与善人居，如入芝兰之室，久而自芳也；与恶人居，如入鲍鱼之肆，久而自臭也""幼而学者，如日出之光；老而学者，如秉烛夜行，犹贤与瞑目而无见者也"。《诫伯禽书》中，周公旦告诫儿子不可怠慢人才。《朱子家训》中说，"一粥一饭，当思来处不易；半丝半缕，恒念物力维艰""宜未雨而绸缪，毋临渴而掘井"等。

以上所举家规、家教、家风中的古训，是浩如烟海的传统家规、家教、家风中的一些典范之例，至今仍然焕发着人文和教化的价值。优秀的家规、家教、家风的传承是中华优秀传统文化的精髓，是中华民族传统价值观、人生观、道德观的传承和体现。

二、传统私塾教育

私学产生于官学之后，是特定时期文化教育下移的产物。作为一种教育类型，私学兴起于春秋战国之际。春秋末期，社会动乱，战乱不断，在残酷的斗争中，大批旧贵族和文化精英流亡民间，于是将学术文化带到民间，形成了"天子失官，学在四夷"的局面。为谋求生计，他们奔走于诸侯之间。忙于攻战的诸侯无暇顾及教育，官学衰颓。各国为谋求生存，急需人才，也需要一种新的教育模式来培养人才；同时春秋战国时期，百家争鸣，诸子创办的私学开始兴起。

相对于官学而言，私塾是民间办学的一种形式。在孔子生活的春秋时期，私塾教育就已经出现。从一些零散的古籍记载看，在孔子之前或孔子同一时期，就有一批有识之士在开办私塾教育。私塾教育并不是孔子首创的，但他是把私塾教育推向新境界的最杰出代表。

孔子一生除了极短暂的从政时间之外，绝大多数时间都在从事教育、整理文化典籍的工作，是最负盛名的私学大师。他广开私学大门，广收学生，传道授业，人才辈出，"以诗书礼乐教，弟子盖三千焉，身通六艺者七十有二人"。他创办的私塾教育规模最大、最正规，成就也最大。

战国时期，随着社会局势的剧变和民间文化的发展，又有许多哲人学者投入教育之中，专以一家之言立教。其中，最突出的代表有墨子、孟子、荀子等人。墨子继孔子之后，成为第二位成就显赫的私学大师。《吕氏春秋·当染》记载，孔墨后学显荣于天下者，不可胜数，故后世冠以"孔墨显学"的美称。墨子门人180个，学门师长称"巨子"，师生情谊深重。在墨子之后，规模较大的私学大多集中在齐鲁燕赵一带，如孟子门徒数百人，于威宣之际游学于齐国稷下。

春秋战国以后，私学得到了进一步的发展，呈现出更加多样的形式。古代中国的私塾有多种类型，有塾师自己办的教馆、学馆、村校，有地主、商人设立的家塾，还有属于用祠堂、庙宇的地租收入或私人捐款兴办的义塾。私塾产生于春秋时期，作为私学的一种，在漫长的封建社会，除秦朝曾短暂停废外，两千余年延绵不衰，作为古代人才培养的一种方式，它与官学并驾齐驱，长期延存，培养了一代又一代有用人才，为传承中华传统文化作出了不可磨灭的贡献。

汉代的私学较为发达，出现了蒙学和精舍。蒙学和精舍是为童蒙学习提供的学校，精舍相当于官学中的"太学"，由一些民间的经学大儒来教授。魏晋南北朝时期，私学繁荣，名儒聚徒讲学现象较为普遍，教学内容突破传统儒家教材，将科技教育纳入其中。同时，童蒙读物此时也有所发展，梁朝时的周兴嗣撰编的《千字文》成为当时蒙学的重要教材。唐代私学遍布城乡，乡村私学较为昌盛，乡村蒙学教材增多。自唐以来，至宋元明清，各朝的私学发展较快，主要有书院和蒙学两类。明清时期，蒙学教育基本成熟并定型，主要形式有坐馆、家塾、义学等三类，蒙学教材有《千字文》《三字经》《千家诗》等，教学内容有读书、习字、作文。只有经过蒙学阶段的培养，学子们才能进入官学和书院，这是他们走上科举之路的基础。

私塾教育属于古代民办教育的范畴，它的出现拓宽了中国古代教育的类型，为中国古代教育增添了一种新的类型，使中国古代教育实现了由官方至民间的下移，实现了教育在相对意义上的普及。古代私塾教育有利有弊，利在于关切人的生活，弊在于教学实践中只是单纯地机械传授和识记，而不授以较高的智识。

三、官办教育

官办教育是指中国历代封建王朝上至朝廷、下至地方官府所办的学校系统，包括中央官学和地方官学等两种不同级别的学校，共同构成了中国古代最主要的官学教育制度。

官学历史久远，国家的中央官学，在汉朝正式创办。魏晋南北朝时期政局纷乱，官学时兴时废，至唐朝，中央官学开始兴盛，各项制度趋于完备，南宋以后逐渐衰落，成为科举制度的附庸，名存实亡。清朝末年，官学完全被学堂和学校代替。根据中央官学各自所定的文化程度、教育对象和教学内容的不同，中国封建社会的中央官学可分为最高学府、专科学校和贵族学校三大类。

太学和国子监是中国封建国家的最高学府，是封建王朝在体制内培养高级人才的教育场所。太学和国子监在办学育才、繁荣学术、发展中国古代文化科学方面，积累了许多宝贵经验，在中国和世界教育史上占有重要地位。历代太学、国子监都注重考试，但考试形式、方法不尽相同。汉初定岁试，后实行二岁一试。考试分口试、策试和设科射策。东汉桓帝永寿二年（156年），更定课试之法，每两年考一次，不限录取名额，以通经多寡授以不同的官职。这种注重课试、以试取士的做法，打破了世卿世禄、任人唯亲的制度，对于选拔贤德之才具有积极的意义，在当时世界教育史上也属罕见。唐代中央官学有"六学""二馆"。"六学"包括国子学、太学、四门学、书学、算学、律学等，皆直属于国子监，最高管理者为国子祭酒；"二馆"为崇文馆和弘文馆，与"六学"相对，是旁系。宋代继承了唐代的学习制度，并经历了三次著名的学校教育改革，使宋朝的学校教育有了发展。元朝的中央官学有国子学、蒙古国子学等类型，同时在地方上按照行政区划建立起路学、府学、州学、县学及诸路小学、社会等学校教育系统。

四、书院教育

书院是中国古代的一种教育组织制度，有私人办学和官办书院两种形式。追溯书院的渊源，最早出现于唐代，一般多由富商、官员自行捐资筹款创建，在山林僻静之处选址建舍办学，或置学田收租以充经费。唐朝最早的私办书院为635年创办的张九宗书院。此后，官办书院不断出现，由于是政府捐资兴起，因而主要以培养朝廷所需的科举人才为主。清代诗人袁子才在《随园随笔》中写道："书院之名起于唐太宗时，丽正书院、集贤书院皆建于朝省，为修书之地，非士子肄业之所也。"到了北宋时期，私办书院大量出现，古代书院进入了一个新的阶段。南宋时期朱熹创设书院教育制度，使我国古代书院教育形成了较为完备的制度体系。据统计，南宋时期有史可稽的书院，仅江西、湖南、浙江、福建就有250多处。

至元明清三代，书院教育不断发展，一些书院发展成为集藏书、教学、学术、文化交流于一体的教育机构。此时书院的官办性质更加明显，尤其是明清两代，官办书院成为书院教育的主要类型。书院教育为历代封建王朝培养了大批人才，也为中国传统文化的发展作出了巨大的贡献。在中国古代，较为著名的书院有宋代河南商丘的应天书院、湖南长沙的岳麓书院、江西庐山的白鹿洞书院、河南登封太室山的嵩阳书院、湖南衡阳石鼓山的石鼓书院、江西上饶的鹅湖书院，明代的书院有东林书院等，清代的书院有以粤秀书院为代表的四大书院。

（一）应天书院

应天书院，又名应天府书院，位于河南省商丘市。"五代十国"时期，商丘人杨悫乐于教育，在此聚众讲学。杨悫去世后，他的学生戚同文继承师业，继续办学。北宋大中祥符二年（1009年），应天府民曹诚捐款，在宋初名儒戚同文故居增建学舍150间，聚书1500余卷，广收生徒，讲习甚盛。同年，宋真宗改升应天书院为府学，赐匾额"应天府书院"，命戚同文孙子戚舜宾主持书院，曹诚辅助之。从此，应天书院得到官方承认，成为宋代较早的一所官学书院。景祐二年（1035年），书院改为应天府学。庆历三年（1043年），书院改升为南京国子监，自此成为北宋最高学府，同时也是中国古代书院中唯一一座升级为国子监的书院。随着地方官员如晏殊、蔡襄、范仲淹、石曼卿、王洙等先后主持书院教席，应天府书院逐渐发展为北宋最具影响力的书院。

（二）岳麓书院

岳麓书院位于湖南省长沙市的岳麓山抱黄洞下，是宋朝著名的"四大书院"之一。五代时期，两位佛教僧人在岳麓山下建屋办学，形成书院之雏形。北宋开宝九年（976年），潭州太守朱洞在原有基础上因袭扩建，建讲堂5间、斋舍52间，创立岳麓书院。朱洞离职后，书院荒废。咸平二年（999年），潭州州守李允则重建书院。大中祥符五年（1012年），周式成为岳麓书院首任山长，同时他呈请官府对书院进行了扩建。大中祥符八年（1015年），宋真宗召见山长周式，颁书赐额"岳麓书院"，书院由此名闻天下。南宋时期，张栻主持教事，湖湘学派发展极盛。乾道三年（1167年），朱熹来访，与张栻论学，举行了历史上有名的"朱张会讲"，开书院会讲之先河，形成了以朱张之学为正宗的学术传统。绍熙五年（1194年），朱熹出任湖南安抚使，重整岳麓，使书院的发展再次进入繁盛时期。元明清时期，书院屡兴屡废，讲学传统不断。

（三）白鹿洞书院

白鹿洞书院位于江西省九江市庐山市五老峰南麓。唐贞元年间（785—805年），洛阳人李渤与其兄李涉在洞中隐居读书，养有一头白鹿，人称"白鹿先生"，遂将此地命名为白鹿洞，白鹿洞遂闻名于世。南唐升元四年（940年），南唐朝廷在此地建立学馆，称"白鹿洞学馆"，又称"庐山国学"。北宋灭南唐后，建为白鹿洞书院。淳熙六年（1179年），朱熹重修书院之后，延请名师；淳熙八年（1181年）奏请皇帝赐国子监经书，并建立了严格的书院规章制度，书院开始兴盛，成为宋代传习理学的重要书院。元代末年，白鹿洞书院毁于战火。明代，书院屡有修缮。清代，白鹿洞书院仍办学不断。《白鹿洞书院教条》是南宋以后中国封建社会书院办学的主要参考制度，也是教育史上最早的教育规章制度之一。

（四）鹅湖书院

鹅湖书院是宋代著名书院之一，位于江西铅山县鹅湖山麓，因山上有鹅湖寺而得名。其与吉安白鹭洲书院、庐山白鹿洞书院、南昌豫章书院齐名，故这四大书院并称"江西四大书院"。自南宋至清，书院屡遭损毁，又屡次重建。南宋淳熙二年（1175年），朱熹、吕祖谦、陆九龄、陆九渊在此聚会辩论，即历史上有名的"鹅湖之会"。淳祐十年（1250年），朝廷将其命名为"文宗书院"。明景泰四年（1453年），书院重修扩建，命名为"鹅湖书院"。

（五）粤秀书院

粤秀书院创办于清朝康熙四十九年（1710年），系由地方官员捐银而建的一所官办书院。书院位于粤秀山之南，故得名"粤秀书院"。作为一所封建时代培养国家所需人才的教育机构，粤秀书院始终将培养"处则为正士"作为首要目标，高度重视对学生的伦理道德教育，其所选用的教材都为中国传统儒家典籍。同时，书院在教育中多向学生灌输"学而优则仕"的理念，大力培养科举人才，由此不少学生通过科考走上了仕途。从书院管理看，主要有山长、监院、襄校、都讲、斋长、书办、礼书等人员，其中山长是最高管理人员，且为首席讲师。粤秀书院非常重视山长的聘用，山长要兼具德才品行等条件，享有高薪待遇。自书院创建以来，在地方官府的大力支持下，书院制度严明，教师恪尽职守，各用所长，因材施教。学生刻苦研学，积极上进，学风良好，人才辈出，成绩斐然，培养出了如梁启超、宋湘、胡汉民、冯敏昌、岑仲勉等对社会有巨大影响的名士。粤秀书院曾一度是广东最高学府，为清朝晚期广东人文兴盛起到了一定的作用。

第五章

中国传统史学

举世无双的中国传统史学,是中国传统文化宝库中一颗璀璨的明珠。自中华民族从蒙昧走向文明的那一刻起,甚至可以说自从有了文字的那个时刻起,史学的雏形便凸现了,那些最早的文化典籍几乎都可以说是史学著作。此后,众多的史学名家、宏富的史学著作、完备的修史制度、多姿的史学体裁、进步的史学思想,共同构成一幅中国传统史学宏伟壮丽的画卷。它不仅是中华民族的珍贵历史遗产,也是世界文明史上的奇观。

第一节 中国传统史学的发展历程

一、先秦:中国史学的奠基时期

我国是世界上史学发达最早的国度之一。早在远古我们的祖先就注意积累保存以往的经验,那时没有文字,人们用脑记、口说和结绳、刻木等方法记事,记载人类童年时期的实践活动。人类学家从至今还没有文字的民族那里知道有结绳、刻木这种方法,但这种记录无法永久保存,口头传说有的却一代一代流传下来,并且被后人用文字记载下来。这些古代的传说就是我们知道的最早的历史,如"女娲补天""后羿射日""黄帝战蚩尤""鲧禹治水"等。中国有大量的有关远古时代的历史传说,这些历史传说还不能称史学作品,但已经包含着史学的因素,可以视为中国史学的源头。

夏商时期,文字的出现和历法的产生为史学的出现创造了条件,史学开始萌芽。有意识的历史记载逐渐成为统治者经常性的活动和国家大事。这时也有了起草文书、记载史事、兼管国家典籍的史官。中国很早就有史官的设置,这在世界上是独一无二的。当然,最初的史官是巫史合一,兼司人事和神事,所以巫史不分。后来史官才逐渐从神职中分离出来,专司人事。随着史官的设立,有关历史的记载日益增加，出现于殷商时期的甲骨文和金文中，就有不少关于史事的记载。

周代史学与商代相比进一步发展，表现在两个方面：第一，周代史官的分工更加细致。《周官》一书有"六史"之说，其中有大史、小史、内史、外史、左史、右史，其职掌也相当明确。第二，西周时出现了有系统文字记载的历史文献。这就是《尚书》。《尚书》是我国和世界上最早的一部史书，其中的《盘庚篇》成书于公元前14世纪，可追溯的历史已有3300多年，比古希腊的《荷马史诗》、古印度的《古事记》要早600年至800年。

春秋战国时期，随着文化的下移和私学的兴起，史学有了长足的发展。当时各诸侯国都设有史官，记载本国的史事。春秋末年，孔子编成的《春秋》一书，为中国史学的发展创造了一个新时代。它不仅创立了编年体史学体裁，开启了私人修史之先河，而且形成了寓褒贬、别善恶的史法和轻鬼神、重人事的史观，因而孔子被学者们尊崇为中国史学之父。《春秋》之后，史学飞速发展，史著逐渐增多。春秋战国时期的史著主要有两类：一是以记事为主的编年体史书，如《春秋》《左传》《世本》《竹书纪年》等；二是以记言辞为主的记言体史书，如《国语》《战国策》等。

二、两汉魏晋南北朝时期：中国史学的确立时期

两汉魏晋南北朝时期是中国史学的确立时期。史学作为一门独立的学科出现，有如下几个方面的标志。

第一，司马迁和班固两位史学家及其史学巨著《史记》《汉书》的出现，为史学的确立奠定了坚实的基础。汉武帝时，伟大的史学家司马迁写成《史记》一书，开创了史学的新纪元。东汉时，班固沿用《史记》的体例，编修成《汉书》（后世又称《前汉书》，与《后汉书》相区别），这是我国历史上第一部纪传体断代史史书。《史记》与《汉书》并称"史汉"，作者并称为"班马"或"马班"，对后世产生了巨大影响。从此以后，纪传体逐渐成为中国古代史学的主要体裁。

第二，魏晋南北朝时期，史著数量大为增加，史著种类繁多。据有的学者统计，《汉书·艺文志》中"春秋"项目下所收史部著作是11种，350余篇（卷）；到梁阮孝绪《七录》"记传录"所收，400余年间，增至1200种，14880卷，也就是说种类增加了1000倍，卷数增加40多倍。与《史记》《汉书》并称为"前四史"的《后汉书》《三国志》都成书于这一时期。史著种类繁多，从记事时限来看，有通史、断代史；从体裁来看，纪传体与编年体并重，相辅而行，纪传体的地位得到

巩固，编年体蓬勃发展，人物传记、史评史注、地理方志等类史籍也大量涌现。

第三，在人们的观念上，史学摆脱了经学附庸的地位，在学术领域里成为一门独立的学科。首先是史部著作的独立。从典籍的分类来看，史学著作摆脱了作为经部附属品的地位而独立了。曹魏时郑默整理皇室藏书，编为《中经》，西晋秘书监荀勖据《中经》编成《中经新簿》，分群书为四部，甲、乙、丙、丁。其中丙部的书就是史书，史书这才成为一个门类。史学成为一门独立的学科，还表现在魏明帝太和年间始置著作郎，专掌修史之任。西晋又于著作郎外，置佐著作郎。著作官的设置，是我国古代史学史上的一件大事，它标志着封建统治者对史书作用认识的加深和对史书编修控制的强化。

三、隋唐时期：中国古代史学的发展和繁荣时期

隋唐是我国古代史学的发展和繁荣时期，主要表现在如下几个方面。

第一，史书在体裁和数量上有了更大发展。唐代官修正史和私人撰写的历史著作数量很多，体裁十分丰富。除了修撰前代史外，还有大量记载本朝历史的著作，这些书在内容和体例上丰富多彩，有纪传类、编年类、典章制度类、职官类、仪注类、法令类、诏令类、地理类、谱牒及职官姓名类、杂史杂说小说类、类书类等。

第二，正史编撰成绩斐然，纪传体处于独尊地位。唐开国后，统治者十分重视史书的编撰，中央设史馆专司修史，选拔博学多识之士充任史职，一时著名公卿、宰相如魏征、房玄龄、褚遂良等皆兼领史职。被列为正史的"二十四史"中，有八部是在这个时期修成的，占全部三分之一。这八部史书是：《晋书》《梁书》《陈书》《北齐书》《周书》《隋书》《南史》《北史》。

第三，官修史书制度正式确立，史学范围继续扩大。隋唐以前，中国史书大都私人撰述，《史记》《汉书》皆此类。贞观三年（629年），唐太宗设史馆于禁中，专修国史，并令宰相监修，才正式建立政府修史制度。这一做法为后世各朝所效法，影响深远。史学范围继续扩大，表现为：杂史大量出现，如《贞观政要》《国史补》《明皇杂录》《安禄山事迹》《封氏闻见记》等；小说向历史笔记演变，如志怪、志人小说。流传至今的有50余种；诏令与奏议单独立目。

第四，出现了史学理论专著和专门记载典章制度的史书。唐代著名史学家刘知几所著《史通》，是我国历史上第一部史学理论专著。这本书系统总结了中唐以前的史书体例，使纪传体史书的编纂更加规范、严谨，也日趋程式化。《史通》的出现，标志着中国史学的成熟，标志着中国史学发展到一个新的阶段。中唐杜佑所著

《通典》是我国历史上第一部专门记述历代典章制度沿革变迁的通史著作。它的出现标志着一种新的史体——政书体（或称典制体）的创立，从而为史学的发展开辟了一条新的途径。

四、五代辽宋金元时期：中国古代史学拓展时期

五代辽宋金元时期是中国史学的开拓和发展时期，主要表现在史学在继承前代史学传统的基础上在记述对象和著作体裁等方面都开辟了新的领域。

第一，正史的编修取得新的成就。后晋刘昫等纂修的《唐书》（后称《旧唐书》）是现存最早的系统记载唐代历史的史书。北宋薛居正著《五代史》（后称《旧五代史》）是最早系统记载五代历史的史书。欧阳修等编修的《新五代史》《新唐书》补充了不少新史料，文字简练，但因为删削了《旧唐书》中的不少材料，使新、旧《唐书》又各具价值，不能互相代替。元脱脱（又译托克托）等奉敕修撰了《宋史》、《辽史》和《金史》，其中《金史》最为完善，《宋史》则是"二十四史"中规模最大的一部书。

第二，产生了三部通史巨著和史书新体例。司马光主编的《资治通鉴》是中国古代史书中一部最大的编年体史书；郑樵的《通志》200卷，其中的"二十略"内容宏富，在许多方面填补了古代史学和文化学术史的空白。马端临的《文献通考》是一部记载历代典章制度的通史，上起三代，下至南宋嘉定末年，对宋史研究尤具价值。此外，南宋袁枢所作《通鉴纪事本末》，以事为主，把《资治通鉴》中凡属于同一事件的材料分类编纂，首创纪事本末体，成为中国历史编纂学发展过程中一个重要的史书体裁。

第三，这一时期史学的拓展还表现在各种专史、别史、杂史、野史及方志、地理志著作大量出现。宋代的金石学独具特色，代表作有宋徽宗赵佶的《宣和博古图》、欧阳修的《集古录》、赵明诚的《金石录》等。民族史得到大发展，《辽史》《金史》《契丹国志》《大金国志》《蒙古秘史》等都是这一时期撰成的民族史著作。方志学、地理学著作大量出现，重要的著作有周淙的《乾道临安志》、乐史的《太平寰宇记》、王存的《元丰九域志》、范成大的《吴郡志》、王象之的《舆地纪胜》、祝穆的《方舆胜览》、欧阳忞的《舆地广记》、元代官修的《大元一统志》。由于中外交通和交流的发展，还出现了记载域外地理文化的专书，如赵汝适的《诸蕃志》、徐兢的《宣和奉使高丽图经》、汪大渊的《岛夷志略》等。

五、明清史学：中国史学全盛和嬗变时期

明清是中国史学的全盛和嬗变时期。明清两代，中国封建社会渐趋衰落，资本主义萌芽产生并得到缓慢发展。随着社会生活中新的经济因素的出现与增长，史学出现了新的特点，名家众多，优秀史著不断问世。

第一，私人修史之风兴盛，著史之旨趣发生重大变化。明代著名思想家李贽著《藏书》《续藏书》，对历史人物重新进行分类评价，批评陈腐的理学思想，带有浓厚的反传统色彩，是当时进步史学思潮的力作。王夫之、顾炎武、黄宗羲等高举"经世致用"的旗帜，写出了一些充满新气息的史著。以黄宗羲为代表的浙东学派把史学提高为与经学同等地位的历史哲学。王夫之的《读通鉴论》和《宋论》、顾炎武的《日知录》、黄宗羲的《明夷待访录》等，对封建纲常名教和封建专制主义展开了抨击，具有启蒙色彩。史评史论有新的发展，以清代章学诚的《文史通义》成就最大。

第二，黄宗羲《明儒学案》是我国第一部学术思想史专著。这本书据明代学者文集语录划分诸家学术思想宗旨与流派，立17学案，记210人。首列《师说》，以下分述诸家，论列程朱理学、陆学、阳明之学、儒学等。每案首列小序，述其学术渊源与要旨；再立小传，分载学者生平、经历、著作、师承；最后摘其文集、语录等，以见其思想。该著作取材精审，评价切要。他所著另一部学术思想史著作《宋元学案》由全祖望等续成，记宋元学者2000余人，组织细密，议论平正，与《明儒学案》同称为中国学术思想史佳作。

第三，类书、丛书、目录书的编修出现高潮。《永乐大典》是我国历史上最大的一部类书。此书由明解缙等奉敕编纂，计22877卷。清代康熙、雍正年间编撰的《古今图书集成》，全书10000卷，目录40卷，是我国现存的一部最大的类书。清乾隆年间开四库馆，纂成《四库全书》，该丛书成为中国历史上最大的一部丛书。这些类书和丛书的编成，对保存我国的古代典籍起了重要作用。在编修《四库全书》的同时，清代又撰成《四库全书总目提要》200卷，提要介绍诸书作者生平、内容大旨、著述源流、考辨文字增删、篇帙分合、成就得失及版本等方面的优劣，代表了中国古典目录学的最高成就。

第四，清代史学继浙东学派兴起考史派。浙东学派主张"经世致用"，自然会走上考史的道路；清代文化上的高压政策，也迫使文士著书躲避政治上的风险，因此兴起考据之风。清代考据学在校勘古籍、考证史实、辨伪、辑佚及改撰增补旧史

等方面，都取得了超越前人的成果，历史考证方面的重要的著作有钱大昕的《二十二史考异》、王鸣盛的《十七史商榷》、赵翼的《二十二史札记》等。

第五，地理志和方志编修在清代发展到鼎盛时期，数量之多、范围之广，皆超越前代。明末清初顾祖禹撰《读史方舆纪要》，内容着重记述政区沿革和军事险易成败之迹，体例严密，考订精详，为后人历史、地理研究必读之书。魏源的《海国图志》介绍西方国家历史、地理、科学、文化，阐发了作者富国强兵的政治理想。方志学在清代成为专门之学，清代所修方志体例严谨，数量众多、种类齐全，盛况空前。

第六，明清两代的官修史书，不论在数量上还是在种类上，都超过了过去任何一个时期。官修正史有《元史》和《明史》。其他重要的官修史书有《大明会典》《明实录》《清实录》《清会典》，"续三通"（《续文献通考》《续通典》《续通志》），"清三通"（《清文献通考》《清通典》《清通志》）等。

第二节　中国传统史籍的主要体裁和史学著作

中国古代史学著作体裁多样，呈现出百花争妍的景象。《四库全书总目》将史类书籍分为 15 类：正史（纪传体）、编年、纪事本末、别史、杂史、载记、诏令奏议、职官、政书、传记、时令、地理、目录、史评、史钞。这样的分类概括并不全面，但已经说明中国古代史书体裁和类别的丰富多彩。本节不能一一评述，只介绍几种主要的史学体裁和重要的史学著作。

一、纪传体

所谓纪传体，简言之，就是以人物为中心的史书体裁。在这种体裁中，"纪"和"传"这两种形式占有重要比重和地位，所以后人遂以"纪传"二字作为这一体裁的简称。纪传体的优点是便于考见各类人物的活动情况，并分门别类叙述典章制度，能将各种历史人物、历史事件及社会生活的各个方面有机地汇于一书，纵横条贯，气势恢宏，内容弘富。但纪传体也有一些缺点，主要是关于每一历史事件的记事，常常分散于本纪、世家、列传或志中，不能看到事件的全貌和过程，不便了解历史事件之间的前因后果和相互联系。

纪传体史书的代表作有二十六史，即《史记》《汉书》《后汉书》《三国志》《晋书》《宋书》《南齐书》《梁书》《陈书》《魏书》《北齐书》《周书》《隋书》《南史》《北史》《旧唐书》《旧五代史》《新唐书》《五代史记》《宋史》《辽史》《金史》《元史》《明史》《新元史》《清史稿》。《史记》《汉书》是纪传体史书的杰出代表。

(一)《史记》

《史记》是中国古代第一部纪传体通史。作者司马迁,字子长,西汉左冯翊夏阳(今陕西韩城市)人。其父司马谈欲撰成贯通古今的通史,赍志而殁,司马迁继承父志,欲"究天人之际,通古今之变,成一家之言",发愤著书。后遇李陵事件而遭宫刑,司马迁忍受极大的耻辱,以毕生精力和心血写成历史巨著《史记》(原名《太史公书》)。

全书分为五部分,"本纪"以帝王为中心,按年、时、月、日顺序,记载帝王言行政绩,排列历史重大事件,相当于全书的总纲。"表"分世表、年表和月表三种,按时间顺序、统系年代、世系及人物等,使史实条理清晰。"书"是各种制度的专史。"世家"记载王侯封国和特殊人物,如孔子、陈涉等人的事迹。"列传"主要记载在历史上有重要影响的人物的生平事迹,也有的记载其他民族和邻近国家的历史,如《西南夷列传》《大宛列传》等。每篇之末都附有一段评论文字,表达对某一历史人物或一事件问题的看法,后人称为"太史公论赞"。《史记》记载历史,以"纪""传"为主,以"表""书"为辅,组成一个有机的整体,这样的体裁被后人称为"纪传体"。《史记》记载自黄帝以来直到司马迁生活的西汉武帝时期,是我国第一部纪传体通史,以其杰出的史学和文学成就,被鲁迅先生称为"史家之绝唱,无韵之《离骚》"。

(二)《汉书》

《汉书》的作者是东汉史学家班固。班固自幼聪明好学,建武三十年(公元54年),父班彪病故。班固整理父亲史稿,拟承父志治史学;几经周折,得汉明帝召见,授为兰台令史,从此一面典校秘书,一面编修国史。经过多年艰苦劳动,终于编出我国古代第二部纪传体名著《汉书》。

《汉书》是中国第一部纪传体断代史,全书主要记述了上起西汉的汉高祖元年(公元前206年),下至新朝的王莽地皇四年(公元23年),共230年的史事。《汉书》包括纪12篇,表8篇,志10篇,传70篇,共100篇,后人划分为120卷,共80万字。《汉书》在《史记》基础上,将纪传体例加以改进,使之更加丰满和完备。以史志为例,《汉书》"十志"相当于《史记》的"八书",但"十志"远非"八书"可比。尤其是"十志"中的《刑法志》《五行志》《地理志》《艺文志》,是班固首创。班固与司马迁并称为"班马",《汉书》与《史记》并称为"史汉"。此后,历代史学家用这种体裁撰写了大量史书,形成了一个贯通古今连续不断的庞大的纪传体史书体系,成为中国封建史学体裁的主流。

二、编年体

按照年、月、日时间顺序记载历史人物和事件的史书体裁,称为编年体,这是我国历史上最早出现的史书体裁。编年体以年月为经,以事实为纬,便于了解事件发生的时间和过程,容易看出同时期各事件间的联系,并可避免叙述重复。但一件事常前后割裂,首尾不能连贯,历史人物的生平和典章制度亦无从详其原委,是其缺点。

(一)《春秋》

《春秋》是我国现存最早的一部编年体史书,这本书是孔子依据鲁国史官所编《春秋》加以整理修订而成。它采用"以事系日,以日系月,以月系时,以时系年"的方式叙述中国历史,是古代率先打破"学在官府"局面的私人著述代表作。它记事起于鲁隐公元年(公元前722年),终于鲁哀公十四年(公元前481年)。书中记事文字简短,遣词用语寓有褒贬之意,后世称为"春秋笔法",或微言大义。这部书被奉为儒家经典著作,也成为后世编年史的滥觞。

(二)《左传》

《左传》是继《春秋》之后出现的又一部著名的编年体史书,标志着编年体史书的成熟。这本书是鲁国史官左丘明采各国史记编撰而成。有人认为是为解释《春秋》的著作,故称《春秋左氏传》,其实这是一部独立的著作。全书采取文史结合的叙事方法,体例更加完善,记事更为翔实,代表了先秦编年体史书的最高水平。

(三)《竹书纪年》

《竹书纪年》是先秦时著名的编年体通史,因原本写于竹简而得名。晋咸宁五年(279年)在汲郡的战国时魏墓中发现,共12篇,叙夏商西周、春秋时晋国和战国时魏国史事,至魏襄王二十年(公元前299年)为止。

(四)《资治通鉴》

北宋时司马光等人撰,编年史的发展形成了一个高峰。此书294卷,记事上起周威烈王二十三年(公元前403年),下迄后周世宗显德六年(959年),内容以政治、军事为主。在编纂方法上,读著作既坚持了编年体史书以时间为序的特点,又吸取了纪传体自为首尾的叙述方法，叙事写人、体例严整、始终连贯、叙事生动、文字优美，代表了中国古代编年体史书的最高成就，促进了编年体史书的发展。《资治通鉴》以后，代有续作，于是编年史形成了一个世代相继、贯通古今的庞大的史书体系。

编年体史书在发展过程中产生了几个分支，主要有起居注、实录和纲目。起居注是帝王言行的记录，史官记载帝王言行之制由来已久，而把帝王的编年言行录称为"起居注"始于汉代。《隋书·经籍志》史部著录有"起居注"一类，说明这种体裁的史书已经发展成为一个重要的类别。实录是专记某一皇帝统治时期史事的编年体长编，最早的实录出现于南北朝时期。唐代的史馆承担有编撰实录之职责，从此以后，每个皇帝死后，新即位之国君一定敕修先帝实录，成为定制。纲目是编年记事的一种形式，创始于南宋朱熹的《资治通鉴纲目》。这本书以编年形式叙事，每叙一事先标提要，以大字书写，顶格排行，叫作纲；其下叙述具体内容，用小字书写，低格排行，叫作目。此体有纲有目、条理清晰、简明扼要，便于初学，利于普及。

三、纪事本末体

纪事本末体是古代传统历史文献重要体裁之一，它是以事件为纲，分类编排，每件事自立一个标题，并且每件事有首有尾。纪事本末体最主要的一个特点是，一切以事件为主线，极大地简化了复杂的历史现象，使之一览了然，眉目清晰。

（一）纪事本末史籍分类

一是分为朝代纪事本末。这类史籍有写多朝的，如袁枢的《通鉴纪事本末》、马骕的《绎史》等，更多的是写一朝的，较有代表性的如宋人杨仲良的《皇宋通鉴长编纪事本末》；明代陈邦瞻的《宋史纪事本末》和《元史纪事本末》、张鉴《西夏纪事本末》；清代李有棠的《辽史纪事本末》和《金史纪事本末》、谷应泰的《明史纪事本末》、倪在田的《续明纪事本末》及近人黄寿鸿的《清史纪事本末》等。

二是分为专史纪事本末。以政治领域某一重大事件为题材，在纪事本末文献中占有较大的比重，尤其是封建末期清人所写较多。其中富有代表性的著作如清杨陆荣的《三藩纪事本末》、钱名世的《四藩始末》、勒德洪的《平定三逆方略》、温达的《亲征平定朔漠方略》、来保的《平定金川方略》、傅恒的《平定准噶尔方略》等。如果以所记内容的时代为序，纪事本末史书可以自成一系列，由古及今，毫无间断地反映我国的历史。

（二）《通鉴纪事本末》

《通鉴纪事本末》是南宋史学家袁枢的代表作。袁枢，字机仲，他17岁入太学，30岁中进士，出任温州判官，兴州军教授，乾道七年（1171年）为严州教授。《通鉴纪事本末》一书大致完成于此时。

全书撰成，至少费了10年的时间。他的材料取自《资治通鉴》，文字也是一字不改地完全照录，但将分年叙述之事抄在一起，汇列为239个标题，每个标题之下，各以时间为序叙述一件大事的始末经过，自成一个单元。在中国史学史上，这是一个很重要的发明创造。《通鉴纪事本末》的史料价值固然没有超出《资治通鉴》，但在史学方法上，却创立了新的体裁。《通鉴纪事本末》的价值就在于叙事方法可取，它抓住历史事件这个中心，记事条理明晰而又完整；把历史事件分门别类，依照朝代顺序，一件一件的记叙，使读者"一览了然"，有一个完整条理的印象。它把人物在历史上的年代和作用具体表现在事实之中，做到写历史以叙事为中心。

这种编撰方法可补编年、纪传二体之不足，完整地叙述历史事件的全过程。此后不少史家效仿这一体裁，上接下续之作不断问世，如明代冯琦、陈邦瞻《宋史纪事本末》，陈邦瞻《元史纪事本末》；清代高士奇《左传纪事本末》，谷应泰《明史纪事本末》等。纪事本末体史书记事形成了一个贯通古今的独立体系，与编年体、纪传体鼎立为三，被称为中国古代史书编纂的三大体裁。纪事本末体的缺点是难以说明同时期各种历史事件之间的联系，不利于读者了解某时期的历史全貌。

四、典志体

典志体又称政书体，指那些专详文物典章制度的文献。我国有关典章制度的记载起源很早，但作为一种体例完备独立成书的著作，最早出现在唐代。政书亦分通史和断代史两种，综述历代典章制度的为典制通史；记述一代典章制度的为典制断代史。

（一）《通典》

唐代杜佑的《通典》是第一部典制通史。杜佑，字君卿，德宗时曾任宰相。此书200卷，记载历代典章制度的沿革，上起传说中的唐虞，下迄唐肃宗、代宗时，分为食货、选举、职官、礼、乐、兵、刑法、州郡、边防等九门，每门又分若干目，每目有的又分子目，每目皆标有目名。每一部分皆按朝代先后顺序，依次记述历代典制，考镜源流，把各种制度的沿革与当时政要都说出来。作者综合群经诸史和历代文集、奏疏等，分类编纂，极有条理，开典制通史之先河。

《通典》之后，仿此体例而继作者代不乏人。宋郑樵撰《通志》200卷，元代马端临编撰《文献通考》。后人将《通典》《通志》《文献通考》合称为"三通"，成为研究我国古代社会经济、政治、文化史的最可靠而丰富的资料。清乾隆年间，诏修"续三通"和"清三通"，乾隆五十二年（1760年）修成，与"三通"合称为"九通"。民国初年刘锦藻编成《清朝续文献通考》，1935年商务印书馆把此书与旧有的"九通"合印，称为"十通"。

（二）会要

典制断代史主要有会要和会典二类。会要是我国古代史书中的一个重要门类，是把一个朝代各种典章制度材料分门别类加以汇编的典制史书。会要体的史书与正史中的书、志性质相近。此体创始于唐朝苏冕所撰《会要》，该书后经杨绍复续修，再经宋王溥增补，撰成《新编唐会要》，后世省称之为《唐会要》。全书100卷，分目514，"于唐代沿革损益之制，极其详该"，是我国第一部完整的会要体史书。

宋代重视本朝会要的编纂，专设会要所，前后重修续修10余次，成书2200余卷，但未刊行。元灭宋，稿本北运。元修《宋史》各志，多取材于此。明修《永乐大典》，曾将其中史实分别采入各韵，今存有清人所辑《宋会要辑稿》，有很高的史料价值。元修《经世大典》，为会要的别名。另外，还有人补撰前代会要，先后有南宋徐天麟的《西汉会要》《后汉会要》，清代姚彦渠的《春秋会要》、龙文彬的《明会要》、杨晨的《三国会要》等。这些书资料虽不出旧史范围，但经分门别类地排比整理，起到了便于查检之效。

（三）会典

会典也是记载一代典章制度的史书，它不像会要那样按典制内容分类编次，也不像会要那样记载一些历史事实，而是采取按职官分类的体制，"以官统事，以事隶官"，把一代典制分列于各有关官署和官职之下，内容多是制敕诏令和具有律令性质的办事成例，亦少叙源流因革。

此类史书始于《唐六典》。此书30卷，以三师、三公、三省、九寺、五监、十二卫等为目，述其职司、官佐、品秩。元、明、清各代统治者对会典的编纂非常重视，《元典章》其实就是元代的会典。明政府多次修纂《明会典》，其体例大要以六部为纲，详叙各衙门的职掌及历年事例，并附有官服礼仪插图。《清会典》初修于康熙三十三年（1694年），后经多次续修。

五、史评、史论体

史评体著作按其评论对象不同分为两种，一是对史事或历史人物的评论，二是对史书的评论，这样的著作常常包含更多的史学思想和史学理论内容。

（一）《史通》

唐代刘知几的《史通》一书是第一部史学评论专著。刘知几，字子玄，自长安二年（702年）起长期担任史官，先后任著作佐郎、左史、著作郎、秘书少监等史职，撰修国史。《史通》是他数十年钻研史学的结晶，也是我国最早的史学理论著作。

此书分内篇、外篇两部分，各10卷。内篇39篇，阐述史书的源流、体例和编撰方法。外篇13篇，论述史官建置沿革和史书得失。这本书总结了此前史学发展的经验教训，提出了较为系统的史学理论和方法，在史家修养、治史宗旨、修史制度、史学体裁与体例、史学源流等方面都提出很多独到见解，几乎涉及了历史学研究的全部理论问题。他对《左传》、《关东风俗传》和《齐志》给予充分肯定，但对《春秋》、《尚书》和《论语》这些被儒家奉为经典的著作给予很多批评，体现了他不同流俗的史识。

（二）《文史通义》

清章学诚的《文史通义》是与《史通》齐名的史学评论名著。章学诚字实斋，浙江会稽人。年轻时便爱好文史，一生著述甚丰。

全书分内篇五卷和外篇三卷，内篇多半泛论文史，外篇论修志条例，在史学理论上颇多创见。第一，他明确提出"六经皆史"说，认为六经是古代典章制度的记载。第二，他强调史学要经世致用，反对无目的地考索和空谈义理。第三，在史书编纂方法上提出了一些重要见解，认为史书有比类和著述之分，比类是编辑史料，著述则应有"别识心裁"，自成一家之言。第四，在方志学方面提出了比较完整的理论。第五，在刘知几"史家三长"的基础上，明确提出了"史德"，作为史家的基本素质要求。章学诚的史学思想和理论建树使他与刘知几并称，成为我国古代杰出的史学理论家。

六、方志

方志，即地方志，是记述地区历史的著作。从记载的范围划分，又分为按地区记载历史的全国性的总志和以某一地区为中心编写的地区志两类，如州、郡、府、县等志。有的书称某州志、某县志、某郡志、某府志，也有的书称"图经""风土记""景物略"等。方志把一个地方的自然、地理、政治、经济、军事、文化、人物等历史与现状荟萃一书，可补正史之缺，对于历史研究具有重要意义。

（一）《元和郡县图志》

中唐时宰相李吉甫编修的《元和郡县图志》，成于唐宪宗元和八年（813年），以贞观年间所制行政区划为准，分全国为10道，又以所辖47节镇分篇、附图，以府、州为单位记事，均叙户口、沿革、境界、贡赋，再分辖县建置、州府里程、山川河流、城邑名胜、历代大事等，凡垦田水利、工矿盐业、军事设施、关亭障塞，无不详及。《元和郡县图志》是我国现存最早较完整的地理总志。宋以后，图、目并亡佚，仅存文字部分，有若干卷亦佚，称为《元和郡县志》。

（二）《太平寰宇记》

北宋乐史撰《太平寰宇记》200卷，按北宋初行政区划分篇，叙事以州府为单位，均载其沿革、领县、境界、户口、风俗、姓氏、人物、艺文、土产、古迹、山川、要塞等。《太平寰宇记》对后来的方志产生了深远影响，在方志史上具有里程碑式的作用，代表了地理总志著作体裁的成熟。

第三节　中国传统史学的优良传统

一、直书求实、刚正不阿的治史态度

秉笔直书是我国古代史学的一个优良传统，我国古代史家历来把史事记录视为持大义、别善恶的神圣事业和崇高美德，他们力图在自己的著作中保持历史的本来面目，不虚美、不隐恶，以直书为荣，以曲笔为耻。为了达到实录的目的，他们秉以公心，不为利诱、不畏权势、不避风险，甚至不怕坐牢、不惜生命，以维护历史的真实和人格的尊严。不少史家高风亮节，成为后世楷模。

在中国历史上，那些刚正不阿的史家代不乏人，受到人们的颂扬和爱戴。《左传·襄公二十五年》记载，春秋时齐国权臣崔杼杀了齐庄公，立景公。齐国太史据实直书"崔杼弑其君"，因此被崔杼杀害。太史的两个弟弟继续如实记录，亦被杀害。于是太史的第三个弟弟依然这样写，崔杼为太史兄弟的正义行为慑服，不敢再

行凶。而南史氏听说太史尽死,携简册前往,准备继续这样写。半路上知道此事已如实记入史册,才返回。齐太史的正直品格和无畏精神为后来的史家所继承和发扬。"在齐太史简"被民族英雄文天祥写入《正气歌》。司马迁生活在汉武帝时代,但在《史记》中却如实记载了汉朝开国之君刘邦和当时天子刘彻的种种劣迹和荒唐行为。三国时吴国人韦曜,在孙皓为帝时任中书仆射、侍中,领左国史。韦曜奉孙皓之命修国史,却不愿遵从孙皓之命,将皓父孙和列入本纪,因为孙和未曾即帝位,他坚持把孙和记入列传,此事引起孙皓不满,将他下狱。韦曜不为所屈,冒死违旨,最后被杀害。北魏崔浩奉诏编写北魏国史,成《国书》30卷,并在京城东郊的交通要道立石刊载其书,"以彰直笔"。由于直书无讳,崔浩遭到权贵的忌恨而被杀害,夷三族,受牵连而死者达128人。这就是震动千古的崔浩史案。东晋孙盛著《晋阳秋》,如实记载了桓温战败的史实,桓温威胁其子:"若此史遂行,自是关君门户事。"孙盛的儿子们叩首号泣,请孙盛为全家百口计,修改其书,孙盛不改初衷。唐朝褚遂良负责记唐太宗的起居注,太宗想看一看都记了什么,遭到褚遂良的拒绝。太宗又问如果自己做了错事,是不是也要记录下来,褚遂良明确告诉他:"臣职当载笔,君举必记。"吴兢参与《则天皇后实录》的撰写,如实记载了魏元忠的行为,宰相张说恐于己不利,想让史官"删削数字",吴兢严正指出:"若取人情,何名为直笔!"南宋袁枢兼任国史院编修官,负责修宋朝国史的传记部分,原宰相章惇的后人"以其同里",婉转地请袁枢为章惇的传记进行"文饰",袁枢立刻回绝,说:"子厚(章惇字)为相,负国欺君。吾为史官,书法不隐,宁负乡人,不可负天下后世公议!"后来宰相赵雄读到袁枢编写的部分,赞叹他"无愧古良史"。清代全祖望被人称赞为"直笔昭垂,争光日月,可步南、董之后尘者矣"。此类事例不胜枚举,正是有了这种秉笔直书的传统和那些刚正不阿、舍生取义的无数史家,我们才拥有了大量的"信史"和"实录",为我们正确认识历史提供了丰富而可靠的文化遗产。

如果不能尊重历史,随意抑扬,趋炎附势,曲笔阿谀,则会遭到世人的非议和鄙弃。刘知几《史通》中有《直书》一篇,极力表彰那些仗义直书的良史,称之为"君子之德",贬斥那些阿谀取容篡改历史者,以为乃"小人之道"。他说:"盖烈士徇名,壮夫重气,宁为兰摧玉折,不作瓦砾长存。若南、董之仗气直书,不避强御;韦、崔之肆情奋笔,无所阿容。虽周身之防有所不足,而遗芳余烈,人到于今称之。与夫王沈《魏书》,假回邪以窃位;董统《燕史》,持诌媚以偷荣,贯三光而洞九泉,曾未足喻其高下也。"

二、经世致用的优良学风

中国古代史家著史研史,常常不是作为衣食之道,也不单纯为保存史料,或发思古之幽情,而以经世致用为目的,以回答和解决现实问题或为将来提供借鉴为己任。

这种经世致用的学风有时表现为史家以自己的史学事业作为实现个人济世安邦的政治理想的手段,他们著史常常胸怀强烈的使命感,着眼于现实和未来。孔子著《春秋》是为了惩人心,救乱世,所以别善恶,寓褒贬,"乱臣贼子惧"。司马迁著《史记》,其理想是"究天人之际,通古今之变,成一家之言",从而探寻"成败兴坏"之理,以前事为"后事之师"。杜佑生活在唐朝由盛转衰的中唐时期,想通过对历代典章制度的研究,为统治者施政提供借鉴,"征诸人事,将施有政"。故历35年,撰成《通典》,备述历代典制损益沿革,努力从历史中总结出解救时弊的方略。北宋曾巩说:"史者,所以明夫治天下之道也。"(《南齐书序》)司马光撰写《资治通鉴》的目的,就是总结历史上的统治经验,为宋代提供鉴戒。明清之际,王夫之有感于国家的兴亡,长期隐居湖南石船山,著书立说,他怀着极大的悲愤写下的史论著作,深刻探讨历史上的经验教训,其中所包含的人文主义和民主思想的萌芽,百余年后对晚清的近代民主思潮起到了奇特的酵母作用。

经世致用的史学学风还体现在中国人重视史学的鉴古察今的作用。这种思想由来已久,《诗经·大雅·荡》云:"殷鉴不远,在夏后之世。"《管子·形势篇》云:"疑今者察之古,不知来者视之往。"《战国策·赵策一》云:"前事之不忘,后事之师。"在这样的思想基础上,取鉴资治成为中国古代史学的重要使命。历史上那些有所作为的政治家总是努力从历史的经验教训中寻求借鉴。汉朝建立,汉高祖刘邦便对陆贾说:"试为我著秦所以失天下,吾所以得之者何,及古成败之因。"(《史记·郦生陆贾列传》)汉初统治者正是吸取了秦朝二世而亡的教训,提倡黄老之学,实行无为而治,发展生产,恢复经济,造成中国历史上被称为"文景之治"的盛世。唐朝建立,统治者就注意修史以达到借古鉴今的目的。令狐德棻向高祖李渊的建议便说:"如文史不存,何以贻鉴今古?"高祖下诏修史,言其意义便是:"裁成义类,惩恶劝善,多识前古,贻鉴将来。"(《旧唐书·令狐德棻传》)唐太宗及其大臣都努力借鉴隋朝灭亡的教训,以达到天下大治。当五部史书修成,史臣呈送太宗时,太宗说:"朕睹前代史书,彰善瘅恶,足为将来之戒。秦始皇奢淫无度,志存隐恶,焚书坑儒,用缄谈者之口。隋炀帝虽好文儒,尤嫉学者,前世史籍,竟无所成。数代之事,殆将泯绝。朕意则不然,将欲览前王之得失,为在身之龟镜。"(《册府元龟·恩奖》)他还说:"以古为镜,可以知兴替。"(《贞观政要·任贤》)正是在吸取亡隋的教训的基础上,他实行了许多开明的政策,造成了历史上的"贞观之治"。关于史学的鉴古资治作用,清代的王夫之做过这样的总结:"得可资,失亦可资也;同可资,异亦可资也。故治之所资,惟在一心,而史特其鉴也。"他还说:"故论鉴者,于其得也,而必推其所以得;于其失也,而必推其所以失。"王夫之《读通鉴论》便是一部史论巨著。

三、重视人事、罕言鬼神的科学精神

中国古代史学另一个优良传统,就是在对历史兴亡和社会发展的解释方面重视人事,而否定天命鬼神的作用。古代史学家虽然不可能完全摆脱天命鬼神观念,但他们在利用史料复原历史和解释历史时,总是把着眼点放在人为因素上,而没有归结为天命鬼神的力量。

中国古代史学的这一传统起源很早,孔子虽然也讲天命,但他著史却"不语怪力乱神"。在孔子的影响下,中国人很早就将原始神话历史化。春秋时代,天神观念发生动摇,《左传》里记载了不少怀疑甚至否定天道鬼神的言论,并产生了"天道远,人道迩"的重要思想。司马迁生活在汉武帝时代,董仲舒大力宣扬"天人感应"学说,但是司马迁并没有从天命或天意的立场解释历史的发展。他著《史记》要"究天人之际",他强调的是历史的兴亡胜负中人的因素。楚汉相争,项羽兵败,乌江自刎,临死前以为"天亡我"。《史记·项羽本纪》中太史公论赞批评项羽说:"身死东城,尚不觉寤而不自责,过矣。乃引'天亡我,非用兵之罪也',岂不谬哉!"

当然,古代史书中也有某种宗教迷信的内容,如南朝诸史中对历朝皇帝们的神化和佛化,各正史著作中的《五行志》中各种祥瑞谶言、鬼神荒诞之事。但这些在史学中的地位是不重要的,而且常常受到抨击和批判。刘知几说:"夫论成败者,固当以人事为主,必推命而言,则其理悖矣。"(《史通·杂说》)他还提出,凡神怪故事祥瑞图谶之类,皆不应写入史书。司马光反对神鬼怪异之说,强调人事在国家兴亡中的作用,认为国家盛衰取决于执政者的道德,不在于鬼神的护佑,在上宋仁宗书中说:"国之兴衰,在德之美恶,固不系葬地时日之吉凶也。"(《言山陵择地札子》)在他的《资治通鉴》中,极少记载鬼神迷信故事。

四、融贯诸学、吸纳百家的会通精神

中国古代史学中对多门学问的兼容与包容性就是一种文化会通精神的表现，随着它的加强不断地为史学注入了新的活力，促进了我国古代人民探索各科学问的积极性，也使古代史学焕发着无穷魅力，成为中国古代文化和学术的百科全书。

古代史学所探索的重大课题是人文道德范围的内容，具体反映在人与家庭、社会、国家的复杂关系。《春秋》运用"寓褒贬，别善恶"的严谨文字宣传正定名分、尊王攘夷的主张。与《春秋》关系密切的《左传》记载史事十分广泛，涉及春秋列国的政治、政治、外交、军事等诸多活动，但其引人注目的生辉之处，则在人文道德的批判上。如"隐公三年"用大量事实反映统治阶级"贱妨贵、少陵长、远间亲、新间旧、小加大、淫破义"之类的"逆德"，有力地暴露了统治者标榜的"君义、臣忠、父慈、子孝、兄友、弟恭"剥削阶级伦理道德的虚伪性。特别对君民关系的认识，凭借史实表明人心向背是决定战争胜负、政局治乱的重要砝码。"庄公十年"曹刿发表的见解，"襄公十四年"记有师旷之言，无不强调得人心者得天下的民本思想。《史记》本纪、世家、列传部分，上自帝王将相，下到巫医卜说，皆以人见史，充分表现了对伦理道德精神价值的高尚追求。非但《史记》之后面世的纪传体正史递相效法，别样体制的史著也没有与之绝缘。像司马光《资治通鉴》编年体通史，对人文道德的探求力度并不比《史记》逊色。其书卷一提出的"才德观"，认为君主任用才德兼备的人来辅弼，国家方可政治清明，反之社会必然混乱。卷二说及的"信义观"，被视为立国之本。

中国史学犹如炎黄子孙精神家园、社会家园和自然家园的一部巨型摄像机，它记录着中华民族的精神风貌、思想历程，还反映了我国古代丰富多彩的社会生活、千态万状的自然环境。《史记·货殖列传》着重分析了社会经济活动，包含农业、矿业、手工业和商业，试图揭示它们自身演变的规则。《史记》的"八书"和《汉书》的"十志"记述了与社会生活不可分割的多种制度。杜佑的《通典》、郑樵的《通志》两部典章制度史，前后辉映，显示出史家学兼天人、会通百学、包举古今的宏大气魄。郑氏于《通典》基础上，尽"平生之精力"撰写《通志》"二十略"，关涉语音文字、姓氏宗族、天文地理、都邑州郡、器服金石、职官选举、昆虫草木、艺文、食货、刑法等，几乎囊括文化领域的主要门类。我国史学在人与自然和谐共处的古代哲学思想引导下，许多史学家接受了宇宙大一统的辩证认知的方法，注意记载自然的变化及其与社会人事的关系。在《春秋》里见到的水、旱、虫灾、雨雹、雷电、霜雪、地震、日食、月食、星变等有关文字，是古代人对自然现象初步认识过程的反映。查阅二十四史，其中有十七史的书或志都有日月星辰天文变化情况的描述。从《汉书·地理志》开创全国性区域志的体例始到魏晋南北朝时期，地理的记述逐渐丰富，地区、山水、风俗、寺观、物产各志相继出现。可以说中国古代史学在探索天象、地理、人事的关系中，包含着多门类的自然科学知识和理论，史学在某种意义上堪称会通之学。

第六章

中国传统艺术

根据表现手段和方式的不同,《辞海》把艺术分为综合艺术(戏剧、影视等)、表演艺术(音乐、舞蹈等)、造型艺术(绘画、雕塑、建筑等)、语言艺术(文学)四大类。中国传统艺术涵盖了除了形成于现代的影视艺术之外的所有艺术种类。由于汉字结构的特殊性,汉字书法亦成为中国传统艺术不可或缺的组成部分,这里将其与绘画一起归为造型艺术。

中国传统艺术源远流长。远古时期的艺术一般是原始图腾的一部分。新石器时代陶器上的几何纹样、氏族社会的原始歌舞、商代青铜器纹饰上的饕餮纹都是最早的艺术形式。先秦时期的《诗经》奠定了中国文学以抒情为主的现实主义美学特征,屈原的"楚辞"则代表中国文学的浪漫主义倾向。浪漫主义成为两汉艺术的主流,汉代的赋、画像石、壁画等艺术品展示的是力量、运动和气势。魏晋是文学、舞蹈、音乐、绘画、书法、建筑等诸多艺术自觉的时代,这个时期的文学艺术史称魏晋风度,表现出崇尚自然、超然物外、清俊通脱的艺术风格。唐代是文学艺术的交流融合时期,其特征是笔力雄壮、气象浑厚。张旭、怀素的狂草与李白的诗歌是盛唐风貌的代表,而韵味、意境、情趣则是中唐以来的艺术追求。唐代雕塑的世俗化有更多的人情味,中唐至宋,绘画等艺术走向现实主义。北宋是山水画的高峰,绘画不满足于追求事物的外在形似,而要表达出内在风神。南宋绘画则提倡写实,提倡细节逼真。宋、元两代艺术突出特征是追求山水意境,倾向于主观意兴。明、清文学艺术成就以小说、戏曲为代表,表现出对个人命运的高度关注。《红楼梦》等明、清文学作品有批判现实主义的倾向。

徐复观《中国艺术精神》一书认为,庄子是中国艺术精神的开创者,以庄子为代表的虚、静观是中国传统艺术的基本特征,这与西方以艺术写实为主、追求动感和张力的艺术特征有明显的区别。

除了文学另列专章,下面对主要艺术分别进行简单的介绍。

第一节 综合艺术：戏曲

一、中国传统戏曲的历史

戏曲是代言体表演艺术，是表演、文学、音乐、舞蹈、美术、武术、杂技等艺术形式的综合体。综合性、写意性、程式化是中国传统戏曲的基本特征。中国传统戏曲是中国戏剧的独有形式。

中国传统戏曲源于原始社会的原始歌舞，经历了汉代以竞技为主的角抵戏、魏晋的歌舞百戏等、南北朝至唐代形成最初的戏曲形式参军戏。参军戏由俳优表演的优戏演变而来，风格滑稽，一般有两个角色：一个参军，一个苍鹘。表演时，参军嘲弄、调笑苍鹘。参军和苍鹘可以认为是后来戏曲净行和丑行的雏形。

宋金元时期的南戏标志着中国传统戏曲的形成。南戏宋末兴起于东南沿海一带，与诸宫调的关系密切，并综合了宋代杂剧、福清歌、台州歌、歌舞大曲等众多曲调的优点，元末明初逐步定型，并趋向兴盛，建立了以生、旦为主，净、末、丑、外、贴为辅的七种角色体制。演出时一般由副末开场，生、旦相继出场，主要人物出场先唱引子，之后"自报家门"。曲词一般包括引子、过曲和尾声。南戏的音乐形式南曲为后来的海盐腔、余姚腔、昆山腔、弋阳腔等诸多声腔剧种的兴起和发展奠定了基础。早期南戏剧目多已失传，现存《张协状元》一出。元末高明的《琵琶记》是南戏的最高成就，也被誉为"南戏之祖"，全戏共42出，写汉代书生蔡伯喈与贤孝女性赵五娘悲欢离合的故事。

元杂剧标志着中国传统戏曲的成熟。元杂剧是用北曲演唱的一种戏曲形式，是在金院本和诸宫调的影响下，融合各种表演艺术形式而成。舞台演出由唱、白、科三部分组成，角色分末、旦、净三大类。结构特点是"一楔四折"和"一人主唱"。"楔子"居于剧首，类似引子或序曲。每一折由同一个宫调的若干支曲子联成一个套曲，一韵到底，由正末或正旦一个角色主唱。关汉卿的《窦娥冤》、马致远的《汉宫秋》、郑光祖的《倩女离魂》、白朴的《墙头马上》等是元杂剧的代表作。

传奇是明清两代中长篇戏曲的总称。传奇源于南戏，带有浓厚南方戏曲特征，又融合了北曲声腔和元杂剧的精华，伴随着昆山、弋阳、海盐、余姚"四大声腔"，发展为明清时期全国性的大型戏曲。汤显祖的《牡丹亭》为明代传奇之代表作。

清代至民国时期是各种地方戏的形成、发展与繁荣时期。清代中叶传奇和昆曲急剧衰落，花部地方戏曲兴起。花部又称"乱弹"，是雅部昆曲之外各种声腔剧种的总称。乾隆年间徽班进京献艺，史称"徽班进京"。徽班带来的徽调，与来自湖北的汉调艺人合作，同时又接受了昆曲、秦腔等声腔艺术和表演方法，经过不断的交流、融合，最终形成新的声腔艺术——皮黄，这就是后来的京剧。清末至中华民国几十年间，有超过200个地方戏剧种形成，除了京剧，还包括豫剧、越剧、河北梆子、评剧、黄梅戏、川剧、沪剧等重要地方剧种。

二、中国传统戏曲的行当

行当就是戏曲的角色分类，依据性别、年龄、外形、身份等不同，可分为生、旦、净、丑四大行当。

（一）生行

生行指戏曲中的男性形象，又分为老生、小生、武生等。

老生指生行中的中年或老年形象，戴髯口，唱和念白都用本嗓，如《红鬃烈马》中的薛平贵、《空城计》中的诸葛亮、《四郎探母》中的杨延辉。小生是生行中的年轻人形象，如《借赵云》中的赵云、《柴桑关》中的周瑜。武生指生行中身具武艺的男性形象。红生指勾红脸、身具武艺的男性形象，有时归入武生行。

（二）旦行

旦行指戏曲中的女性形象，又分为青衣、花旦、武旦、刀马旦、老旦、彩旦等。

青衣又称正旦，指端庄稳重的中青年妇女，动作典雅，以唱功见长，念韵白，如《铡美案》中的秦香莲、《二进宫》中的李艳妃等。花旦指年轻活泼俏丽的小家碧玉或丫鬟，以做功和念白见长，如《西厢记》中的红娘、《拾玉镯》中的孙玉姣等。武旦指身具武艺的江湖女子或神怪精灵，多穿紧身衣服，表演上重翻打，如《白蛇传》中的青蛇等。刀马旦指女将或女元帅，一般要扎大靠，表演上重靠把工架，如《穆桂英挂帅》中的穆桂英等。老旦指老年女性，用本嗓唱念，多重唱功，如《钓金龟》中的康氏、《赤桑镇》中的吴妙贞等。彩旦主要指那些滑稽或凶蛮的女子，如《凤还巢》中的程雪艳等。

（三）净行

净行指那些面部勾画脸谱的男性形象，有正净、副净、武净和毛净之分。

正净也称大面、铜锤或黑头，多表现举止稳重者，以唱功见长，如《铡美案》中的包拯、《二进宫》中的徐延昭等。副净也称二面或架子花脸，多表现性格豪爽者，如张飞、李逵等，或奸邪佞幸者，如曹操、赵高等。武净也称武花脸，以武打翻跌见长，如《挑滑车》中的黑风利等。毛净指钟馗、周仓等类人物，以工架见长。

（四）丑行

丑行指滑稽幽默或相貌丑陋的人物形象，多在鼻眼间勾画豆腐块状脸谱，故又称"小花脸"，有文丑、武丑之分。

文丑指不具武艺的滑稽人物。武丑指身具武艺的滑稽人物，以跌扑翻打为表演特色，亦重念白。

三、中国传统戏曲的程式

程式是经艺术加工和提炼后形成的一种规范化、标准化的戏曲表演形式。戏曲的唱、念、做、打、化妆、服饰、脸谱均遵循一定的程式，并形成一定的体系，如起霸、趟马、走边、档子、抬轿、云手、跑圆场、自报家门等。程式是中国传统戏曲的基本特征。

不同剧种的程式有很大的差别。京剧遵守程式尤其严格，这里所说的程式又多以京剧为基础概括而来。另外，现代戏的程式与古装戏有较大区别，所以这里所说的程式主要以古装戏为依据。

（一）四功

四功，戏曲程式之一，是指戏曲表演的四项基本功，包括唱、念、做、打。

唱，是戏曲叙事和人物情感表达的主要方式，一般可分为曲牌体和板腔体。昆曲、高腔等为曲牌体，京剧、评剧、各类梆子戏等为板腔体。

念，是人物对白或独白的总称，是一种诗歌化、音乐化的戏曲语言。如京剧念白有韵白、京白之分。韵白多用中州韵，兼有湖广音，京白以北京方音为基础稍加变化。昆曲则用韵白和苏白。

做，是舞蹈化的形体动作，对身段、表情、气派、风度等的总称。戏曲的做多为写意而非写实，且严格遵守程式。

打，也称"开打"，是传统武术的舞蹈化，如翻跟头、打把子等，一般分为把子功和毯子功两大类。

（二）五法

五法，戏曲程式之一，指口法、手法、眼法、身法和步法。口法指唱得动听，念得上口，有美感。手法指手势，如兰花指、齐眉指、大惊指等。眼法指眼神，表现剧中人物的喜、怒、哀、乐等情感，如笑眼、怒眼、嗔眼、羞眼、醉眼等。身法指身段，包括起、落、进、退、侧、反、收、纵等，如在《贵妃醉酒》中梅兰芳用"卧鱼"身段表现失意的杨贵妃酒醉后的复杂心情。步法主要指的是台步，是艺术化的步伐，如云步、蹉步、醉步、跪步等。

（三）脸谱

脸谱是演员面部化妆的一种程式，具有象征意义。生行、旦行面部化妆简单，略施脂粉，称俊扮、素面。净行面部重施油彩、图案复杂，称"花脸"。丑行在鼻梁上抹一小块白粉，俗称"小花脸"。

重施油彩的脸谱按颜色又可分为红、白、黑、黄、绿等。其中红为生行，其他皆为净行。红色表示勇武忠心，如关羽。白色表示阴险奸诈，如曹操。黑色表示刚直无私，如包拯。蓝色表示刚强，如窦尔敦。紫色表示正义，绿色表示暴躁侠义，黄色表示凶狠残暴，粉色表示德高望重。

（四）服装

戏曲服装是历代服装的高度概括、综合和艺术化的结果，并不代表某个具体朝代或时期的服装。戏曲服装同样是戏曲程式的重要组成部分，一般包括戏衣、盔头、靴鞋三部分。

戏衣又称体服，大体分为蟒、靠、帔、官衣、褶子五类。蟒是帝王将相的官服。靠就是武将穿的铠甲。帔是便服，有蓝、黑、紫、黄、红五色，代表等级，如黄、红为帝王将相专用。官衣是文官的官服，常绣有仙鹤、孔雀等图案。褶子是平民服装。

盔头是冠帽的通称，大体分为冠、盔、巾、帽等。冠多为帝王贵族的礼帽，盔为武职人员所戴。

靴鞋分腰靴、矮腰靴、鞋、履、裹腿等。

四、中国传统戏曲主要剧种

中国传统戏曲剧种有360多种，其中，昆曲、秦腔历史悠久，京剧、豫剧、越剧流传广泛。另有评剧、黄梅戏、河北梆子、湘剧、粤剧、川剧、晋剧、汉剧、潮剧、闽剧、祁剧等。

（一）昆曲

昆曲又称昆山腔、昆剧，是一种古老的剧种，有"百戏之祖"之称，元末明初形成于江苏昆山一带，明中叶后盛行，当时的传奇戏多用昆曲演唱。昆曲风格清丽柔婉、动作细腻、程式严谨，歌唱与舞蹈结合巧妙，故称"雅部"，是中国古典戏曲的代表。代表剧目有《牡丹亭》等。

（二）京剧

京剧也称皮黄，由"西皮"和"二黄"两种基本腔调组成，也兼唱一些地方小杂调和昆曲曲牌。京剧形成于北京，是中国戏曲的代表，有"国剧""国粹"之称，是全国影响最大的剧种。京剧行当齐全、表演气势宏美、程式规范、剧目繁多。常演剧目有《霸王别姬》《龙凤呈祥》《贵妃醉酒》《失空斩》《玉堂春》《搜孤救孤》《望江亭》《徐策跑城》《四郎探母》《红鬃烈马》《锁麟囊》《二进宫》）等。

（三）豫剧

豫剧又称河南梆子，形成于清末，由传入河南的山陕梆子结合河南方言及民间曲调发展而成，以河南为中心，流行于河北、山西、山东、安徽、湖北、新疆等地。唱腔铿锵大气、抑扬有度、行腔酣畅、吐字清晰，有豫东调、豫西调、祥符调、沙河调四大流派。常演剧目有《铡美案》《三上轿》《穆桂英挂帅》《红娘》《对花枪》《七品芝麻官》等。

（四）越剧

越剧流行于上海、浙江、江苏、福建等地，源于清末浙江嵊州的"落地唱书"。吸收昆曲、绍剧等剧种艺术之长，形成柔婉细腻的表演风格，长于抒情，以唱为主，唯美典雅。常演剧目有《梁山伯与祝英台》《红楼梦》《祥林嫂》等。

（五）秦腔

秦腔约形成于明代中期，是最早的梆子腔。表演粗犷质朴，唱腔高亢激越，其声如吼，善于表现悲剧情节。常演剧目有《蝴蝶杯》《游龟山》《三滴血》等。以关中东部渭南地区为中心的东路秦腔对京剧、晋剧、豫剧、河北梆子、上党梆子等诸多剧种的形成均产生过重要影响。

（六）黄梅戏

黄梅戏流行于皖南一带。唱腔淳朴流畅，表演质朴细致，真实活泼。唱腔属板式变化体，有花腔、彩腔、主调三大腔系。常演剧目有《女驸马》《天仙配》等。

（七）梆子腔

梆子腔源于山西、陕西交界处的山陕梆子，唱腔高亢激越，以木梆击节。梆子腔流传于不同地区，则形成不同的梆子腔，如山西梆子、河北梆子、河南梆子、山东梆子等。

（八）高腔

高腔源于江西弋阳，又称弋阳腔。其表演质朴、曲词通俗、唱腔高亢激越、一人唱而众人和，只用金鼓击节，没有管弦乐伴奏。明代中叶后，高腔向全国各地流布，形成各地不同风格的高腔，如川剧高腔、湘剧高腔、赣剧高腔等。

第二节　表演艺术：音乐、舞蹈

一、音乐

（一）中国传统音乐的历史

中国传统音乐有数千年的历史。距今六七千年前的新石器时代，先民们已经可以烧制陶埙、挖制骨哨，夏代已经有用鳄鱼皮蒙制的鼍鼓，商代已有木腔蟒皮鼓和双鸟饕餮纹铜鼓及制作精良的石磬，还出现了编钟、编铙等以青铜为材料的乐器。

西周时期宫廷首先建立了完备的礼乐制度，在宴享娱乐时可以看到"六代乐舞"，即黄帝时的《云门》、尧时的《咸池》、舜时的《韶》、禹时的《大夏》、商时的《大蠖》、周时的《大武》，十二律的理论和五声阶名（宫、商、角、徵、羽）也已经确立。

秦汉时期演唱的歌词称乐府诗，从最初的"一人唱、三人和"的清唱，逐渐发展为有丝竹乐器伴奏的"相和大曲"。西北边疆兴起的鼓吹乐，则以不同编制的吹管乐器和打击乐器构成多种鼓吹形式，如横吹、骑吹、黄门鼓吹等。三国、两晋、南北朝时期，由相和歌发展起来的清商乐受到重视，传统音乐文化的代表性乐器古琴趋于成熟，《广陵散》《猗兰操》《酒狂》等一批曲目问世。

隋唐两代是音乐艺术全面发展时期。唐代宫廷宴享的音乐称作"燕乐"。燕乐继承相和大曲的传统，融会九部乐中各族音乐的精华，形成了散序、中序或拍序、破或舞遍的结构形式。

宋金时期以市民音乐的勃兴为重要特征。随着都市商品经济的繁荣，适应市民阶层文化生活的游艺场"瓦舍""勾栏"产生。在"瓦舍""勾栏"中有嘌唱、小唱、唱赚，也有说唱类音乐，如崖词、陶真、鼓子词、诸宫调等。诸宫调是当时成熟起来的大型说唱艺术。随着元代戏曲艺术的发展，出现了最早的总结戏曲演唱理论的专著，即燕南芝庵的《唱论》，而周德清的《中原音韵》则是最早的一部北曲曲韵和北曲音乐论著。

明清时期的音乐具有世俗化的特点，大量音乐保留于说唱、戏曲等艺术形式之中，包括南方的弹词、北方的鼓词，以及牌子曲、琴书、道情类说唱等。南方的弹词以苏州弹词影响最大。北方的鼓词以山东大鼓、冀中木板大鼓、西河大鼓、京韵大鼓较为重要。而牌子曲类的说唱有单弦、河南大调曲子等。琴书类说唱有山东琴书、四川扬琴等。道情类说唱有浙江道情、陕西道情、湖北渔鼓等。明末清初，北方以陕西秦腔为代表的梆子腔得到很快的发展。明清时期，器乐的发展表现为多种器乐合奏的形式，如河北吹歌、江南丝竹、十番锣鼓等。琴曲《平沙落雁》《流水》，琴歌《阳关三叠》《胡笳十八拍》等广为流传。

（二）中国传统乐器分类

1. 吹奏乐器

中国吹奏乐器的发音体大多为竹制或木制，可分为三类：第一类，以气流吹入吹口激起管柱振动的，有箫、笛等；第二类，气流通过哨片吹入使管柱振动的，有唢呐、海笛、管子、双管和喉管等；第三类，气流通过簧片引起管柱振动的，有笙、抱笙、排笙、巴乌等。

2. 弹拨乐器

中国的弹拨乐器分横式和竖式两类。弹拨乐器音色明亮、清脆。弹拨乐器一般力度变化不大，除古琴音量较弱，其他乐器声音穿透力均较强。典型乐器包括琵琶、筝、扬琴、七弦琴、热瓦普、冬不拉、阮、柳琴、三弦等。

3. 打击乐器

打击乐器根据发音不同可分为响铜、响木、皮革等。中国传统打击乐器不仅是节奏性乐器，而且每组打击乐群都能独立演奏，对烘托气氛有重要作用。典型乐器包括堂鼓（大鼓）、碰铃、缸鼓、定音缸鼓、铜鼓、锣、小鼓、排鼓、大钹等。

另外，根据不同制作材料，《周礼》把乐器分成金、石、丝、竹、匏、土、革、木八类，称作"八音"。周末至清初的3000多年中，一直沿用这一分类法。金类是金属乐器，主要是钟；石类包括各种磬；丝类包括各种弦乐器，如琴、瑟、琵琶、箜篌等；竹类包括竹制吹奏乐器，如笛、箫、篪、排箫等；球体的葫芦称匏，笙、竽属于匏类；土类就是陶制乐器，如埙、陶笛、陶鼓等；革类主要指各种鼓，以悬鼓和建鼓为主；木类少见，有柷、敔、拍板等。

（三）中国传统乐种

1. 打击乐合奏

打击乐合奏是民族器乐最先出现的一种合奏形式，指纯粹由打击乐器合奏的音乐，因为以锣和鼓为代表性乐器，所以又称清锣鼓乐，在民间节日或风俗性活动中常见，以丰富、复杂多变的节奏、节拍，以及力度的变化来表现各种气氛和情绪，或热烈红火，或轻巧活泼，或庄严雄壮，有《闹元宵》《跑马》《雨夹雪》等传统曲目。

2. 吹管乐合奏

吹管乐合奏指由吹管乐唢呐、排箫、笙、角、笛等为主要乐器，兼有少量打击乐器的合奏音乐，普遍用于民间婚丧喜庆活动中。

3. 丝弦乐合奏

丝弦乐合奏指由几件拉弦乐器和弹拨乐器合奏的音乐，又称弦索乐。丝弦乐合奏以优美、抒情、质朴、文雅见长，适于室内演奏，风格细腻。乐曲多数为短小的抒情乐曲，也有部分较长的套曲。有《倒西皮》《四句板》《节节高》等传统曲目。

4. 丝竹乐合奏

丝竹乐合奏指由弦乐器和竹管乐器合奏的音乐，主要盛行于南方。在丝竹乐中一般不用唢呐和管，也不用大锣、大鼓之类音响强烈的打击乐，具有乐队规模较小，音乐情趣轻快活泼，演奏风格精致细腻，音乐性格优美、柔和、雅致的特点。主要乐种有江南丝竹、广东音乐、福建南音、云南丽江的白沙细乐等，有《三六》《八骏马》《梅花操》《南绣荷包》等传统曲目。

5. 丝竹锣鼓乐合奏

丝竹锣鼓乐合奏又称吹打乐，是民间节日风俗性活动及婚丧喜庆中常见的器乐形式，以吹管乐器和打击乐器为主，以丝弦乐器为辅，在结构中有独立完整的锣鼓段落，有《庆丰收》等传统曲目。

二、舞蹈

（一）原始舞蹈

原始人在其生活实践中创造了与他们的生存休戚相关的原始舞蹈。原始舞蹈具有强烈的功利目的，多出于实用的需要。正因如此，其所体现出来的高度的生命情调令今人赞叹。

1. 考古画上的舞蹈

在我国丰富的考古发现中，舞蹈内容常见于洞窟壁画、岩画、墓室绘画、出土文物上的图样纹饰及早期象形文字中。大量地上、地下古文物中的舞蹈形象，为我们提供了有关原始舞蹈的形象信息。我国各族先民精心刻绘的一幅幅舞蹈图，仿佛带领我们通过时光隧道，参加了一场场原始部落中的氏族舞会，听到了震耳欲聋的呐喊声和鼓声，看到了他们奔放激越的舞姿及对天地、自然、祖先的狂热信仰和虔诚膜拜。

2. 传说中的乐舞

（1）扶来

据《路史》和《通典》记载，《扶来》曲为伏羲所作，伏羲又制作了琴来演奏此曲。《世本》记载："伏羲作琴，削桐为琴，面无法天，底平象地。龙池八方通风，凤池四寸，象四寸，五弦象五行，长七尺二寸。以修身理性反天真也，达灵象物昭功也。"每当他演奏时，就有凤鸟飞来倾听，凤来就是扶来。后人为纪念伏羲教人结网之功，又加上了歌词。唐人元吉记载其歌为《网罟》："吾人苦兮，水深深。网罟设兮，水不深。吾人苦兮，山幽幽。网罟设兮，山不幽。"

（2）阴康氏之乐

《路史》记载："阴康氏之始，水渎不疏，江不行其原，阴凝而易阀。人既郁于内，腠理滞著而多重腿，得所以利其关节者，乃制之舞，教人引舞以利导之，是谓大舞。"阴康氏是传说中的一位古帝，在炎帝神农氏之后。在阴康氏当政之初，发生了水患，由于河道淤塞不通，民众居所被湿冷之气浸淫，许多人为阴气所滞，关节不畅，筋骨不达，患了风湿病。后来人们发现舞蹈动作可以减轻痛苦、舒展关节，于是编制出适当的舞步以宣导体内滞着之气。这段记载所述之事可以看作舞蹈医疗的滥觞。

（3）葛天氏之乐

葛天氏之乐是上古葛天氏部落的歌舞。《吕氏春秋》记载："昔葛天氏之乐，三人操牛尾，投足以歌八阕：一曰载民，二曰玄鸟，三曰逐草木，四曰奋五谷，五曰敬天常，六曰达帝功，七曰依地德，八曰总万物之极。"而《路史》记载："（葛天氏）其乐也，八士捉介，投足操尾扣角乱之而歌八终，块柑瓦缶，武噪从之，是谓《广乐》。"在众多大同小异的说法中，包含着中国古代舞蹈分段以表现不同内容的形式上的极大进步。

（二）黄帝、尧、舜、禹时期的舞蹈

从原始社会到奴隶社会之间有一个过渡时期，即传说中的黄帝到历史上的尧、舜、禹时期。相传，4000多年以前，中国黄河流域早已居住着许多氏族和部落，黄帝就是其中一位有名的部落联盟首领。黄帝，名轩辕氏，据传他出生几十天就会说话，少年时思维敏捷，青年时敦厚能干，成年后聪明坚毅。他提倡种植五谷、驯养牲畜，使这个部落联盟强大起来。后来，黄帝部落和西方的炎帝（神农氏）部落联合，打败了南方的蚩尤部落。黄帝和炎帝两个部落联盟结合在一起，经过长期的发展，形成了日后的华夏族，也就是汉族的前身，而"炎黄子孙"现已成为整个中华民族的代名词。

1. 黄帝乐舞《云门》

关于《云门》的由来，据说是歌颂黄帝创制万物、团聚万民，功德就像天上的祥云一般。又有人说，由于黄帝功德普照天下，天之所生，地之所载，世间万物没有不受到他的恩泽的，所以这个乐舞也叫《咸池》，"咸池"也就是"咸施"。如《左传·昭公十七年》："昔者黄帝氏以云纪，故为云师而云名。"传说黄帝受天命治理天下时，天上有祥云出现，所以以云记事，以云命官。关于《咸池》还有另一种说法，唐人司马贞认为，咸池是西宫星名，"主五谷，其星五者各有所职"，和农作物的丰歉有关。根据这些记载，可以设想这一乐舞原是黄帝氏族祭祀云图腾的一种图腾舞，以后又用来讴歌黄帝的功德，成为祭祖和祈求丰收的祭祀舞蹈。

黄帝以后，中国历史上先后又出现了三位有名的部落联盟首领——尧、舜、禹。那时候，部落联盟首领由推选产生。尧年老了，召开部落联盟会议，大家推选有才能的舜为继承人。舜年老了，就把位置让给治水有功的禹。这种更替首领位置的办法，历史上叫作"禅让"。

2. 尧的乐舞《大章》

尧的乐舞为《大章》，章者，彰也，言尧德彰明于天下也。相传尧很节俭，人们依附他，若依附太阳。相传《大章》的创作者是尧的臣子质。《吕氏春秋·古乐》记载："帝尧立，乃命质为乐，质乃效山林溪谷之音以歌……以象上帝玉磬之音，以致舞百兽。"这里所说的"舞百兽"，应该是人所扮演的模拟各种野兽的舞蹈，《大章》很可能就是传说中最早的鼓舞和拟兽舞。

3. 舜的乐舞《大韶》

舜的乐舞《大韶》是我国古代著名乐舞之一。韶之言绍也，言舜能继绍尧之德。舜的品德很好，能以身作则。传说他在历山耕田，历山的人们受他的影响，不再争田界，而是互相谦让。人们都愿意跟随舜居住在一起，舜在一个地方住上三年，那里就会成为村落。

《史记·夏本纪》记载："舜德大明，于是夔行乐，祖考至，群后相让，鸟兽翔舞，箫韶九成，凤凰来仪，百兽率舞。"《箫韶》即《大韶》，九成即九章，由此可见，这套乐曲也是诗、乐、舞三位一体的。演奏时，有钟、磬、琴、瑟、管、笙、箫等乐器，有人唱歌辞，有人化装为各种鸟兽和凤凰起舞。

《左传·襄公二十九年》记载吴公子季札对其内容和意义的评论，认为此曲"德至矣哉，大矣！如天之无不帱也，如地之无不载也。虽甚盛德，其蔑以加于此矣，观止矣"！尧命典乐官夔把部落成员教育成既正直又温顺，既宽厚又严肃，既有文学修养，能以诗歌发言致意，又有音乐修养，能协调八音、致人神以和的人。因此，据《论语·八佾》记载，孔子曾称赞说："《韶》，尽美矣，又尽善也。"

4．禹的乐舞《大夏》

舜的时候，黄河流域水患严重。舜派禹去治水。禹做事勤快，能听取大家的意见。他带领人们采取疏导的办法，开掘沟渠，引流入海。禹治水的时候，工作很艰苦，曾三过家门而不入。经过13年的治理，洪水终于退去。接着禹又领导人们引水灌溉农田，使生产得到了恢复和发展。人们感谢禹的功劳，称他为"大禹"，推举禹做继承人。

《吕氏春秋》记载："禹立，勤劳天下，日夜不懈。通大川，决淤塞，凿龙门，疏三江五湖，注之东海，以利黔首。于是命皋陶作《夏籥》九成，以昭其功。""籥"是类似排箫的一种乐器，因舞者跳舞时手执此乐器而得名。周代表演这个乐舞的时候，舞人头戴皮帽，上身赤裸，下着白裙，做类似治水和劳动的动作，气氛热烈。

（三）夏、商、周时期的舞蹈

1．夏、商时期的舞蹈

夏、商的舞蹈与其社会的总体发展水平紧密相连。社会分工的明确，既提高了物质生活的水平，也促使乐舞奴隶大量出现，并开始形成了娱人和娱神同一的表演行为。以乐舞为生的人将舞蹈的表现范围和技巧提高到一个新的水平线。从内容上看，尽管一些乐舞被用在了政治斗争上，但是有一些乐舞尚保留着先民们淳朴的生活风尚。

夏代的乐舞形象出土很少。到了商代，由于甲骨文的记录，我们已经能够清晰地辨认出"舞"字。河南安阳殷墟妇好墓中出土过一件裸体两面玉人,通体圆润,镂刻纹理清晰,神态自然。商人的图腾形象是大鸟,认为太阳就是一只飞鸟。河南安阳殷墟妇好墓中出土的另外一件玉凤,虽然所刻羽毛之纹尚嫌简单,但是整个造型却质朴而生动,如弯弓射月,正待飞翔。这一图像,能够使人捕捉到一点当时的舞蹈动态,并体会到所谓"凤凰来仪"的庄重和典雅。

2. 西周雅乐

(1) 制礼作乐

武王伐纣、建立周朝不久,就命周公姬旦制礼作乐,建立了周王朝的礼乐制度。作为一种统治手段——礼乐教化的工具,乐舞艺术的地位和作用也被提到了前所未有的高度,被称为"雅乐"。"雅乐"一直是我国乐舞文化的重要组成部分,虽然几经兴衰,但在几千年封建社会中始终居于乐舞的正统地位。

(2) "六大舞"

雅乐舞蹈的主要内容是"六大舞",也称"六代舞",包括《云门》《大章》《大韶》《大夏》《大濩》五个分别代表黄帝、尧、舜、禹、商汤的前朝纪功乐舞,以及本朝的《大武》。

(3) "六小舞"

相对于祭祀用的"六大舞","六小舞"则是用于教育贵族子弟的乐舞教材。周代"乐师"的任务就是"掌国学之政,以教国子小舞"。贵族子弟从13—20余岁,要学十年的乐舞,才能"礼成"。"六小舞"包括《帗舞》(执长柄饰五彩丝绸的舞具而舞)、《人舞》(徒手而舞)、《羽舞》(执白色鸟羽而舞)、《皇舞》(执五彩鸟羽而舞)、《旄舞》(执旄牛尾而舞)、《干舞》(执盾而舞)。乐舞机构对多大年岁学什么舞、什么身份学什么舞、何人负责教授、何时组织会考、对不用功者如何答罚、对成绩优异者怎样任官封爵等,都有严密细致的规定。

3. 东周乐舞

公元前770年,周平王迁都洛邑(今河南洛阳),中国历史进入东周时期。东周分春秋和战国两个历史时期,"春秋五霸""战国七雄"你方唱罢我登场,全国处于分裂割据状态。

当时鲁国的大夫季氏公然用天子的乐舞仪制八佾来祭祖。八个人为一行,一行叫一佾,"八佾"只有天子才能用,大夫按"礼"只许用32人演出的"四佾"。所以孔子愤然指责季氏:"八佾舞于庭,是可忍,孰不可忍也。"诸侯割据使"礼崩乐坏"不可避免地发生了。而"雅乐"的枯燥使得某些封建统治者也对此失去了兴趣。

魏文侯对孔子门徒子夏说："吾端冕而听古乐，则唯恐卧；听郑卫之音，则不知倦。敢问古乐之如彼，何也？新乐之如此，何也？"较魏文侯稍晚的齐宣王则说得更坦率："寡人今日听郑卫之音，呕吟感伤，扬激楚之遗风""寡人非能好先王之乐也，直好世俗之乐耳"。相反，维护并力求恢复雅乐的儒家代表人物孔子则"恶紫之夺朱也，恶郑声之乱雅乐也"。

系统反映儒家音乐思想的《乐记》里也说："郑卫之音，乱世之音也。"这里的"郑卫之音"是指郑、卫两国丰富的民间"新乐"。在这些反映民俗生活的音乐中，常有对男女互赠礼物、互诉衷肠的爱情场面的表现。虽然孔子将"郑卫之音"斥为靡靡之音的代名词，但还是不能挽救"古乐"的衰微，也无法阻止"新乐"的勃兴。

尽管战争频仍，春秋战国时期的经济文化仍获得迅速发展。各诸侯国在科学、哲学、历史、文学、艺术等方面都涌现出许多杰出的人才，百家争鸣，是我国历史上第一次思想解放运动。当时各地的民间歌舞艺术也呈现出空前繁荣的景象，使得乐舞从内容到形式上都有了很大的变化和发展，舞蹈技巧有了质的飞跃。

（四）秦汉时期的舞蹈

秦始皇统一六国，确立了中国的版图。他在焚书坑儒的同时，也废除了周代雅乐机构，建立了自己的"乐府"，搜集民间乐舞以自娱。汉初，汉高祖喜好楚舞，将民间俗乐舞进一步引入宫廷。其后汉武帝扩大了乐府机构规模，录吴、楚、燕、齐、郑各地歌诗314篇，乐府乐工舞人800多名。丝绸之路的开辟又促进了中原与西域的文化交流和各民族间的艺术融合。于是，汉代舞蹈呈现出百乐杂兴的空前盛况。

角抵最早始于古冀州（今河北、山西）的"蚩尤戏"。《述异记》记载："秦汉间说，蚩尤氏耳鬓如剑戟，头有角。与轩辕斗，以角抵人，人不能向。今冀州有乐，名'蚩尤戏'，其民两两三三，头戴牛角而相抵。汉造'角抵戏'，盖其遗制也。"秦始皇统一中国后，禁止民间私藏兵器，徒手相搏的角抵因此兴盛起来。《史记·李斯列传》记载秦二世在甘泉宫"方作角抵俳优之观"。"俳优"是指扮演杂戏的人，说明这时的角抵是与各种综合性竞技节目同时表演的。

到了汉代，角抵戏已形成了大型综合的兼含戏剧、歌舞、戏谑、杂技、武术成分的复合性表演活动。表演内容有跳丸（接抛球）、跳剑（接抛剑）、梧桐引凤舞、戏车、走索、豹面人与童子、驰马伎等。

(五) 魏晋南北朝时期的舞蹈

魏、蜀、吴三国鼎立的局面被西晋王朝的短暂统一打破之后，接着又陷入东晋与十六国、南朝与北朝的对峙局面，政权分裂割据、连年战乱达 300 多年之久。这一时期，舞蹈的发展主要体现在清商乐的发展和胡乐胡舞的兴盛上。社会的动荡和变革，一方面使得这一时期的艺术笼罩上了某种消极感伤甚至萎靡的色彩，另一方面却在客观上促进了各民族文化艺术的交流融合，从而给这一特定时期的乐舞文化打上了深刻的时代烙印。

1. 魏晋清商乐舞

清商乐是汉、魏、晋、南北朝时期中原传统俗乐舞的总称。清商乐是一种以古调为依据，滥觞于先秦，发端于汉，兴盛于曹魏时期的乐舞。它集中了汉魏以来民间俗乐舞的精华。

汉魏西晋的清商乐舞得到皇室的重视（如曹丕专设清商署），日益发展起来。其后，一部分清商乐流入凉州，与龟兹乐结合，演变为西凉乐；另一部分随东晋政权传到江南，促进了长江流域"吴歌""西曲"的发展。"吴歌"为建康（南京）一带长江下游太湖流域的民歌；"西曲"为长江中游汉水两岸湖北、江陵一带的民歌。"吴歌"和"西曲"都以表达男女爱情为主要内容，以婉转缠绵为其特色。清商乐则发挥了其抒情特色，成为南朝新声。

清商乐舞随着时代的变化，内容不断丰富，既有中原旧曲、汉魏杂舞，又有异域风情和江南新声，其不仅体现着"魏晋风度"的清峻、通脱、华丽、壮大，也为唐代舞蹈的极大丰富奠定了坚实的基础。

2. 南北朝乐舞

"胡乐""胡舞"指我国古代西北民族的乐舞。南北朝时期，由于长期分裂割据，各族人民迁徙流动，大量涌入中原地区，民族间的乐舞文化交流频繁。自汉代张骞出使西域以来，"胡乐""胡舞"不断传入中原。曹魏时，"胡乐""胡舞"已经渗透到汉人生活中，曹植就会跳一种叫《五椎锻》的胡舞。西晋战乱时，凉州（今甘肃地区）是当时北方唯一安全的地方，关中人士逃往避难，《清商乐》等乐舞也被随之带入。这种乐舞交流不仅体现在民间文化活动中，也广泛体现在各政权的宫廷宴享上。

南朝各代大多是汉族建立的政权，在其宫廷宴乐中，除了保留汉代散乐百戏等歌舞杂技，"胡乐""胡舞"也被普遍使用。南朝宋时，有"西、伧、羌、胡诸杂舞"。南朝齐时，"羌胡伎乐"盛行，在典礼仪式中多用羌胡乐舞。南朝陈后主时，特遣宫女到北方学习箫鼓等乐器演奏，称为"代北"。据史载，进行胡舞表演时，其强烈鲜明的节奏、新奇艳丽的旋律、变化多样的舞姿动态和腾踏跳跃旋转的高难度舞蹈技艺，竟可令观者在不知不觉中跟随舞者"或踊或跃，乍动乍息，跷脚弹指，撼头弄目，情发于中，不能自止"。胡舞强大的艺术感染力使它在中原地区很快地流行起来。这种舞蹈满足了当时社会上人们求新求异的心理，给人耳目一新的艺术享受。

各族各地区间乐舞文化的交流融合、创新变异及舞蹈独立化表演的发展趋势，都给舞蹈发展提供了前所未有的时代条件。在这厚壤东风中，我国古代舞蹈艺术正在酝酿着下一个发展高峰的到来。

（六）隋唐舞蹈

公元581年，隋朝统一中国，使长期战乱的局面稳定下来。安定、开放的大一统局面是经济富足、文化繁荣的重要条件。在中国历史上，但凡国家统一的朝代，都创造了璀璨的古代文明，从奴隶社会的夏、商、西周到封建社会的秦、汉都是如此，隋唐时期更是达到了我国封建社会物质和精神文明的顶峰。国家的安定有利于社会经济的发展，而坚实的经济基础能促使人们在各个领域创造出灿烂辉煌的文化成果。在意识形态方面，隋唐时期的统治者对儒、道、佛三种思想持兼容并包的态度，对外来文化采取融通并蓄的态度，使得文化环境相对宽松和自由。人们的创造性得到极大鼓励，隋唐舞蹈正是在这样开放的文化环境中得到了空前的发展。

1. 宫廷燕乐的大国风范

燕乐自周代起就已出现，大致包括祭祀用乐和燕乐两类内容。"燕"即"宴"，燕乐即饮宴音乐。礼崩乐坏以后，由于祭祀活动渐少而享乐之风盛行，燕乐就专指宴享用乐了。宋人沈括在《梦溪笔谈》中说："先王之乐为雅乐，前世新声为清乐，合胡部为燕乐。"隋唐燕乐继承了乐府音乐的成就，南北朝时许多民族进入中原，使西域音乐也大量传入。此时的燕乐是汉族俗乐与境内其他民族以及外来乐舞融合而成的宫廷新音乐。

在隋、唐几位嗜好音乐的皇帝的推动下，燕乐得到了很大的发展。开皇二年（582年），隋文帝把懂音律的人聚集到尚书省，令其参定音乐，讨论胡、汉音乐的差别，以华夏为正声，吸收胡乐为燕乐。时置七部乐，其中大部分采自西域音乐舞蹈，七部乐，一曰国伎，二曰清商伎，三曰高丽伎，四曰天竺伎，五曰安国伎，六曰龟兹伎，七曰文康伎。

隋炀帝有专业乐工3万人，其时又增为九部乐，即清乐、西凉、龟兹、天竺、康国、疏勒、安国、高丽、礼毕。

唐初改九部乐为十部乐，包括燕乐、清乐、西凉乐、高丽伎、天竺乐、龟兹伎、安国伎、疏勒伎、康国伎、高昌伎。

唐玄宗时宫廷中乐工多至数万，设5所教坊加以管理，并设别教院教授宫廷音乐创作人员，又根据表演形式将十部乐改为坐部伎、立部伎两大类。

2. 乐舞风格和形式多样化

隋、唐两代是中国乐舞艺术发展的鼎盛时期，唐代宫廷设置了各种乐舞机构，如教坊、梨园、宜春院、太常寺等，其中乐工、歌舞艺人多达数万人。士大夫阶层和豪富之家还有很多能歌善舞的官伎、舞伎。这些优秀的艺术人才将唐代的乐舞艺术推向中国封建社会的高峰。唐代舞蹈蓬勃发展，其重要的标志之一就是乐舞风格的定型。在丰富多样的舞蹈中，人们把相对稳定、已经沉淀下来的舞蹈表演因素概括成约定俗成的名称，为各种舞蹈进行样式上的分类。这是舞蹈艺术极大丰富的产物，也是舞蹈理论的初步框架。当时，人们把唐代流行的乐舞归纳成以下三类。

（1）健舞

健舞指动作劲健爽朗、热情洒脱、节奏明快的乐舞，如《剑器》《胡旋》。

（2）软舞

软舞指姿态柔婉、节奏舒缓的舞蹈，如《绿腰》《春莺啭》。

（3）歌舞大曲

唐代发展形成的"大曲"，集器乐、歌、舞于一体，是一种较高的艺术形式。唐大曲的结构比较庞大，有二十几段、三十几段，甚至五十几段的。

3. 民间自娱舞蹈丰富多彩

宫廷舞蹈的繁盛，是以民间乐舞的丰富为基础的，而帝王的喜好和宫廷乐舞水平的提高，也使民间舞蹈的表演形式和内容更为丰富、多样，发展更为繁荣。

（1）踏歌

踏歌是一种自娱性很强的民间舞蹈形式，人们手拉手而歌，踏地为节，自娱自乐。唐代是这种民间舞蹈极盛的时代，刘禹锡《踏歌行》中就写道："春江月出大堤平，堤上女郎连袂行"。

（2）歌舞戏

到了唐代，出现了舞蹈、歌唱和戏剧情节相结合，是表现一定人物和故事的歌舞剧的雏形作品，如《踏谣娘》就是著名的代表作。唐崔令钦的《教坊记》记载："北齐有人姓苏，鲍鼻；实不仕，而自号为郎中；嗜饮酗酒，每醉殴其妻。妻衔悲，诉于邻里。时人弄之。丈夫着妇人衣，徐步入场行歌；每一叠，旁人齐声和之云，'踏谣和来！踏谣娘苦和来'！以其且步且歌，故谓之'踏谣'；以其称冤，故言苦。及其夫至，则作殴斗之状，以为笑乐。"

另外还有《大面》。此舞起源于北齐，根据《兰陵王入阵乐曲》创制，是盛行于唐代的假面舞蹈。北齐高祖贤孙兰陵王高长恭，勇猛善战，胆识过人，容貌却秀雅如妇人，他常嫌自己容貌不够威武，难以使敌人畏惧，于是上阵时常戴木制面具。人们为了歌颂他的英武、纪念他的功绩，创作了《兰陵王入阵曲》。后来又效仿他指挥作战时的雄姿编舞，唐时称为《大面》，舞者身着紫衣，腰系金带，手执鼓槌，指挥击刺，现勇冠三军之貌。

（七）宋元明清舞蹈

1. 宋代舞蹈

（1）京瓦伎艺

"瓦肆"是随着宋代市民阶层的形成而兴起的一种游乐商业集散场所。"瓦肆"又称"瓦舍""瓦子""瓦"，集聚了众多百戏杂技艺人，竞争很激烈。技高者立足，技逊者走人，刺激着百戏杂技向更高的境界发展。

（2）"舞队""队舞"

随着城市与农村经济的发展，宋代新兴的"村歌社舞"也繁荣起来。除了在相对固定的"勾栏瓦肆"中表演带有一定人物故事情节的歌舞节目，就是节日期间的"舞队"活动了。每到年节，城镇乡村舞队就数十队、数百队地开始出动，有时锣鼓喧天、旌旗招展、簇拥前进，竟连绵十几里地，一街锦绣，满耳箫鼓，令人目不暇接。

而在宫廷中以唐"大曲"为基础结构，配以诗歌、道白，能表现一定故事情节的多场舞蹈表演，在宋代被称为"队舞"。宋代宫廷著名的"队舞"有《柘枝队》《剑器队》《婆罗门队》《醉胡腾队》《菩萨队》《抛球乐队》《佳人剪牡丹队》《拂霓裳队》《采莲队》等。唐代乐舞中的经典舞蹈，被改编在宋代队舞新的表演形式之中。

2. 元代舞蹈

元朝时期，南北方艺术进一步得到交流和发展。元代宫廷舞蹈是在承袭宋代宫廷旧制的基础上加以变化和发展的结果。元代宫廷仍有队舞表演形式，叫"乐队"，如元旦时用《乐音王队》，天寿节时用《寿星队》，朝会时用《礼乐队》。

3. 明清舞蹈

明清时期是古代舞蹈的又一转折点，舞蹈被戏曲艺术借鉴、吸收，成为综合艺术门类的表演部分。各种以手袖为内容的舞蹈、手执兵器的舞蹈等，都被戏曲融合为表现人物情节的手段。清新脱俗、典雅精致是清朝的审美风尚。这个时候的乐舞表现精巧细腻，动作富有韵味，更加具有规范性、程式化。

此时的乐舞逐步被戏曲融合，出现了戏曲舞蹈，它继承了前代的传统舞蹈艺术，形成了一套具有严格规的范训练方法。明清时期是我国舞蹈发展史上一个重要的转折点，使传统舞蹈失去了独立的艺术形式，成了戏曲中的一部分，创造了一种全新的舞蹈样式。对人物性格的描写与刻画是戏曲舞蹈的表现特征之一，虽然与之前的舞蹈表达截然不同，但是它凝聚了之前舞蹈的精髓。

舞蹈是一种言语，是传情达意的形式之一，又是历史中不可或缺的一部分。它与文化并行，用特殊的表达方式描绘着历史的点点滴滴，又在时代的变迁中践行着自己的使命，对实现中华民族伟大复兴的中国梦有着推动作用。

第三节　造型艺术：书法、绘画、雕塑、建筑

一、书法

（一）汉字书体的历史演变

书法艺术是中国特有的艺术形式。书法艺术与作为象形文字的汉字结构特点密切相关。中国书法已有几千年的历史，历经甲骨文、金文、大篆、小篆、隶书、草书、楷书、行书等诸体的演变。

商代的甲骨文已具备了中国书法的基本要素，如商代武丁时期的《祭祀狩猎涂朱牛骨刻辞》，风格豪放，字形大小错落，生动有致。

周代书法的主体是金文，流传书迹多刻于钟鼎之上，所以也称钟鼎文。金文整体风格古朴，清秀隽美，笔道首尾出锋，结构严谨，风格质朴平实，多挺拔的悬针笔法，仍带有甲骨文的影响，如武王时的利簋和天亡簋。

秦始皇统一中国后的文字称为秦篆，又称小篆，是在金文和石鼓文的基础上删繁就简而来。秦代书法以李斯《泰山石刻》《琅琊石刻》《会稽石刻》为最高成就。

汉代书法由篆书变隶书，由隶书再变为章草书、真书、行书。至汉末，汉字书

体已基本齐备。隶书汉字形体趋于方正，笔法上也突破了单一的中锋运笔，为以后各种书体流派奠定了基础。在隶书成熟的同时，又出现了破体的隶变，进而发展成为章草、行书。

魏晋是书体演变承上启下的重要历史阶段，是篆、隶、真、行、草诸体兼备、俱臻完善的时期。王羲之书法章法、结构完美，树立了真书、行书、草书的美学典范，其代表作为《兰亭集序》。

南北朝时期以魏碑最胜。魏碑是北魏及与北魏书风相近的南北朝碑志石刻书法的泛称，是汉代隶书向唐代楷书发展的过渡时期的书法。代表作有《郑文公碑》《敬使君碑》等。南朝书法继承东晋，以智永为代表，其《楷书千字文》用笔遒劲，结构端庄，富有虚实变化。

唐代书法是晋代之后的又一高峰。唐代的真、行、草、篆、隶各体书中都出现了影响深远的书法家。初唐书法家有虞世南、欧阳询、褚遂良等，此后有李邕、张旭、颜真卿、柳公权、怀素等。

欧阳询成就以楷书为最。其笔力险劲，结构独异，骨气劲峭，法度严谨，于平正中见险绝，于规矩中见飘逸，人称"欧体"，以《九成宫醴泉铭》为代表。

颜真卿书法筋力丰满，气派雍容堂正，行草既凝练浑厚，又纵横跌宕。他用笔气势充沛，巧妙自然，并有篆籀气息。颜真卿是继王羲之后成就最高、影响最大的书法家。传世作品主要有《麻姑碑》《多宝塔碑》等碑刻。

柳公权书法结体遒劲、严谨，字体以瘦劲著称。所写楷书，体势劲媚，骨力遒健，自创独树一帜的"柳体"楷书。由于他的楷书较颜体稍均匀瘦硬，故有"颜筋柳骨"之称。代表作有《西平郡王李晟碑》《玄秘塔碑》等。

宋代书法尚抒情，重意境，为后世所推崇者有苏轼、黄庭坚、米芾和赵佶等。苏轼书法在方整中有流动的气势，代表作有《寒食帖》等。黄庭坚楷书画中藏锋，着意变化；草书笔势苍劲，肥笔有骨，瘦笔有肉，劲若飞动。

元代书法宗法晋唐，总体倾向崇尚复古。元代代表书法家赵孟頫，篆、籀、隶、真、行、草均佳，作品有《汲黯传》《洛神赋》等。

明代书法以行楷居多。篆、隶、魏体作品几乎绝迹，而楷书以纤巧秀丽为美，以徐渭、董其昌等为代表。徐渭倾向于个人内心情感的宣泄，点画狼藉，不计工拙。董其昌用笔比较松弛，墨色清淡，布局疏朗。

清代的早期书法延续明代书风，中期由盛转衰，碑学逐渐兴起，晚期则是碑学的中兴。

（二）汉字书法的主要形式

中国书法有五种主要书体，即篆书、隶书、楷书、行书和草书。

1. 篆书

篆书是大篆、小篆的统称。大篆指金文、籀文、六国文字，它们保存着古代象形文字的明显特点。小篆也称"秦篆"，是秦国的通用文字，是大篆的简化字体，其特点是形体均匀齐整、字体较籀文容易书写。篆书笔法瘦劲挺拔，直线较多。起笔有方笔、圆笔，也有尖笔，悬针较多。

2. 隶书

字体庄重，略微宽扁，横画长而直画短，呈长方形状，讲究"蚕头雁尾""一波三折"。隶书起源于秦代，东汉时期达到顶峰，故有"汉隶唐楷"之称。

3. 楷书

楷书也称正楷、真书、正书，有小楷、大楷之分。楷书是对隶书略加改造的一种字体，大约在东汉末年形成，魏晋时期成熟，唐代达到极盛。楷书保存了隶书的结构，去掉了隶书的波挑，把隶书的扁形改为基本上呈正方形。人们常把汉字称为方块字，就是针对楷书而言。《辞海》说楷书"形体方正，笔画平直，可作楷模"。

4. 行书

行书是在隶书的基础上发展的，介于楷书、草书之间的一种字体，是为了弥补楷书的书写速度太慢和草书的难于辨认而产生的。行书不像草书那样潦草，也不像楷书那样端正，是楷书的草化或草书的楷化。楷法多于草法的称为"行楷"，草法多于楷法的称为"行草"。

5. 草书

草书有章草、小草、大草、狂草之分，因草创之意，谓之草书。《说文解字》说"汉兴有草书"，就是说草书始于汉初。其特点是结构简省、笔画连绵、纵任奔逸、赴速急就。

（三）文房四宝

笔、墨、纸、砚是最为常用的书法工具，统称文房四宝。

笔，即毛笔，由笔管和笔头组成。笔管由竹、木、瓷、牙、漆、珐琅、玳瑁、骨等材料制成，以竹管最多，其形状多为圆柱形，亦有菱形、锥形等，有图案装饰。笔头多用兽毛、家禽毛甚至人发等制成，以狼毫、羊毫最常见。湖州产的湖笔最为著名，其余有宣州、歙州、新安、黔州等众多产地。

墨是在描绘彩陶纹饰所使用的黑色基础上逐渐产生、发展起来的。主要分为石墨、松烟墨和油烟墨等，其中石墨出现较早，汉代以后多以松烟、桐煤制墨。

纸约出现于西汉。书画艺术所用纸张以安徽宣城所产最佳，其纸韧洁、光亮、白净，不变色，俗称宣纸，有生、熟之分。生宣纸制作中未加矾水，吸水性强，多用于写意画法。熟宣纸多用于工笔画。

砚，用以研墨的器具，多为石质，亦有陶泥质。其形制多变，主要有长方形、方形、圆形、椭圆形等，常刻以装饰纹样。名砚有端砚、歙砚。端砚产于今广东省肇庆市羚羊峡，石质精腴细润，呈紫色，亦有夹生黄、赤、翠绿相间的圆状瑕翳。歙砚产于江西省婺源县龙尾山，以深青丝晕多金星者为佳。

二、绘画

（一）中国传统绘画的历史

中国传统绘画简称"国画"。中国绘画历史悠久，最早的形式为新石器时代的岩画。岩画以曲线或直线几何纹为主，线条简单、画风朴实，之后出现了彩陶纹饰，以西安出土的半坡陶盆人面鱼纹彩陶盆最具特色。商代的多处墓葬中发现了残存的彩绘布帛，在商代王室的墓葬中更是发现了木制品上的漆画残留。西周、春秋、战国时期都有庙堂壁画创作。秦汉绘画的主要形式是墓室壁画、画像砖、帛画等，整体风格气势磅礴，勾线流畅挺拔，庄重典雅。

魏晋南北朝时期，绘画成为一门独立的艺术，出现了顾恺之、戴逵、陆探微、张僧繇等著名的画家。最为突出的是人物画和走兽画。代表作是东晋顾恺之的《洛神赋图》。作品取材于曹植的《洛神赋》，曲折、细致地描绘了一曲真挚纯洁的爱情故事。画面打破时空界限，把"邂逅""定情""情变""分离""怅归"五个时间上连续的情节安排在同一个空间之中。

隋代的绘画风格具有"细密精致而臻丽"的特点。贵族生活题材的作品居多，山水画开始独立出来。山水画注重"远近山川，咫尺千里"的空间效果。

唐代的绘画在隋的基础上有了全面的发展，人物鞍马画取得了非凡的成就，青绿山水与水墨山水画先后成熟。初唐以人物画为主，以吴道子、张萱为代表的人物仕女画，描写日常生活，以"丰肥"为美，心理刻画生动细腻。山水画已经获得独立地位。花鸟画的发展虽不像人物画和山水画那样成熟，但在牛马画方面名家辈出。中晚唐的绘画，以周昉为代表的人物仕女画及宗教画更见完备。而王墨等人的山水画则发生了变异，盛行树石题材，渐用重墨，泼墨山水开始出现。五代十国时期，画家荆浩开创北方山水画派，花鸟画也因宫廷贵族的喜好而逐渐发展起来。南唐画家顾闳中《韩熙载夜宴图》代表了工笔重彩的最高水平，在唐与后世的技法中有承前启后的作用。作品描绘了官员韩熙载家设夜宴载歌行乐的完整过程，包括琵琶演奏、观舞、宴间休息、清吹、欢送宾客五段场景。作品打破时空界限，把先后依次进行的活动展现在同一画面上，设色工丽雅致，富有层次感，人物的刻画以形写神，线条遒劲流畅。

北宋继承五代西蜀和南唐的旧制，在宫廷中设立翰林书画院。花鸟画在北宋宫廷绘画中占据主要地位。北宋人物画的主要成就表现在人物肖像画、风俗画的创作上。北宋中期以后还出现了"文人画"，强调绘画要追求"诗中有画、画中有诗"的意境，主张即兴创作，不拘泥于物象的外形，要求达到"得意忘形"的境界。苏轼、黄庭坚、米芾等是其代表。张择端的长卷风俗画《清明上河图》生动记录了北宋都城东京社会各阶层的生活场景，是北宋绘画的最高成就。作品气势宏大、构图严谨，采用散点透视构图法，用笔兼工带写，设色淡雅，情节穿插，错落有致，繁而不乱。

元代绘画的标志是文人画的盛行，诗、书、画也进一步结合。人物画相对减少，山水、竹石、梅兰等成为绘画的主要题材。这一时期的绘画强调"古意"和"士气"，反对"作家气"，主张师法唐、五代和北宋。最重要的画家有赵孟𫖯、"元四家"等。

明代出现了一些以地区为中心的名家与流派，如以戴进为代表的浙派，以沈周、文徵明为代表的吴门画派，以张宏为代表的晚明吴派，以蓝瑛为代表的武林派等。明代绘画题材广泛，其中山水、花鸟成就最高，前期以仿宋"院体"为主，中期以后以吴门各家为代表，文人画派占据画坛主流。

清代山水画、水墨写意画盛行。在文人画思想影响下，更多的画家把精力花在追求笔墨情趣方面。清早期，"四王"画派占据画坛的主体地位，江南则有以"四僧"和"金陵八家"为代表的创新派。清中期宫廷绘画得到很好的发展，清晚期上海的海派和广州的岭南画派逐渐成为影响最大的画派。

（二）中国传统绘画的类型

1. 人物画

人物画是以人物形象为主体的绘画之通称。大体分为道释画、仕女画、肖像画、风俗画、历史故事画等，力求把人物个性刻画得逼真传神、气韵生动、形神兼备，常把人物性格的表现寓于环境、气氛、身段和动态的渲染之中。东晋顾恺之的

《洛神赋图》、唐代阎立本的《步辇图》、北宋李公麟的《维摩诘像》、南宋李唐的《采薇图》、元代王绎的《杨竹西小像》、明代仇英的《仕女图》等均为代表。

2. 山水画

山水画是描写山川自然景色为主体的绘画，在魏晋、南北朝已发展，但仍附属于人物画，隋唐始独立。山水画题材广泛，包括山、水、石、树、房、屋、楼台、舟车、桥梁、风、雨、阴、晴、雪、日、云、雾及春、夏、秋、冬等，又分青绿山水、浅绛山水、金碧山水等。

3. 水墨画

水墨画是指纯用水墨所作之画，始于唐代，成于五代，盛于宋元，明清及近代以来有发展。单纯性、象征性、自然性是其基本特征。水墨画以笔法为主导，充分发挥墨法的功能，主张"墨即是色"，墨的浓淡变化就是色的层次变化。唐宋人画山水多湿笔，出现"水晕墨章"之效，元人始用干笔，墨色更多变化，有"如兼五彩"的艺术效果。

4. 院体画

院体画简称"院体""院画"，一般指宋代翰林图画院及其后宫廷画家比较工致一路的绘画，亦有专指南宋画院作品，或泛指非宫廷画家而效法南宋画院风格之作。为迎合帝王宫廷之需要，院体画多以花鸟、山水、宫廷生活及宗教内容为题材，讲究法度，重视形神兼备，风格华丽细腻。

5. 工笔画

工笔画也称"细笔画"，是中国画技法类别的一种，属于工整细致一类的画法，崇尚写实，求形似，与写意画对称，如宋代的院体画、明代仇英的人物画等。

6. 文人画

文人画也称"士夫画"，唐代王维首创，泛指文人、士大夫所作之画，以别于民间画工和宫廷画院职业画家之画，多取材于山水、花鸟、梅兰竹菊和木石等，借以抒发"性灵"或个人抱负，标举"士气""逸品"，崇尚品藻，讲求笔墨情趣，强调神韵，重视意境创造。

7. 花鸟画

花鸟画以花卉、花鸟、鱼虫等为描绘对象，画法有"工笔""写意""兼工带写"三种。"工笔"，即用浓、淡墨勾勒，再深浅分层次着色，"写意"即用简练概括的手法绘写，"兼工带写"介于工笔和写意之间。

三、雕塑

中国雕塑艺术形式以石窟雕刻、陵墓石刻、俑类为代表，另有泥雕、木雕、砖雕等。石窟雕刻与佛教传播相结合，一般规模宏大。陵墓石刻遗存多为帝王将相陵墓的附属物，并不单独存在。俑类雕塑有泥俑、陶俑、木俑等，为殉葬品。大型泥雕多见于宗教庙宇，以宗教活动为目的；小型泥雕则多见于民间，以生活情趣为主。木雕、砖雕等一般是建筑艺术的有机组成部分，起装饰作用。

中国传统雕塑的特点是追求神韵，以形写神、神形兼备，着重刻画人物的内心世界。中国传统雕塑基本处于祭祀、宗教活动或其他艺术形式的从属地位，或者介于艺术品与工艺品之间，没有走向独立形态，"为艺术而艺术"、独立存在、独立表达情趣的作品不占主流。

中国雕塑艺术历史悠久，已知最早的雕塑作品是发现于河南新密的一件小型人头陶像，产生于距今7000余年的新石器时代。新石器时代陶塑居多，题材多为人和动物，作品形态粗简、夸张，随意性强。

商周至春秋战国时期的雕塑作品主要保存在具有雕塑性质的青铜礼器上。商代作品形象多是神化的人与兽，富于神秘感和威慑力，如湖南出土的人面方鼎。西周则趋于写实，有鸭尊、驹尊等。春秋战国时期，雕塑转向繁缛华美，追求装饰性，如山西浑源出土的牺尊。

秦汉时期雕塑艺术空前兴盛。陕西临潼秦始皇陵以东发现的兵马俑雕塑群，共有7000余件，体量巨大，采用写实手法，人物形象气宇轩昂，发式、服装细节具体，反映出秦帝国的自信。

三国、两晋、南北朝时期，雕塑是规模宏大的石窟。敦煌石窟、云冈石窟、龙门石窟、麦积山石窟等，均开凿于这一时期。云冈石窟的大佛坐像庄严浑朴，是北魏盛期艺术风貌的代表。南北朝时期另一类大型雕塑是陵墓地面的石刻群，如南京及其附近的宋、齐、梁、陈的帝王、王侯陵墓的石刻群，造型趋向于劲健、华丽。

唐代是雕塑艺术鼎盛期。唐代继续大规模开凿石窟，代表性作品有位于河南洛阳的龙门石窟奉先寺石刻造像，其中，卢舍那大佛面相庄严、睿智，气度非凡，是唐代强大国力与自信心的反映。敦煌莫高窟的彩塑菩萨像丰颐长目、体态婀娜、璎珞遍体，超出宗教氛围。

唐代陵墓石刻雕塑群主要集中于陕西关中地区的皇帝陵墓和陪葬墓。多数帝陵依山而建，布局气势恢宏，神道旁的石刻雕塑有华表、飞马、朱雀、鞍马、驭者、石人、碑、石狮等。其雕刻手法注重单纯、完整和影像效果。其中，以献陵的石犀，昭陵的六骏，乾陵的石狮，庄、泰、建诸陵的石人等为代表。唐代晚期帝陵规模缩小，石刻造型矫饰、平庸，失去早期的恢宏气度。

俑类作品在隋唐时期也达到新的艺术高度，有泥雕、木雕、瓷雕、石雕等，其中以黄、褐、蓝、绿等釉色烧制而成的三彩釉陶器俑雕塑数量众多，也是唐代雕塑代表性的成就之一。三彩釉陶器是一种随葬品，是低温釉陶器，以黄、绿、白三色为主，所以又称唐三彩。唐三彩题材丰富，有马、骆驼、仕女、乐伎、枕头等，尤以马为最，其次是骆驼。唐三彩形体造型圆润、饱满、健美、阔硕，典型地反映了唐代艺术的审美特征。马的造型比较肥硕，尤其是臀部、颈部比较宽，眼部呈三角形，眼睛圆睁。妇女塑造体态丰腴、面相圆润、神情慵懒、长衣曳地。现藏于故宫博物院的唐代作品胡人牵骆驼俑是三彩釉陶器的珍品。作品比例和谐，神情准确。俑为白色陶胎，面部敷粉画彩，身施黄、绿、白三色釉。驼首上昂，张嘴作嘶鸣状。牵骆驼的胡人深目高鼻，双手握拳，姿势呈拉缰绳状。

宋代雕塑继承隋唐的传统，但世俗化倾向明显。用于殿堂、寺观、陵墓建筑组群平面布局的大型仪卫、纪念性雕刻作品的雄健气概日益丧失，用以殉葬的俑类作品明显减少，供人玩赏的各种小型雕塑蓬勃发展。

元代以后雕塑艺术突出成就表现在宫廷、皇家园林环境雕塑方面。元大都宫殿建筑遗址出土的凤麒麟石雕、走龙栏板等建筑饰件，表现出元代雕刻富丽繁缛的特点。

明清两代建筑雕刻的精华集中于宫殿、园林、坛庙等建筑中，如故宫、天坛、颐和园、圆明园等。故宫天安门前的华表、石狮，宫廷内主体建筑"三大殿"白石须弥座上的浮雕云龙、云凤的望柱，圆雕的螭首等，烘托宫殿建筑的庄严、辉煌。保和殿后的下层石雕御路，浮雕着蟠龙、海水江崖与各种图案，布局宏伟，雕刻精谨。琉璃九龙照壁、鎏金铜龙、凤、麒麟、狮、象等动物雕塑，均为精品。

明清陵墓石刻保存较完整，主要有南京明孝陵石刻、北京明十三陵石刻群、河北遵化清东陵、易县清西陵石刻群。明代雕刻风格较浑朴、有力，清代则追求精巧而流于琐细。

四、建筑

（一）中国传统建筑的美学特征

中国传统建筑历史悠久。原始社会晚期，黄河流域的先人就开始建造简陋的干栏式居所。夏代之前，土木混合的穴居是中国建筑的主要形式，商代宫殿建筑已具雏形。春秋战国至秦汉时期，瓦和木构架建筑的出现标志着中国建筑的成熟。魏晋南北朝建有木塔、石窟、寺院等大型建筑。隋唐时代建造了规模宏大、气势雄浑的宫殿建筑群，宋代建造了大量结构复杂的亭台楼阁，元明清宫殿建筑布局整齐、装饰富丽。

建筑的基本属性是其实用性。当建筑独特的语言、符号符合一定的美学原则，并具有一定的文化价值和审美价值时，建筑就成为一种艺术。中国传统建筑艺术往往和雕塑、绘画及书法等艺术形式结合在一起。中国传统建筑艺术特征主要包括以下几个方面。

1. 庭院式组群与沿中轴线对称布局

庭院式组群是中国传统建筑空间布局的主流组织方式。庭院由若干单体建筑和围墙环绕而成，一般是沿南北纵向中轴线均衡对称布局，重要建筑置于中轴线上，次要建筑置于中轴线左右两侧。这种布局注重时空结构的起、承、转、合，把建筑设计提升到了富有情趣的美学境界。

2. 木构架结构

中国传统建筑以木构架为主，砖、瓦、石为辅，由上、中、下三部分组成，上为屋顶，下为基座，中间为柱子、门窗和墙面。木构架一般包括柱、梁、斗拱、椽子、望板等，各个构件之间的结点常以榫卯方式结合。支撑屋檐的斗拱，承受转角屋顶的角梁，用以通风透光的窗户等构件在满足结构和功能要求的同时，也兼具审美装饰的作用。

3. 富有装饰性的屋顶

中国传统屋顶富有装饰性，符合传统审美原则，常见的有以下五种。

庑殿顶：四面斜坡，一条正脊，四条斜脊，多用于殿堂式建筑。

歇山顶：一条正脊、四条垂脊和四条戗脊，一般用于官署。

悬山顶：屋面双坡，两侧伸出山墙之外，一条正脊，四条垂脊，一般用于民居。

硬山顶：屋面双坡，两侧山墙同屋面齐平，或略高于屋面。

攒尖顶：屋顶为锥形，没有正脊，顶部集中于一点，常用于亭、榭、阁、塔等。

4. 衬托性附属建筑的应用

衬托性建筑是宫殿、寺庙等高等级建筑常用的艺术表现手法。最早的衬托性建筑是春秋时期建于宫殿正门前的"阙"。常见的富有艺术性的衬托性建筑有阙、华表、牌坊、照壁、石狮等。

（二）中国传统建筑的主要类型

1. 宫殿建筑

宫殿建筑又称宫廷建筑，规模巨大、气势雄伟，是传统建筑艺术的精华。宫殿建筑严格遵守中轴线左右对称布局，前后则划分为两个功能区，即"前朝后寝"。前朝是帝王上朝治政、举行大典之处，后寝是皇帝与后妃们居住、生活的地方。历代著名的宫殿有秦代的阿房宫、汉代的未央宫、唐代的大明宫等。

位于北京的故宫是中国现存最大、最完整的宫殿建筑群。故宫的主要建筑对称布置在中轴线上。前朝部分主要建筑有三大殿，即太和殿、中和殿、保和殿，是皇帝举行重大典礼、发布政令的地方。设计突出三大殿中心地位，而三大殿中又重点突出举行朝会大典的太和殿。太和殿建在8米高的汉白玉台基上，前面是开阔的广场，显得威严雄伟。后寝部分布局比较紧凑，主要建筑有乾清宫、坤宁宫、御花园等，各自自成院落，富有浓郁的生活气息。

2. 陵墓建筑

陵墓建筑是中国传统建筑中最宏伟、最庞大的建筑群之一。一般利用自然地形，依山而建，四周筑墙，四面开门，四角建造角楼。布局一般是陵园前建有甬道，甬道两侧有门阙石人、石兽雕像。陵园内松柏苍翠，给人肃穆、宁静之感。内设祭享殿堂。另有陪葬墓，安葬诸王、公主、嫔妃等，如位于北京昌平的明十三陵。陵墓建筑与绘画、书法、雕刻等诸艺术门派融为一体，成为反映多种艺术成就的综合体。

3. 园林建筑

园林建筑是指建造在园林和绿化地段内供人们游憩或观赏的建筑物。常见的有亭、榭、廊、阁、轩、楼、台、舫、厅堂等。中国园林建筑布局灵活多变，力图将人工美与自然美融为一体，追求巧夺天工的效果。有皇家园林和私家园林之分。位于北京的颐和园和河北承德的避暑山庄是皇家园林艺术的精华，苏州园林则是私家园林艺术的代表。

4. 民居

中国疆域辽阔，民族众多，地理环境和生活方式各不相同，民居的样式和风格也不尽相同。最有代表性的有北京的四合院、黄土高原的窑洞、徽派民居。

四合院是中国北方汉族地区的传统民居，合院式木构架砖、石建筑，以单层为主，通常由正房、东西厢房和倒座房组成，四面合围的中间为庭院。大门一般开在东南角或西北角。北房是正房，建在砖石砌成的台基上，比其他房屋的规模大。有时正房和厢房之间建有走廊。围墙和临街的房屋一般不对外开窗，院中的环境封闭、幽静，以北京四合院最具代表性。

徽派民居一般为三开间或五开间的两层小楼，一侧或两侧配以厢房，以高大的围墙形成狭小的庭院或天井，木构架砖、石建筑。墙角、天井、栏杆、照壁、漏窗等处用青石条、石板等材料。墙体使用小青砖，砌至马头墙。马头墙又称"封火墙"，有防火灾的功能。马头墙高低错落，常见两叠式、三叠式。

窑洞主要分布于甘肃、陕西、山西等地区。窑洞为洞穴式民居，以生土为主要建筑材料，是中国西北黄土高原地区民居的主要形式，也是人类在严峻的生存环境下对环境的适应和对自然资源的充分利用。黄土高原的窑洞一般在靠山坡或沟壑处挖成，多为圆拱形顶，入口处的"窑脸"可以用砖、石砌成，并加以装饰。窑洞节省建筑材料，施工技术简单，保温隔音效果好，但通风采光效果差。

第七章

中国饮食文化

第一节　中国饮食文化概况

一、中国饮食文化的内涵

（一）饮食文化的概念

"食色，性也。"（《孟子》）"饮食男女，人之大欲存焉。"（《礼记》）"人是铁，饭是钢，一顿不吃饿得慌。""开门七件事，柴米油盐酱醋茶。"……从古至今，思想家和民间社会的这类说法都深刻揭示了饮食对人类生存与发展的重大意义。生命体的产生、活动与存续离不开物质营养与能量的供给，而饮食正是其最重要的来源。人生在世，一日三餐，饮食是人类存在与延续的第一需要，人类数百万年的历史根本就是一部饮食生产与消费的历史。

渴饮饿食，史前蒙昧野蛮时代的人类饮食活动与其他动物区别不大，基本上都是出于生理本能的活动，尚处在生吞活剥、茹毛饮血、直接食用生冷食材的生食阶段。但作为"宇宙之精华，万物之灵长"的高级动物，人类逐渐进入火热加工、器具烹饪的熟食阶段，从而开始了人类饮食文化自觉创造、持续积累与加速发展的漫漫征程。

那么什么是饮食文化？

饮食文化是人类在饮食生产与饮食消费发展过程中创造的物质财富和精神财富的总和，涉及各类饮食原材料的利用与开发，饮食器具与饮食机械的运用与发明，饮食产品的生产、消费与创新，饮食服务与接待，餐饮行业的经营与管理，饮食思想、科学、知识、风俗与技艺的传承、创新与教育、培训，以及饮食与民生幸福、国家政治、文学艺术、人生境界的关系，等等。

与饮食文化意义最接近的一个概念是烹饪文化。烹饪原意是指用火对食材进行热加工，引申为改造原始食材，使之成为符合人类生理需要与心理需要的饮食产品的所有方式和类型的加工活动；烹饪文化是在这一过程中创造的物质财富和精神财富的总和，是关于饮食"做什么、怎么做"的内容，属于饮食文化产品的生产方面。除此之外，饮食文化还包含了"吃什么、怎么吃"这些消费方面的内容。

经济、政治、教育、科学、艺术、军事、医疗……人类活动有多少领域，就有多少领域的文化。各领域的文化就像一块一块的扇面，共同组合拼接成一个大的文化同心圆。因为饮食是人类的第一需要，人只有首先解决了吃喝的问题，才能从事其他各项活动，所以饮食文化是文化同心圆最基础、最重要的一块扇面。反过来说，人们要想了解一地一国的文化，最直接的途径就是从它的饮食文化入手。

（二）中国饮食文化的特征

人类自身的历史有多长，饮食文化发展的历史就有多长。由于地理、气候、水文、物产、经济、政治、社会、思想、宗教、习俗等这些饮食文化赖以产生和发展的环境与资源不一，世界各地饮食文化的内容、形式与风格也就不尽相同，各有短长。在迄今为止人类数百万年的发展历程中，出现了3种最有影响力的饮食文化体系：以中国、日本等国家为代表的东方饮食文化体系；以意大利、法国等国家为代表的西方饮食文化体系；以埃及、土耳其等国家为代表的阿拉伯饮食文化体系。其中，历史最为悠久、菜品最为丰富、技法最为多样、影响最为广远、养育人口最多的就是中国饮食文化。

博大精深、源远流长的中国饮食文化是中华民族在上百万年的饮食实践活动过程中创造的物质财富和精神财富的总和，是中国人饮食生产和消费的方式、过程、产品、思想等诸多内容组合而成的全部饮食事象的总和。中国饮食文化是中国传统文化最有个性、最有特色的部分，因而成为外国人了解和认知中华文化的绝佳窗口。

中国饮食文化具有多方面的特征，其中最突出的四大特征如下所述。

1. 成就非凡

从中国最早的原始人元谋猿人算起，中国饮食文化至少已有170多万年的生成发展历史，从蒙昧时代的生食冷饮发展到文明时代的用火熟食，直至当代的科学烹饪。中国地大物博，气候多样，入馔食材的范围之广和种类之多，在世界各民族中是罕见的。与此相对应的，中国烹饪工具的多种多样、烹饪技艺的精巧多变在世界三大饮食文化体系中也是首屈一指的。目前，中国饮食文化已经形成了十几个菜肴体系和饮食文化圈，不少于6万种的传统菜点，面点小吃、特色筵宴和地方风味更是数不胜数。中国饮食文化养育了世界上人口最多的民族群体。中国是名副其实、全球公认的烹饪王国和美食天堂，中国饮食文化成就之卓绝、众多，非一般饮食文化体系能够比拟。

2. 美味第一

除了满足解渴果腹、维持生命这一最基本的生理需要之外，中国饮食文化特别讲究"色、香、味、型、器"和谐统一的审美风格，尤其以味为本、以味为魂，把味道作为饮食的核心，把美味作为衡量美食的第一和最高的标准；一道菜品如果没有美味，实在是难称佳肴。中国饮食文化中的菜系、帮口、饮食文化圈主要就是根据口味的相同或相近而形成的群体饮食体系或风味流派。一位厨师能调和五味，才可说是厨艺精良；一位食客能品味辩道，才可算作懂吃懂喝。从这一角度来说，中国饮食文化就是一门调味与品味的审美艺术，甚至很多时候宁可舍弃营养也要追求美味。中国饮食文化"味"的概念如此深入人心，还由此被其他生活领域借用，诸如做人要讲人情味，吟诗作赋要有"味外之味"。

3. 全民崇尚

从古至今，中国饮食文化的发展一直具有深厚的群众基础和良好的社会氛围。中国最早的一部散文集《尚书》写道："八政，一曰食。"中国最早的一部纪传体通史《史记》记录当时的民谚说："民以食为天。"这说明从统治阶级到平民百姓，全社会都极其注重、崇尚饮食生活。中华民族是一个好吃、善吃的民族，厨艺大师、美食大家、名菜名宴、食俗食礼层出不穷。逢年过节、走亲访友、红白喜事等场合往往会经由一场宴会来传情达意，说事拉理。从通都大邑、楼堂馆所到乡野小店、家家户户，谈美食、论厨艺似乎是全民高于一切的共同爱好与生活内容；也几乎没有一位文学大家没有创作过有关饮食生活的作品。

4. 影响广远

中国饮食文化是具有自己鲜明民族特色的综合性饮食文化大体系。它不仅养育了世界上人口最多的民族，影响了中华文化的其他众多领域，丰富了民族的语言词汇，还凭其色、香、味俱美的特质，通过各种方式传播、影响到中国周边国家和欧美非、大洋洲多国，华侨、华裔在海外谋生经营最为普遍的职业就是餐饮业。独具民族特色的中国饮食产品和饮食器具很多都已传播到了世界各地，中餐享有世界性的声誉，中国餐馆遍布全球。中国饮食文化对全人类的深远影响不言而喻。

二、中国饮食文化的思想渊源

中华民族是一个善于饮食实践的民族，同时也是一个善于对饮食实践进行经验总结和理论思考的民族。中国饮食理论思想与饮食实践一样，都是源远流长、博大精深的。其饮食平衡理论、烹饪思想和美食养生观均影响深远。儒家思想和道家思想产自中国本土，是中国传统意识形态最主要和最重要的内容，对中国历史的发展和人民生活的遵循都有极大影响。儒道思想包含丰富的饮食文化内容，其经典作家和创始人孔孟、老庄的饮食思想更是中国饮食文化的思想渊源，影响深远。

（一）孔子的饮食思想

孔子是春秋时期儒家思想的创始人物，其饮食思想紧密结合当时的饮食实践，主要记载于《论语》一书，虽然文字不多，但却要言不烦、微言大义，归纳起来大体有以下几点。

1. 饮食要简朴，不尚奢华，以养成君子人格

孔子极其重视饮食的重要作用，认为"足食，足兵，民信之矣"是国家长治久安的三个条件，但他又要求"君子谋道不谋食"，把精神人格的追求置于物质的饮食之上，安贫乐道。但他的"不谋"不是彻底拒绝，而是不能过分地求取，君子应"食无求饱，居无求安"。君子可以适当地求食，但绝不可以饱食终日、无所事事，而应"敏于事而慎于言"。他本人就是这样做的，"饭疏食，饮水，曲肱而枕之，乐亦在其中矣。不义而富且贵，于我如浮云"。因此，他贬斥讲吃讲穿的伪君子"士志于道，而耻恶衣恶食者，未足与议也"，不屑与之为伍；而大加赞赏能实行君子之道的弟子颜回："一箪食，一瓢饮，在陋巷，人不堪其忧，回也不改其乐。贤哉，回也！"

2. 饮食以礼，注重礼仪礼教，以求秩序和谐

礼是人与人之间通过表达尊敬，求得人际关系融洽、社会团体和谐的一种行为规范。儒家倡导饮食礼仪，其饮食思想的核心就是"礼"。在餐桌上，在进食活动的各个环节中，最容易培养起人的礼仪规范来，所以儒家经典著作《礼记》一书才写道："夫礼之初，始诸饮食。"一个遵循饮食礼仪的人，在社会生活的其他领域也一定会懂规矩、守法度。在这个方面，孔子率先垂范，以身说法。入席之际，"席不正，不坐"，即座席摆的方向不合礼制，他必不落座。孔子特别看重人与人之间"君君臣臣父父子子"的等级秩序，即便是在饮食活动上，对于一国之君，对于当

政者，孔子也表现出无以复加的尊敬：当国君赐给他食物时，孔子回家后一定会正襟危坐地品尝。如果国君赐给的是生肉，他一定会把生肉做熟了先供奉祖先；如果国君赐给的是活体动物，他一定会把这只动物先养起来再说。即便是同乡聚餐喝酒，也必须长幼有序，拄着拐杖的老人离席之后，年轻者才可随后离席，"乡人饮酒，杖者出，斯出矣"。

3. 讲求饮食科学，提倡卫生、健康、平衡的饮食

孔子生活的时代，现代饮食科学尚未产生，整个中国古代社会都没有产生现代意义上的饮食科学，但讲究卫生、平衡膳食、减少疾病、确保健康这些饮食科学意识已经大量地出现。于此，孔子从不同的角度提出了一系列什么能吃、什么不能吃及如何吃的要求：从食物本身来说，腐烂变质、颜色恶丑、气味不正的食物不能吃；从烹饪加工来说，切割走形、烹饪不当的食物不能吃；从食物结构的平衡来说，要以谷物而非肉类作为主食，副食与主食搭配失调的饭就不能吃了，每餐必须有，姜以激发食欲、杀菌消毒，以不要酒疯作为饮酒喝多喝少的标准；从饮食来源来说，不主张从市场上买得，以保证饮食的卫生、质量、安全；从进餐习惯来说，"不时不食""食不语，寝不言"，要按时地吃饭，而吃饭的时候最好不说话，集中精力咀嚼食物以利于消化吸收，同时防止吃噎吃呛，食渣漏入气管。这些都反映了孔子对饮食科学的系统思考。

4. 食不厌精，脍不厌细，讲求饮食的艺术之美

孔子关于饮食的一系列论述集中在《论语·乡党》篇，开宗明义第一条就是："食不厌精，脍不厌细。"食物无论荤素，都要精美、细致，美味可口，便于人们咀嚼消化，有利于健康，同时增加进食的美感与乐趣。"精细"二字，既是对饮食活动全过程的整体要求，也是制作美食美饮的不二法门。可以这样说，这八个字既体现了孔子对饮食文化发展的美学要求，也是他全部饮食思想最集中的概括。孔子之后，尤其汉武帝"罢黜百家，独尊儒术"以后，中国的饮食文化，尤其是高端饮食文化，遵循的就是孔子提出的这一"精细化"发展的路线。

科学求真，文化求善，艺术求美，孔子的饮食思想就是围绕着人类"真善美"这三大价值观展开的。孔子不是专业厨师，他谈饮论食的目的不是就食论食。他的饮食思想是其社会、政治思想的组成部分，旨在服务于后者的推行。由于孔子至圣先师的崇高地位，其饮食思想对中国传统饮食文化发展的决定性影响也就是自然而然的事情。

（二）孟子的饮食思想

孟子是战国时期儒家思想的代表人物，他对孔子的社会、政治思想，包括饮食思想，既有继承，又有发展。后人合称为"孔孟食道"。《孟子》一书有大量文字表达了孟子关于饮食生活的思考和主张。

1. 对饮食的重要性给予透彻的理解和高度的肯定

孟子具有浓厚的民本主义思想，他认为"仁也者，人也""民为贵，社稷次之，君为轻"。因此，他极其重视饮食对于民生的重要意义，"口之于味也，有同耆焉""食色，性也""一箪食，一豆羹，得之则生，弗得则死"。孟子从人之生理本性与个人生命存亡的角度理解与肯定饮食是人类生存、百姓生活的最基本需求，肯定饮食欲望存在的合理性。这就使"仁者之仁"与"民者之贵"落在了实处。同时，满足人民最基本的温饱需求，也是教化人民、治国理政、称王天下的必需。"圣人治天下，使有菽粟如水火。菽粟如水火，而民焉有不仁者乎？""七十者衣帛食肉，黎民不饥不寒，然而不王者，未之有也。"反之，"狗彘食人食而不知检，途有饿莩而不知发""庖有肥肉，厩有肥马，民有饥色，野有饿莩，此率兽而食人也……如之何其使斯民饥而死也"。这已非王政，而是弊政了。虽然孔孟都从儒家最高的"仁者爱人"的理念来思考饮食活动，但孟子对饮食于个人生活和国家治理的重要性认识的透彻与表达的精要都是在孔子之上的，也与当代美国人本主义心理学家马斯洛的"需要层次论"有遥相呼应之处。

2. 饮食要讲"仁"、讲"礼"、讲"义"

孟子说"仁者爱人"，而"恻隐之心，仁之端也"，恻隐之心，即仁慈、怜惜之心。让人民吃饱喝足、安居乐业是国家最基础的仁政。在孟子这里，仁爱之心还扩及动物世界："君子之于禽兽也，见其生，不忍见其死；闻其声，不忍食其肉。是以君子远庖厨也。"这就启示我们，对食材也要有所敬畏；需要宰杀动物用于饮食时，要尽量减少动物的痛苦。与孔子相同，孟子也很注重饮食之"礼"。他说："有礼者敬人""辞让之心，礼之端也"。因此，孟子认为饮食也要讲求礼貌礼仪，讲求谦让，这是人之饮食与动物饮食的重要区别。虽然"食色，性也"，但"食色"都不如"礼重"，比如"紾兄之臂而夺之食则得食，不紾则不得食，则将紾之乎？"为了吃上一口饭，就要去扭断兄长的手臂来抢食，这怎么能行？所以，食欲应受到礼仪的节制："非礼无行也。"而如能"食之以时，用之以礼"，则"财不可胜用也。"孟子还特别强调"义"在饮食活动中的价值。虽然饮食十分重要，但为了"义"，可以舍弃美食，甚至生命："鱼，我所欲也；熊掌，亦我所欲也，二者不可得兼，舍鱼而取熊掌者也。生，亦我所欲也；义，亦我所欲也，二者不可得兼，舍生而取义者也。""非其道，则一箪食不可受于人。"即便做一个乞丐，都要有不吃"嗟来之食"的气节："一箪食，一豆羹，得之则生，弗得则死。呼尔而与之，行道之人弗受；蹴尔而与之，乞人不屑也。"孟子反对只顾满足饱腹之欲的"饮食之人"："饮食之人，则人贱之矣，为其养小以失大也。"饮食之人所失之大即礼义廉耻。而"理义之悦我心，犹刍豢之悦我口"，即理义使我的心高兴，就像猪狗牛羊肉使我觉得味美一样。

3. 揭示了饮食活动本身的一些自然规律

除了从社会政治、伦理道德的角度思考饮食活动，孟子还揭示了饮食活动本身的一些自然规律。比如"口之于味，有同嗜焉"，地域、种族、思想、性情等方面并不相同的人们对美味佳肴却能有共同的嗜好，这就为各种饮食文化的相互交流、取长补短提供了坚实的基础。孔子从食材保鲜、营养健康的角度提出"不时不食"，孟子则进一步说道："食之以时……财不可胜用也。"即对食材的取用要有所节制，按照时令生长的规律进行，而不能索求无度，这样才会实现"可持续发展"，取之不尽、用之不竭。饮食消费要"以时"，农牧业生产也要"以时"："不违农时，谷不可胜食也；数罟不入洿池，鱼鳖不可胜食也""鸡豚狗彘之畜，无失其时，七十者可以食肉矣。百亩之田，勿夺其时，数口之家可以无饥矣"。这样就可以实现"王政"的政治目标："七十者衣帛食肉，黎民不饥不寒，然而不王者，未之有也。"

（三）老子的饮食思想

春秋时期的道家创始人老子向往"结绳记事""小国寡民"的社会理想和"鸡犬之声相闻""老死不相往来"的生活境界，提倡清心寡欲、与世无争、无为而治。这种保守退缩的哲学、社会思想也影响到了他对饮食活动的看法，《老子》一书所体现的饮食思想主张大体如下。

1. 本真饮食——君子为腹不为目

老子主张饮食要"为腹不为目"，即饮食最基本、最实在的功能就是饱腹解渴，满足人的生理需要，滋养身体。所以，饮食只要能够让人吃饱喝足、不渴不饿即可，而不应再浪费时间、精力去追求饮食虚浮的色美形丽来刺激人的贪欲，暴饮暴食，以至于危及自身健康，还浪费社会资源。

2. 清淡饮食——味无味

老子说："五味令人口爽。""五味"即酸、甜、苦、辣、咸五种基本的味道，在这里指的是味道复杂多样的奢侈饮食。口爽即对味道感知混乱不清，在这里指的是贪食美味佳肴带来的危害。人思想上追求饮食美味的贪欲是无限的,而人的身体消化吸收饮食养分的能力是有限的,因而不应过度追求饮食多种多样的美味,而应该"味无味",即清淡饮食,从平淡无奇的粗茶淡饭中品尝出饮食的美妙本味,追求大味必淡的饮食境界。

3. 节制饮食——甘其食

老子理想的民众生活是"甘其食,美其服,安其居,乐其俗"。"甘其食"就是要求人们,无论食物多寡优劣,都要心甘情愿地接受,哪怕它是最低水平的饮食生活,而非毫无节制地去追求口腹之欲的无限满足,以至于影响对至高无上的"道"的体悟与追求。

(四)庄子的饮食思想

庄子是战国时期道家思想的代表人物,其哲学、社会思想和饮食思想对老子既有继承,又有发展。《庄子》一书所体现的他的饮食思想的主要主张大体如下。

1. 饮食旨在体验人生之乐

解放、逍遥、纵情于天地之间是庄子生命体验的主题词,对饮食,他也是这样要求的。他理想的饮食状态是像上古社会那样的"含哺而熙,鼓腹而游":人们嘴里含着饭食,高高兴兴地鼓着肚子四处游逛,无忧无虑地享受人生之乐;而"饮酒以乐,不选其具":饮酒以快乐为主,而不必考虑选用什么样的酒具。这些都是一种富足、自由和快乐的生存状态和太平盛世、理想社会的象征。

2. 饮食要朴素、简约,有所节制

庄子认为"朴素而天下莫能与之争美",所以崇尚清心寡欲、朴素简约的生活。在他看来,精神的自由、富足远高于厚味美服、奢侈华贵的物质享受。在饮食上,应该学习"古之真人……其食不甘""古之至人""食于苟简之田"的态度。对美味佳肴要有所节制,"饮食之间,而不知为之戒者,过也",因为"五味浊口,使口厉爽",所以不应放纵口腹之欲,极尽滋味之美。

3. 首次提出"养生"的概念

所谓养生就是通过各种有益的方式养护人的生命,以求得健康、长寿的效果。中国饮食文化既重视饮食维持生命的功用,又重视饮食养护生命的价值。如果说饮食的基本功用是维持生命,那么饮食养生就是对健康、长寿的生命质量的追求。饮食养生是中国饮食文化的重要内容,也是中国饮食文化的特色所在。在中国历史上,在"调养生命"这个意义上,"养生"这一说法是由庄子在其著作《庄子·养生主》一章中最先提出的。在《逍遥游》一篇中,庄子甚至创造了一个"不食五谷，吸风饮露"的神人形象。在诸子百家中，道家一派最重视养生，创造了很多具体可行的调养生命的科学方法。由此可见庄子提出"养生"概念的重大意义和影响。

第二节　茶文化

一、中国茶文化的起源与发展

（一）茶文化的起源

1. 茶的起源

关于茶的起源经历了相当长的争论和论证，直到 20 世纪 80 年代后期，越来越多的证据显示，中国是茶的原产地，中国西南地区的云贵高原是茶树的起源中心，中国是茶的故乡，这一观点已逐步得到全世界的认可。

据植物学家考证，茶树的起源至今有文献记载的已有 6000 万年至 7000 万年历史。在云南哀牢山、云南勐海县的大黑山、湖南茶陵县以及贵州、四川、广东、湖北、江西、福建海南等地先后发现了大面积的野生古茶树群落。其中，镇沅千家寨野生古茶树群落是目前全世界所发现面积最大、最原始、最完整、以茶树为优势树种的植物群落，古茶树群落总面积达 28747.5 亩。

关于中国最早发现并利用茶的人，素来有很多传说。但是，最为经典的重要人物当推神农和陆羽。《神农本草经》记载："神农尝百草，日遇七十二毒，得荼而解之。"陆羽《茶经·六之饮》写道："茶之为饮，发乎神农氏，闻于鲁周公。"这均说明早在神农时期人们就采茶树叶"得荼而解之"，到了周朝，已经有了确切的文字记载。

关于中国最早栽培茶树的人，有文字记载的是吴理真。吴理真，西汉严道（今四川省雅安市名山区）人，号甘露道人，家住蒙顶山之麓，道家学派人物，先后主持蒙顶山各观院。吴理真被认为是中国乃至世界有明确文字记载最早的种茶人，被称为蒙顶山茶祖、茶道大师、甘露大师。

2. 茶文化的萌芽

《神农本草经》记载"神农得荼解毒"，《神农·食经》记载"荼茗久服，令人有力、悦志"，华佗《食论》中写道"苦荼久食，益意思"，同时，茶叶还具有"调神活内，倦解慵除"等功效。秦汉时期，巴蜀地区的人们开始将茶作为普通的饮料使用在日常生活中。三国时期茶的饮用主要流行于宫廷和望族之家。到了两晋南北朝时期，茶叶进入寻常人家，饮茶待客约定俗成。这一时期，以茶悦志、以茶为礼、以茶倡俭蔚然成风，同时也出现了早期的茶馆和茶叶的交易市场，使茶脱离了单纯的药用和饮品功能，上升到一定的文化层次。东晋杜育编撰的《荈赋》描述了茶叶生长、茶农采茶、煮茶用水用器的情境，以及饮茶后的身心感受，介绍了整套的品茗艺术过程，是一部专门吟咏茶事的文学作品，标志着茶与文学已经结缘，茶文化开始萌芽。

（二）茶文化的形成

中国著名茶史专家朱自振先生认为，在唐代，"茶"去一划，始有"茶"字；陆羽作经，才出现茶学；茶始收税，才建立茶政；茶始边销，才开始有茶的贸易和边销，在唐代，茶叶生产才发展壮大，茶文化也才真正形成。

1. 唐代茶文化形成的原因

中国社会历史发展到唐朝时代，由于科学技术的提高，农业生产取得了很大的进步，特别是到了唐代中后期，随着商品经济的发展，茶叶等经济作物也得到了快速的发展，从而为茶叶在各地的广泛种植创造了条件，饮茶风尚风靡全国，从南方扩大到北方，从宫廷、士人阶层普及到了社会各阶层，成为"比屋之饮"，茶文化如雨后春笋一样破土而出。

2. 唐代茶文化形成的标志

唐代陆羽撰写的中国第一部茶学专著《茶经》的问世，是中国茶文化发展的一座里程碑，标志着中国茶文化的真正形成。

《茶经》全书共有7000多字，分上、中、下3卷，共10个部分。其主要内容是：一之源，探究茶的起源及性状、茶叶的品质与土壤的关系；二之具，介绍采制茶的各种工具；三之造，介绍茶叶种类和采制方法；四之器，描述煮茶、饮茶的器皿，各地不同材质茶具的优劣和使用规则；五之煮，阐述烹茶法及水质品位；六之饮，介绍饮茶风俗和品茶法；七之事，介绍有关茶叶的故事、药理；八之出，分析茶叶产地及所产茶叶的优劣，分析中国茶区的演变过程；九之略，分析茶器的使用可因条件而异，不必拘泥，强调整套器皿的使用才是饮茶之道的真正体现；十之图，指将采茶、加工、饮茶等全过程绘在绢素上，悬于茶室，行茶时一目了然，便于遵循，亲眼领略茶经之始终。《茶经》全面确立了一套完整的茶文化体系，直接促进了茶叶生产和饮用的快速发展。最难能可贵的是，《茶经》不仅详细地介绍了备茶品饮之道，即备茶的技艺、规范和品饮方法，还阐述了茶的思想内涵，首次将饮茶当作一种艺术过程来看待，创造了从烤茶、选水、煮茗、列具、品饮、意境成一体系的中国茶艺。《茶经》把儒、道、佛的思想文化与饮茶过程融为一体，使茶文化上升到精神的高度。

3. 唐代茶文化的表现

(1) 茶叶产地遍布全国

陆羽在《茶经》中就列举了很多产茶的州县，所谓"八道四十三州"，划分了我国八大茶叶产区。从地域分布看，唐朝产茶区覆盖了今福建、浙江、云南、安徽、江西、广东、贵州、四川、陕西、广西、湖南、江苏、河南、湖北等省区；而其北边一直伸展到了江苏连云港，也就是说，唐代的茶叶产地达到了与中国近代茶区几乎相当的局面。

(2) 茶馆遍布南北

唐玄宗开元年间出现了茶馆的雏形。唐玄宗天宝末年进士封演的《封氏闻见记》卷六"饮茶"记载："开元中，泰山灵岩寺有降魔师，大兴禅教。学禅，务于不寐，又不夕食，皆许其饮茶。人自怀夹，到处煮饮，从此转相仿效，遂成风俗。自邹、齐、沧、棣，渐至京邑城市，多开店铺，煎茶卖之。不问道俗，投钱取饮。"这种在乡镇、集市、道边"煎茶卖之"的店铺，应该是茶馆的雏形。到了唐文宗大和年间已有正式的茶馆。到了唐朝中期，茶馆不仅在产茶的江南地区迅速普及，也流传到了北方城市。此时，茶馆主要经营业务是卖茶、饮茶，除让人解渴外，还兼有给人提供休息、进食场所的功能，浓郁的文化氛围尚未出现。

(3) 茶叶贸易蓬勃发展

由于饮茶习俗的形成，社会对茶叶需求量增加，茶叶成为市场上流通的商品。《膳夫经手录》记载："今关西、山东，闾阎村落皆吃之，累日不食犹得，不得一日无茶。"于是，全国茶叶贸易便随之蓬勃发展起来。唐代白居易的《琵琶行》中所说的"前月浮梁买茶去"，表明当时的浮梁（今江西景德镇）是一个茶叶交易的市场。仅以当时的浮梁为例，《元和郡县图志》中说："浮梁每岁出茶七百万驮，税十五万贯。"茶马交易的出现使茶叶生产和贸易发展成为大宗生产和大宗贸易，加上安史之乱以后国库拮据，统治者便制定了茶的赋税制度，茶税成为国家税收的重要来源。

(4) 寺院茶宴风行

唐代佛教盛行，寺院多建在幽静偏远的山地，为佛教人士种茶创造了良好的自然环境。茶性高洁清淡，适合僧侣道德修养，他们封山育林，种茶饮茶，寺院所在地成为青翠郁郁的茶区。特别是佛教名山，风景秀丽，云雾缭绕，茶树饮雾渴露，自然茶品奇异。唐封演《封氏闻见记》中记载："封演自邹、齐、沧、隶渐至京邑，城市多开店铺，煎茶卖之。"其中记述表明，当时饮茶风气的形成是由于大兴禅宗。中唐时期，寺院茶宴盛行。茶客往来寺院，谈经论道，品茗赋诗，饮茶文化色彩日趋浓厚。唐代诗人王昌龄"白鸽飞时日欲斜，禅房寂历饮香茶"、李从庆"老衲烹茶出，先供座佛欲"、戴叔伦"老衲供茶盆，斜阳送客舟"，均描述了僧侣以茶招待施主和香客增进友谊的史实。

（5）茶道形成

唐代诗僧皎然同友人崔刺史共品越州茶时即兴创作《饮茶歌·诮崔石使君》，全文如下："越人遗我剡溪茗，采得金牙爨金鼎。素瓷雪色缥沫香，何似诸仙琼蕊浆。一饮涤昏寐，情思朗爽满天地。再饮清我神，忽如飞雨洒轻尘。三饮便得道，何须苦心破烦恼。此物清高世莫知，世人饮酒多自欺。愁看毕卓瓮间夜，笑向陶潜篱下时。崔侯啜之意不已，狂歌一曲惊人耳。孰知茶道全尔真，唯有丹丘得如此。"在这里，皎然最早提出了"茶道"的概念。茶圣陆羽《茶经》中的"茶之为用，味至寒，为饮最宜精行俭德之人"，是为陆羽所倡导的茶道精神。唐代诗人卢仝七言古诗《走笔谢孟谏议寄新茶》中的《七碗茶》又更进一步概述了茶道精神："一碗喉吻润，二碗破孤闷，三碗搜枯肠，唯有文字五千卷，四碗发轻汗，平生不平事，尽向毛孔散。五碗肌骨清，六碗通仙灵。七碗吃不得也，唯觉两腋习习清风生。"晚唐时期刘贞亮将茶道精神称为茶德，著有《饮茶十德》："以茶散闷气，以茶驱腥气，以茶养生气，以茶除疠气，以茶利礼仁，以茶表敬意，以茶尝滋味，以茶养身体，以茶可雅志，以茶可行道。"对茶道精神进行了全面的概括，以明确的理性语言将茶的功能提升到最高精神境界。

（6）宫廷茶文化形成

随着社会饮茶风气的影响，宫廷用茶数量日益增加，统治者设立专门生产宫廷用茶的地方。由于各地贡茶的增多，皇帝便将一些贡茶用来赏赐朝廷重臣和勋亲以示朝廷恩德，皇帝借这种奖励方式笼络近臣，巩固其统治地位。除此之外，唐代赏赐茶叶的主要对象还有高僧、名儒、戍边将士等，受赐者无不以为荣耀，更加竭力效忠朝廷。因此，赐茶之风便成为唐代上层社会的一种隆重礼遇。

（7）民间茶文化形成

受宫廷茶文化风气的影响，民间互赠茶叶以表礼仪也蔚然成风。文人之间、茶农与文人之间、普通老百姓之间相互馈赠茶叶，增进友谊、联络感情。尤其是文人雅士互赠茶叶之后往往要写诗答谢，譬如柳宗元《巽上人以竹间自采新茶见赠酬之以诗》、白居易《萧员外寄新蜀茶》和《谢李六郎中寄新蜀茶》、李白《答族侄僧中孚赠玉泉仙人掌茶》等，都是诗人收到茶叶后答谢寄茶人的佳作。唐朝民间茶文化的形成，从而促进了人们的社会交往。

（三）茶文化的发展

1. 宋代茶文化的鼎盛发展

宋代是我国唐朝之后茶叶商品经济的鼎盛时期。茶叶的消费向着成熟、稳定的方向发展，上至王公贵族、达官贵人，下至文人墨客、平民百姓，无不以茶为自豪，饮茶已成为一种普遍的社会现象。宋代蔡绦《铁围山丛谈》提出"茶之尚，盖自唐人始，至本朝（宋）为盛；而本朝又至祐陵时益穷极新出，而无以加矣"，明代王象晋《群芳谱》再次指出"茶兴于唐，盛于宋，始为世重矣"。这些史籍资料均说明"茶兴于唐，盛于宋"。宋代，我国茶文化的发展达到了"盛造其极"的境界。譬如，北宋王安石《议茶法》记载："茶之为民用，等于米盐，不可一日无。"南宋吴自牧《梦粱录》描绘南宋临安的情形是："盖人家每日不可阙者，柴、米、油、盐、酱、醋、茶。"这说明在宋代，茶已经深入千家万户，成为人们日常生活中不可缺少的必需用品。

（1）宋代茶文化鼎盛发展的原因

一是茶叶生产的发展。宋代的茶叶生产得到了很大的发展，表现为以下几个方面：第一，茶区不断扩展。唐代有八大产茶区，宋代产茶区增加了二十几个州。第二，宋代茶叶的产量也得到了很大的提高。第三，宋代茶叶制作技术也得到革新，出现了散茶的生产，为茶叶走向民间提供了物质基础。第四，茶的种类也逐渐增多，在宋朝，名茶的数量达到了200种左右。第五，团茶的生产和制作工艺精益求精，炉火纯青，促进了茶文化鼎盛灿烂。

二是皇室贵族的大力提倡。宋代上层皇帝贵族大力提倡饮茶，饮茶成癖，且具有很深的文化品位。对茶叶的种类、品质不断提出新的要求，对饮茶的流程和形式更加精细和优美。宋徽宗还专门撰写茶著《大观茶论》，详细地描述了茶叶的采制过程、烹煮品饮方法、民间的斗茶之风，以及茶酒合宴的情景。皇帝亲自撰写茶书，对饮茶风气的形成起了有力的推动作用，从而促进了茶叶生产的发展。也同时由于宫廷的提倡，人们饮茶风气日盛。

三是文人的推崇。在文人眼中，茶既可怡情养性，还可托物言志，于是，赞颂茶的文献也多起来了。如欧阳修曾赞颂当时的茶"双井白芽"为"草茶第一";范致明《岳阳风土记》"白鹤茶,味极甘香,非他处草茶可比也",称赞的是当地生产的散茶浥湖含膏(今君山银针)。南宋著名爱国诗人陆游一生写了九千多首诗,其中,吟咏茶的就有三百多处,借咏茶表达南宋遭金兵入侵之时忧国忧民的心情。

四是饮茶风俗深入平常百姓家。在民间,以茶待客已成为一种不可缺少的礼俗,宾主设礼非茶不交,"富贵贫贱靡不用也",茶成为日常必需品。饮茶风气的兴盛也促进了茶馆的兴起,在北宋的京城汴梁及南宋京城临安茶坊到处林立,比比皆是,不但有专为上流社会服务的茶馆,而且出现了更多面向平民百姓的茶馆。"市头""人情茶坊"的设立,标志着饮茶风俗已深入寻常百姓家,在茶坊三教九流、凡夫俗子、雅士高人云集,人们的生活丰富多彩。茶客投钱取饮,成为茶叶消费的一大场所,促进了茶叶经济的发展。

(2)宋代茶文化鼎盛发展的表现

一是茶馆文化的形成。宋代饮茶风气日盛,深入普通百姓的日常生活中,在大小城镇都出现了不少的茶肆、茶坊,茶馆装饰颇具文化意味,如张挂名画、插四时花来装点店面。茶馆成了市民聊天、交友、休息、娱乐、读书、交易、商讨的场所,为当时社会的各阶层提供不同的文化娱乐服务,形成了茶馆文化。

二是饮茶技艺的高度发达。在宋代,由于皇室贵族、士大夫的倡导,人们对饮茶技艺的追求达到了历史的高峰。宋代不但有煎茶法、泡茶法,还有点茶、分茶等饮茶技艺。

三是茶书的繁荣。到了宋代,有关茶的书籍不断增多,两宋的茶书统计起来约有 30 本,内容也比唐代的茶书更为广泛。譬如,论述点茶法的《茶录》《大观茶论》,记述采茶制茶的《北苑茶录》,描写茶水的《述煮茶泉品》,论述茶的品质与品饮方法的《品茶要录》等书籍。

四是贡茶、赐茶的惯例被沿袭。在宋代,贡茶制作有专门的监制官员,制作工艺也精益求精。赐茶也成为宫廷中一种特殊的礼仪,成为统治阶级用来协调其内部关系、维护皇权秩序的一种手段。

五是客来敬茶的礼俗。宋代朱彧《萍洲可谈》记载:"今世俗客至则啜茶,去则啜汤。汤取药材甘香者屑之,或温或凉,未有不用甘草者。此俗遍天下。"说的就是当时社会上以茶待客风俗已蔚然成风。

六是婚丧嫁娶的用茶。宋朝茶仪开始进入了婚姻礼仪,在相亲、定亲、婚礼中都要用到茶。相亲称"吃茶",而男方下聘礼时,要包括茶饼、缎匹、羊酒等物。

七是财政收入增多。在宋代,茶成了政府财政收入的重要源泉。

2. 明清时期的发展

到了明清时期,中国茶叶全面发展。表现为各地名茶品种增多,制茶技术炉火纯青,茶马交易发展迅速,茶叶对外贸易不断扩大。

明代朱元璋下诏废团茶,改为生产散茶,从而"开千古茗饮之风",使茶的品饮方式发生了历史性的转折,此时茶文化的特点是讲究自然、简朴,追求茶之真味,而且也把文人雅士引入茶事当中,将品茗与歌舞、书画、弈棋、作诗结合起来,拓展了茶文化的范围。从此,茶文化真正消融于社会生活当中。

在清代,不再过于讲究茶艺、茶品,茶文化走向了人们的正常生活中,但茶文化仍在缓慢地发展着,到清代中后期,茶的种类已经基本上形成了绿、红、青、黄、黑、白六大茶类的规模和格局,且一直延续至今。此时,文人雅士关于茶的描写和记载,潜移默化地融入文学艺术作品中。譬如,《红楼梦》中对各个品种的名茶、茶具、水的选择,以及茶的礼节习俗都有惟妙惟肖的描述。总体而言,中国茶文化发展到明清也是灿烂辉煌。

总的来说,"茶之为饮,发乎神农氏,闻于鲁周公",兴于唐,盛于宋,元明清时百花齐放,盛极一时。

二、中国茶艺

茶艺,顾名思义就是饮茶的艺术,是艺术性的饮茶。中国茶艺历史悠久,萌芽于唐,发展于宋,改革于明,极盛于清,自成体系。中国茶艺包括选茶、备器、择水、取火、候汤、习茶的程序和技艺。

(一)茶的种类

1. 茶叶分类

茶叶是以茶树新梢上的芽叶嫩梢为原料加工制成的产品。中国茶叶品种繁多,其分类方法也多种多样。茶叶按初加工方式可以分为绿茶、红茶、青茶(乌龙茶)、黑茶、黄茶、白茶等六大类毛茶。再加工茶类有压制成型的紧压茶和鲜花窨制的花茶。紧压茶主要以黑茶或红茶或绿茶为原料,经过蒸压处理,加工成茶块。花茶出现于宋代,以精制后的茶叶和鲜花为原料,经过窨花工艺制成。

2. 名茶代表

茶叶应具有风格独特、质量上乘并被社会公认的特征,才能称得上是真正的名茶。我国代表性的名茶主要有以下几种。

(1) 绿茶代表

绿茶是最古老的茶叶品种。绿茶是不发酵的茶叶，初制时采用高温杀青，以保持鲜叶原有的嫩绿。绿茶绿叶绿汤，色泽光润，汤澄碧绿，清香芬芳，味爽鲜醇。

代表名茶有西湖龙井茶、太湖碧螺春茶、黄山毛峰茶等。

西湖龙井，产于浙江省杭州市郊西湖乡龙井村一带，有"黄金芽""无双品"的美誉。龙井茶色翠、香郁、味醇、形美，被称为"四绝"。其叶扁平，形如雀舌，整齐、光滑、色翠。尤其是清明前"明前茶"、谷雨前的"雨前茶"，叶芽更为翠嫩，冲泡后嫩匀成朵，叶似旌旗，芽似枪剑，交相辉映，所以被称为"旗枪"。其汤色明亮，滋味甘美。

太湖碧螺春，产于太湖洞庭东山和西山，原名为"吓煞人香"，康熙皇帝饮后改其名为"碧螺春"。碧螺春茶的特点是色泽碧绿，条索纤细，螺状卷曲，绒毛密布，花香果味，其茶汤碧绿清澈，叶底嫩绿明亮。冲泡后，叶片迅速沉底，即使杯中先冲水再放茶叶，茶叶也会全部下沉，舒叶吐翠。

黄山毛峰，产于安徽黄山，是毛峰茶中的佳品。其特点是外形美观，形如雀舌，芽叶肥壮，油润光滑，大小均匀，汤色清澈微黄，香气持久，犹若兰蕙，醇厚爽口，回味甘甜。茶凉之后，香味犹存。冲泡之后，"一芽一叶"变成"一枪一旗"，轻如蝉翼，嫩似莲须。

六安瓜片，产于安徽西部大别山区的六安，因其形若瓜子，故名"六安瓜片"。片茶即全由叶片制成，无嫩芽和嫩茎。沏茶时色泽翠绿、香气清高、雾气蒸腾、清香四溢，享有"茶中精品"之誉。

太平猴魁，产于安徽黄山，为尖茶之极品，色、香、味、形独具一格，有"刀枪云集，龙飞凤舞"的特色。每朵茶都是两叶抱一芽，平扁挺直，不散不翘不曲，俗称"两刀一枪"，素有"猴魁两头尖，不散不翘不卷边"的美誉。入杯冲泡，芽叶成朵，或悬或沉，茶汤清绿，香气高爽，回味无穷，大有"头泡香高，二泡味浓，三泡四泡幽香犹存"的独特意境。

信阳毛尖，产于河南大别山北麓的信阳市，以车云山所产品质最好，创制于清末，为历史名茶。鲜叶采摘要求"五不采"：不采老、不采小、不采马蹄叶、不采花果、不采老枝梗。外形细、圆、光、直，色泽银绿隐翠，叶底嫩绿匀整而明亮，汤色碧绿明净，味如板栗鲜香而醇厚。

(2) 红茶代表

红茶出现于清朝，采用全发酵法制成。

制作技术的关键是发酵，促进酶的活性，使多酚类充分氧化。红茶红汤，耐冲泡，具有水果香气，香甜醇厚。

祁红，又称祁门红茶，主要产于安徽祁门。祁红条索紧细秀长，汤色红艳透明，入口醇和，味中有浓郁的果香和兰花香气，清鲜持久，国外誉为"祁门香"。祁红不仅可以单独泡饮，也可加入牛奶调饮。祁门茶区的江西"浮梁工夫红茶"是祁红中的上品，以"香高、味醇、形美、色艳"四绝而驰名。

滇红，分滇红工夫茶和滇红碎茶两种。滇红工夫茶芽叶肥壮，金毫显露，色泽乌黑油润，汤色红浓透明，滋味浓厚鲜爽，香气高醇持久。滇红特级礼茶是品质最好的滇红工夫茶。滇红碎茶经萎凋、揉切、发酵、干燥而制成。红碎茶呈颗粒型，滋味强烈。

正山小种，产于福建武夷山市星村乡桐木关一带，诞生于明末清初，是中国最早而著名的红茶。正山小种，汤色红亮，滋味甘醇，具有天然的桂圆味及特有的松烟香。正山小种红茶在欧洲是中国茶的象征。

金骏眉，产于福建武夷山海拔 1200—1800 米高山的原生态野茶树，其外形条索紧秀，略显绒毛，色泽黑、金相间而光润。内质为金黄汤色，清澈有金圈；滋味鲜活甘爽，香味为果、蜜、花、薯等复合型，杯底香持久；叶底古铜色，芽尖鲜活，秀挺亮丽。

(3) 乌龙茶（青茶）代表

乌龙茶（青茶），属半发酵茶。特点是色泽青绿，汤色金黄，绿叶红边，香气芬芳浓醇，既具有绿茶的清香，又具有红茶的醇厚。乌龙茶的产地主要集中在广东、福建一带。

大红袍，是中国乌龙茶中之极品，产于福建的武夷山上岩缝之中，是历代皇室贡品。大红袍条形匀整、壮结，色泽绿褐鲜润，茶性中和，香久益清，味久益醇，久藏不坏。汤色深橙黄，清澈艳丽，兼有红茶的甘醇、绿茶的清香。大红袍品质最突出之处是香气馥郁，香高持久，很耐冲泡，冲泡七八次仍然余韵犹存。品饮大红袍茶，宜用小壶小杯，细品慢饮，方能真正品尝到岩茶之巅的韵味。

肉桂，茶树为武夷山原生灌木型中叶类。据《崇安县新志》载，在清代就有肉桂（也称玉桂）之名，其名得自叶片和香气，与武夷"玉桂"桂花树相似。因其品质优异，性状稳定，广为引种。肉桂茶外形匀整卷曲，色泽褐绿，油润有光，部分叶背有青蛙皮状小白点，干茶嗅之有甜香，佳品常有一层极细的白霜；茶汤橙黄清澈，香气辛锐持久，桂皮香明显，佳者带乳味；入口醇厚回甘，咽后齿颊留香。该茶是用肉桂良种茶树鲜叶，以岩茶方法而制成，为武夷岩茶中的高香品种。

铁观音，是中国乌龙茶的上品，产于福建省安溪等县，也称为安溪铁观音。铁观音的制作工艺十分复杂，通常要经过采青、晒青、晾青、做青、炒青、揉捻、初焙、复焙、复包揉、文火慢烤、拣簸等工序才能制成。茶叶香气特异，疑是观音所赐，便取名铁观音。其成品茶条索紧结，外形头似蜻蜓，尾似蝌蚪，色泽褐绿，重实如铁。冲泡后色泽砂绿翠润，红点明显，常常呈现出"绿叶红镶边"的景象。铁观音内质香气清高，滋味醇厚甘鲜，有天然的兰花香，俗称"观音韵"。品茶时，宜用小巧的工夫茶具，先闻香，后尝味，满口生香，奥妙无穷。

（4）黄茶代表

加工过程中采用杀青、焖黄的方法，对鲜茶叶进行非酶性氧化。

黄茶按照芽叶的嫩度分为黄芽茶、黄小茶和黄大茶。著名品种有君山银针、蒙顶黄芽等。

君山银针，是中国黄茶珍品，产于湖南洞庭湖中的青螺岛上，因其茶芽外形很像一根根银针而得名。君山茶的特点是全由芽头制成，茶芽头茁壮、大小均匀，茸毛密盖，芽身金黄，称为"金镶玉"。黄叶黄汤，浅黄明亮，香气清雅。冲泡时，宜用透明玻璃杯为佳，能见芽尖冲上水面，根根银针直立向上，悬空竖立，状似刀剑林立。下沉时茶叶如雪花下坠，缓缓地沉入杯底。再冲泡再竖起，能够三起三落，几番飞舞之后团聚一起立于杯底。

蒙顶黄芽，产于四川名山蒙顶山。外形芽叶整齐、扁直，色泽微黄、显毫；内质汤色黄亮，滋味鲜醇回甘，叶底嫩匀、黄绿明亮。形成蒙顶黄芽品质特点的关键工序是包黄，其工序是：将杀青叶迅速用草纸包，使初起时温度保持在55℃左右，放置60—80分钟，中间开包翻拌，使黄变均匀。待温度下降到35℃左右，叶色呈微黄绿时，进行复锅再炒。

（5）黑茶代表

黑茶属于后发酵茶。干茶颜色为青褐色，茶性温和，久藏不坏，且耐煮泡。泡茶后，汤色橙黄或褐色，有陈香，滋味醇厚回甘。黑茶主要分布在湖南、四川、云南、湖北，名品有云南普洱茶等。

普洱茶，产于云南澜沧江流域的西双版纳及普洱等地，因这种茶叶集中于普洱加工、销售，故得此名。用云南大叶种新鲜茶叶经杀青后揉捻、晒干的晒青茶为原料，再进行泼水堆积发酵（沤堆）等特殊工艺加工成散茶和紧压茶。其成品条索粗壮肥大，色泽乌润或褐红，滋味醇厚回甘。"越陈越香"被公认为是普洱茶区别于其他茶类的最大特点。

六堡茶，原产于广西苍梧县六堡乡，后发展到广西20余县。特点：外形条索紧结，汤色红浓明亮，香气纯陈，显槟榔香味，存放越久品质越佳，具有所谓"红、浓、醇、陈"的特点。

(6) 白茶代表

白茶是我国的特产，主要分为两大类：一类是指用白茶树的鲜叶为原料制成的茶叶，采用绿茶加工工艺制作，其芽叶满披白毫，呈银白色。代表性的白茶有浙江安吉白茶、太湖白茶等。另一类是指轻度发酵的白茶（发酵度为10%—20%），如白毫银针、白牡丹、贡眉等。白茶茶性寒凉，有退热祛暑之功效。冲泡后，茶汤呈象牙色，味道清鲜爽口。

著名的白茶有白毫银针、白牡丹等。

白毫银针，产于福建省东北部。白毫银针外形单芽肥硕，满披白毫，茸毛莹亮，色泽银白或银灰。冲泡时，汤色黄亮清澈，满盏浮茶乳，银针挺立，上下交错，壮观悦目。

白牡丹，产于福建，以绿叶夹银色白毫，芽形似花朵，冲泡之后绿叶托着嫩芽，宛如蓓蕾初开，故名白牡丹。白牡丹两叶抱一芽，叶态自然，色泽深灰绿或暗青苔色，叶张肥嫩，呈波纹隆起，叶背遍布洁白茸毛，叶缘向叶背微卷，芽叶连枝。汤色杏黄或橙黄，叶底浅灰，叶脉微红，汤味鲜醇，有退热祛暑的功效，是夏日佳饮。

(7) 花茶代表

茉莉花茶属于再加工茶，茶胚为绿茶。茉莉花茶是用含苞欲放的茉莉鲜花加入绿茶中窨制而成。其茶香与茉莉花香交互融合，其香气鲜灵持久、滋味醇厚鲜爽、汤色黄绿明亮、叶底嫩匀柔软，有"窨得茉莉无上味，列作人间第一香"的美誉。

3. 茶叶的鉴别

茶叶的品质好坏，一般可以通过色、形、香、味四个方面来评价，通常采用看、闻、摸、品等方法来进行鉴别。

(1) 观色泽

从色泽上看，绿茶以翠绿、油绿为优，枯黄者次；红茶以乌润为优，暗红者次；花茶以淳绿无光者为优，灰绿光亮者次；乌龙茶则以色泽青褐光润为好。

(2) 看外形

从外形上看形状、整碎、净度、色泽、嫩度。绿茶以眉叶紧秀为好，青茶以颗粒圆结为好，龙井等扁茶以形状光滑平削匀净为好。总而言之，不论哪种茶，条索紧结、圆浑、均匀、重实者为好，短碎、轻飘、松泡者为次。

（3）闻香气

各类茶叶本身都有香味，有香味者，是好茶，无香味或者有异味的，就不是好茶。不同的茶叶有不同的香气，一般来说，绿茶以嫩香味为好，青涩为次；乌龙茶以馥郁幽香为好；红茶以浓香纯正甜香为好；花茶既要有绿茶的清香，又要有鲜花的芬芳；普洱是沉香，黄茶是甜香。除了闻茶叶的香气，还可闻茶汤。好的茶叶沏成茶，会释放出各种香气，如兰花香、玫瑰香、板栗香、鲜香、清香、浓香等。

（4）品茶味

通过味觉鉴别茶叶的滋味。茶叶冲泡成茶后，不同的茶叶水会有不同的味道，如苦、涩、酸、淡、鲜、浓、甘、醇等滋味，通过这些滋味，可以区别出茶叶质量的高低。一般来说，绿茶以鲜爽醇永为好，红茶以甘醇浓厚为好，乌龙茶以甘冽为优，花茶以鲜美可口为上。不论哪种茶，凡平淡无味或有粗涩异味、怪味者均为劣品。

（二）茶水

泡茶大有学问，除了茶叶的品质，用来泡茶的水也很关键，水质不同、茶水比例不同、茶水温度不同、浸泡时间及次数不同、冲泡手法不同，泡出来的茶汤效果也不一样。

1. 泡茶用水

茶圣陆羽早就在《茶经》中明确说过："其水，用山水上，江水中，井水下。"正所谓"好茶配好水，好水泡好茶"。

泡茶用水究竟用何种水好，一般来说，天然水中，泉水是比较清净的，杂质污染少，含菌量少，矿物质丰富、透明度高，水质最好。譬如无锡惠山泉、镇江中冷泉、杭州虎跑泉、苏州观音泉、济南趵突泉等没有污染的水都是泡茶的上等好水。溪水、河水与江水等流动的水，空气含氧量高，泡出的茶汤口感活性强，茶香易发挥，泡茶自然也不逊色。如今的自来水其实就是经过人工净化、处理过的天然水，凡是达到了国家饮用水卫生标准的自来水，都可以用来泡茶。

2. 茶水比例

茶叶冲泡时，茶与水的比例不同，茶汤的香气和滋味自然有差异。茶水比例要考虑到茶叶本身的品质等级，同时还要考虑到饮茶者的喝茶习惯。

一般来说，冲泡绿茶、红茶、花茶时，茶、水比例可掌握在1∶50左右，即2—3克的茶叶，用100—150毫升的水冲泡。品饮乌龙茶时，注重香气，且习惯用若琛瓯细品慢尝，茶、水比例可大些，以 1∶18—1∶20 为宜；如用壶泡法，投茶量可占壶容量的 1/2—2/3。冲泡普洱茶时，茶、水比一般在 1∶50 左右。实际泡茶时，还要因人而异。如果是一位老茶客，茶水比例可适当大一些；如果是初次饮茶者，茶水比例则要小些。此外，饮茶时间不同，对茶汤浓度的要求也有区别，饭后饮茶宜浓，茶、水比例可大些；睡前饮茶宜淡，茶、水比例应小些。

3. 茶水温度

泡茶时水温的不同也会影响茶汤的色、香、味，而且茶叶中内含物质浸出的量也不同。泡茶水温的高低，主要依茶叶的种类品质等级而定。一般来说，六大茶类中，绿茶不能用 100℃的沸水冲泡，一般控制在 80℃—85℃（水沸后再冷却后的温度，且茶壶是温的），因为制作绿茶的鲜叶比较细嫩，用过高的水温冲泡，容易使茶汤色泽偏黄，失去绿茶绿叶、绿汤的特色。如果茶叶的品质越好，等级越高，芽叶越细嫩、重实，水温则越低越好，可以使茶汤更清澈明亮、香气更清扬、滋味更鲜爽，维生素 C 也较少被破坏。而对于用较粗老鲜叶制作而成的茶叶宜用 100℃沸水冲泡，如乌龙茶，黑茶类，特别是有些砖茶，甚至需经煎煮才能得到真滋味。

4. 浸泡时间

茶叶浸泡时间长，茶叶内含物质浸出得多；时间短，内含物质浸出得少，一般红、绿、花茶按照茶水比 1∶50 来冲泡，经冲泡 3—4 分钟后方可饮用，此时的口感最佳。茶刚冲泡完就饮用，不但杯中可能会有茶叶漂浮，喝起来不方便，且茶汤也较为寡淡，无应有的刺激感；浸泡时间太长，鲜爽感则会减弱，苦涩味增强，茶汤颜色暗沉。如果需要续水，最好选择在杯中剩 1/3 左右茶汤时注入沸水，这样可使前后杯中的茶汤浓度较为接近。譬如，泡乌龙茶时，一般多用紫砂壶或盖碗，且要泡上好几泡，每一次的浸泡时间不宜过长，具体时间还要视茶叶品质特征、投茶量等情况而定。如用紫砂壶冲泡铁观音，铁观音茶条卷曲、壮结、沉重，温润泡后，正式冲泡的第二泡才完全舒展开来，所以当冲泡第二泡时，浸泡时间要短些，而第三泡以后浸泡时间逐渐延长。

5. 浸泡次数

茶叶的冲泡次数与茶叶种类、水温、茶叶用量、饮茶习惯等都有关系，差异很大。通常茶叶冲泡第一次时，可溶性物质能浸出最多；第二次能浸出少些；第三次更少；第四次则所剩无几。所以，泡茶一般以冲泡三次为宜。

6. 冲泡手法

冲泡茶水常见的冲泡手法有回旋冲泡法、回旋高冲低斟法、凤凰三点头冲泡法三种。

（1）回旋冲泡法

单手提烧水壶，由外向里，即右手提壶按逆时针（左手提壶按顺时针方向）旋转，让水流沿茶器内壁注入。

（2）回旋高冲低斟法

单手提烧水壶，先用回旋法注水，再将壶拉高将水冲入茶器中，达到所需水量后及时断水。

（3）凤凰三点头冲泡法

单手提烧水壶，高冲低斟将水注入茶器内，反复三次，寓意向客人鞠躬，表示欢迎。需要注意的是，高冲低斟时，要保持水流不断，且最后一个动作完成后断水，水量要正好达到所需的量。

（三）茶具

1. 茶具体系

关于茶具的含义，一直没有公认的定义，我们认为，茶具主要是指烹煮、冲泡和饮用茶的器具，包括茶壶、茶杯、茶碗、茶盏、茶碟、茶盘等一系列饮茶用具。现代茶具由一系列主泡器和辅泡器组成，形成一套完整的茶具体系。体系中的每一件茶具都有明确的名称、材质、形制和用途。

（1）主泡器

常用的主泡器一般有以下几种。

①煮水器，常见的有电壶、酒精灯壶、炭烧壶等。

②茶壶，茶壶是主要的泡茶器具，一般有陶壶、瓷壶。

③茶盘，用于盛放茶壶、茶杯，一般有竹质、木质、瓷质等。

④茶杯，茶杯种类繁多，大小不一，材质不一，用于品茗。

⑤公道杯，用于分茶，茶汤首先倒入公道杯，使得茶汤浓度均匀，随后再进行分茶。

⑥盖碗，盖碗是常用的泡茶器具，一般为瓷质，也有玻璃制品。

（2）辅泡器

常用的辅泡器一般有以下几种。

①茶漏，可将茶漏放置在较小的壶口上，方便倒茶入壶。

②茶则，用于盛茶入壶，一般为竹制品或木制品。

③茶匙，用于拨茶入壶，一般为竹制品或木制品。

④茶荷，用于置茶、赏茶，一般为竹制品、木制品、瓷制品。

⑤茶夹，用于拨茶入壶，也可在洗杯时用茶夹夹取小杯。

⑥茶巾，用于擦拭滴落桌面的茶水，保持桌面清洁。

⑦茶针，用于疏通茶壶的内网，保持水流畅通。

⑧茶叶罐，用于储存茶叶，一般为铁制品、锡制品和陶瓷制品。

2. 茶具种类

按制作材料的不同，茶具主要有陶制茶具、瓷制茶具、金属茶具、玻璃茶具、竹木茶具、搪瓷茶具、玉石茶具等类型。

（1）陶制茶具

中国茶具最早以陶器为主，陶制茶具历史悠久，以宜兴制作的紫砂陶茶具为上乘。宜兴紫砂茶具造型简练大方、色调淳朴古雅。茶具由于成陶火温较高，烧结密致，胎质细腻，既不渗漏，又有肉眼看不见的气孔，用来烹茶、泡茶，既不夺茶之真香，又无熟汤气，能够长时间保持茶叶的色、香、味。

宜兴紫砂茶具最著名的有明朝时大彬的三足圆壶、蒋伯的海棠树干壶、惠孟臣的朱泥梨壶，清朝杨彭年与陈曼生合制的半瓢壶等。

（2）瓷制茶具

中国是瓷器的故乡，瓷器是中华民族的文化瑰宝。瓷器的发明，瓷器和茶配合，使茶器兼备艺术和实用功效，让品茶者享受整个品茶活动的意境之美。陶制茶具逐渐被瓷制茶具所代替，为中国茶文化锦上添花。瓷器茶具可分为青花瓷茶具、青瓷茶具、白瓷茶具、黑瓷茶具等品种。

白瓷茶具，胎釉白净，色泽洁白，色彩缤纷，造型各异，保温适中，能反映出茶汤色泽，堪称茶器之珍品。主产地为江西景德镇、湖南醴陵、四川大邑、河北唐山、安徽祁门等。

青瓷茶具，色泽纯正、透明发光，瓷质细腻，线条明快流畅、造型端庄古朴，主要产于浙江、四川等地。

黑瓷茶具，古朴雅致，风格独特，而且瓷质厚重，保温性较好，可衬托茶汤白与绿，主产于浙江、四川、福建等地，黑瓷茶具中最著名的是兔毫茶盏。

青花瓷茶具，花纹蓝白相间，彩料涂釉滋润明亮，色彩淡雅，华而不艳，堪称瓷器文化与茶文化高度结合之佳品。青花瓷茶具以江西景德镇的产品最为著名。青花瓷茶具主要有盖碗、公杯、青花品杯、青花茶盘。

（3）金属茶具

金属茶具是用金、银、铜、锡制作的茶具。尤其是用锡做的贮茶的茶器，小口长颈，圆筒状的盖，比较容易密封，具有防潮、防氧化、避光、防异味性之功能。在陕西省佛教寺院法门寺地宫出土的唐朝宫廷文物——银质镏金烹茶用具，是迄今见到的最高级的古茶具实物，堪称国宝。

茶具除了上述三种之外，还有玻璃茶具、竹木茶具、搪瓷茶具、玉石茶具等类型，制作精良，别具一格，多姿多彩，惹人喜爱，不再一一赘述。

3. 茶具选配

茶具的选配则根据饮茶风俗习惯、饮茶者的审美情趣、茶的类型，以及品饮环境而定。茶具的选配应遵循以下三个原则。

（1）因茶制宜

古往今来，大凡讲究品茗情趣的人都注重品茶韵味，崇尚意境高雅。"老茶壶泡，嫩茶杯冲""壶添品茗情趣，茶增壶艺价值"，冲泡不同的茶叶，选用不同质地的器具。

品饮西湖龙井、太平猴魁、洞庭碧螺春、君山银针、黄山毛峰等名贵绿茶，则用无色透明玻璃杯直接冲泡为最佳。

饮用乌龙茶，宜用紫砂茶具。

饮用大宗红茶和绿茶，注重茶的韵味，可选用有盖的壶、杯或碗。

饮用红碎茶与工夫红茶，可用瓷壶或紫砂壶来泡茶，然后将茶汤倒入白瓷杯中饮用。

饮用炒青或烘青绿茶，多用有盖瓷杯泡茶。

饮用花茶，为有利于香气的保持，可用较大的瓷壶泡茶，然后斟入瓷杯饮用。

饮用红茶、绿茶、黄茶、白茶，使用盖碗冲泡也是可取的。

保温杯只适合泡乌龙茶或红茶，不宜泡绿茶。

（2）因地制宜

中国地域辽阔，各地饮茶习俗不同，人们对茶具的要求也不一样。过去很长时间，长江以北的人一般喜爱选用有盖瓷杯冲泡花茶，以保持花香，或者用大瓷壶泡茶，然后将茶汤倾入茶盅中饮用。在长江三角洲沪杭宁等地的一些大中城市，人们爱好品享细嫩名优茶，既要闻其香、啜其味，还要观其色、赏其形，因此特别喜欢用玻璃杯或白瓷杯泡茶。福建及广东潮州、汕头一带，人们习惯于用小杯啜乌龙茶，故选用"烹茶四宝"——潮汕烘炉、玉书碨、孟臣罐、若琛瓯泡茶，以鉴赏茶的韵味。潮汕烘炉是一只缩小了的粗陶炭炉，专做加热之用；玉书碨是一把缩小了的瓦陶壶，高柄长嘴，架在烘炉之上，专做烧水之用；孟臣罐是一把比普通茶壶小一些的紫砂壶，专做泡茶之用；若琛瓯是只有半个乒乓球大小的 2—4 只小茶杯，每只只能容纳 4 毫升茶汤，专供饮茶之用。小杯啜饮，一则解渴，二则闻香玩味，堪为艺术。四川人饮茶特别钟情盖碗茶，喝茶时，左手托茶托，不会烫手，右手拿茶碗盖，用来拨去浮在汤面的茶叶。盖上盖，能够保香；去掉盖，又可观姿察色。

（3）因人制宜

饮茶者地位不同、身份不同，选用的茶具也不同。

古代王公贵族选用金银茶具、秘色瓷茶具和琉璃茶具饮茶。譬如，唐代皇帝李灌使用金银丝结条笼茶具，通体剔透、工艺精巧，豪华奢侈，是罕见的茶具精品。清朝慈禧太后曾用白玉作杯、黄金作托的茶杯饮茶。文人墨客强调茶具之"雅"。譬如，宋朝文豪苏轼自己设计提梁式紫砂壶，"松风竹炉，提壶相呼"，独自烹茶品赏。这种提梁壶至今仍被茶人所推崇。

（四）饮茶法

1. 煮茶法

所谓煮茶法，是指茶入水烹煮后饮用的方法，也是我国唐朝最普遍的饮茶法。先将饼茶研碎，然后开始煮水。待锅中之水泛起鱼眼似的水泡时，加入茶末，煮至二沸时出现沫饽（沫为细小茶花，饽为大花，皆为茶之精华），则将沫饽舀出，继续烧煮茶与水至三沸，再将二沸时盛出之沫饽浇入锅中，称为"救沸""育华"。待煮至均匀，茶汤便好了。烹茶的水与茶，视人数多寡而定。茶汤煮好，均匀地斟入每人的碗中，有雨露均施、同分甘苦之意。

2. 煎茶法

煎茶法是指陆羽在《茶经》里所创造、记载的一种烹煎方法。其茶用饼茶，经炙烤、碾罗成末，待锅中水初沸时则投茶末，搅匀后沸腾则止。煎茶法的主要程序有备器、选水、取火、候汤、炙茶、碾茶、罗茶、煎茶（投茶、搅拌）、酌茶。煎制的时间比煮熬时间要短一些。

3. 点茶法

点茶法是宋代斗茶所用的一种烹饮方法，根据宋徽宗赵佶《大观茶论》记载，点茶法是将茶碾成细末，置茶盏中，以沸水点冲，先注少量沸水调膏，然后量茶注汤，边注边用茶筅击拂。点茶法的主要程序有备器、洗茶、炙茶、碾茶、磨茶、罗茶、择水、取火、候汤、盏、点茶（调膏、击拂）。

4. 泡茶法

泡茶法是明清时期盛行的一种烹饮方法。明朝万历中的张源《茶录》、许次纾《茶疏》、张谦德《茶经》等有关茶的书籍，均对泡茶法有明确的记述，是将茶置茶壶或茶盏中，以沸水冲泡的简便饮茶方法。壶泡的主要程序有备器、择水、取火、候汤、投茶、冲泡、酾茶等。现在流传在闽、粤地区的功夫茶则是典型的壶泡法。

三、中国茶道

（一）茶道的含义

"茶道"最早属于中国文化，"茶道"一词使用历史悠久，早在我国唐代就有了"茶道"的说法。唐代著名史学家、文学家封演所著的《封氏闻见记》中说："又因鸿渐之论，广润色之，于是茶道大行。"唐代刘贞亮在《饮茶十德》中也明确提出："以茶可行道，以茶可雅志。"自此，"茶道"这个词从唐代开始使用至今，已有1000多年的历史。但是究竟什么是"茶道"，历代茶人都没有给它下过一个准确的定义，包括现在中国权威的《现代汉语词典》《辞海》《辞源》等工具书中均无"茶道"含义的条解释。尤其是现代人在一些文章、著作中，关于"茶道"的解释也都是仁者见仁、智者见智，大有百花齐放、百家争鸣之势。

中国著名农学家、现代茶业的奠基人吴觉农先生认为，茶道是把茶视为珍贵、高尚的饮料，因喝茶是一种精神上的享受，是一种艺术，或是一种修身养性的手段。我国知名茶学家、茶学教育家、茶叶栽培专家，亦是我国茶树栽培学科的奠基人之一的庄晚芳教授认为，中国茶道的基本精神为"廉、美、和、敬"。中国茶文化研究专家陈香白先生认为，中国茶道包含茶艺、茶德、茶礼、茶理、茶情、茶学说、茶道引导七种义理，中国茶道精神的核心是"和"。陈香白先生的茶道理论可简称为"七艺一心"。周作人先生说得比较随意，他对茶道的理解为："茶道的意思，用平凡的话来说，可以称作为忙里偷闲、苦中作乐，在不完全现实中享受一点美与和谐，在刹那间体会永久。"

那么，既然"茶道"尚无一个规范的、确切的定义，倒不如让我们淡化固定僵化的概念，给茶人的想象力留下更多思考回味的空间。正如道家所言："道可道，非常道。名可名，非常名。"同时，佛教也认为"道由心悟。"在各个茶人的心中，对茶道自有不同的美妙感受。

（二）中国茶道精神

茶道不同于一般的饮茶、喝茶、品茶，也不同于茶艺，茶道不但讲求表现形式，而且注重精神内涵。在茶事活动中融入哲理、伦理、道德，通过品茗来修身养性、陶冶情操、品味人生、参禅悟道，达到精神上的享受，这就是中国饮茶的最高境界——茶道。

第三节 酒文化

一、中国酒文化的起源与发展

（一）酒文化的起源

在中华民族五千多年文明史中，灿烂的中华文化在世界舞台中绽放出璀璨的光芒。酒文化亦是如此，在世界酒文化中拥有举足轻重的地位。在考古学家发掘出土的陶器制品中，早在原始社会就有了专用的酒器，这表明，在当时酿酒就已经十分盛行。后经过夏、商两代，饮酒的器具也越来越多。在出土的殷商时期的文物中，青铜器酒器占有绝对的比重，这也反映出当时的饮酒文化十分盛行。再者，在现存的古籍中，关于酒的书籍十分广泛，自先秦时期的编年史《春秋》开始，历代都有正史，都记载着各种政治、经济文化的历史演变过程，也有诸多有关天文、地理、科技的重大事件。在历代古籍当中，记载着各类关于酒的传说故事。但是，在这些古籍中都没有记载酒究竟是怎么发明出来的。对于酒文化的起源传说甚多，综合起来，这些记述主要有以下几种。

1. 上天造酒说

素有"诗仙"之称的唐代大诗人李白，在《月下独酌·其二》一诗中有"天若不爱酒，酒星不在天"的诗句；东汉末年以"座上客常满，樽中酒不空"自诩的文化名人孔融，在《与曹操论酒禁书》中有"天垂酒星之耀，地列酒泉之郡"之说。自古以来，我国就有酒乃天上"酒星"所造的说法。在科技并不发达的古代，人们常常把不能被解释的现象归为上天的"恩赐"，认为是很平常的一件事情。《晋书》中也有关于酒旗星座的记载，"轩辕右角南三星曰酒旗，酒官之旗也，主宴飨饮食"。"轩辕"在古代是中国星宿之名，共由17颗星组成，其中有12颗属于狮子星座。酒旗3星就是属于狮子座的3星。

关于酒旗星的发现，最早是出现在《周礼》一书当中，已经有2000多年的历史。"二十八星宿"之说最早出现在殷商时期，而确立于周代，是我国古代天文学的伟大成就。在当时科学技术十分落后的情况下，我们的祖先能够在浩瀚的星空观察到这几颗并不太显眼的"酒旗星"，并且留下了很多记载，这不得不说是一项伟大的成就。

2. 杜康造酒说

我国自古流传着"杜康造酒"一说。最流行的一种说法是，杜康把没有吃完的剩饭放在桑树园的树洞之中，剩饭在洞里发酵以后，散发出芳香的味道，这就是造酒的方法。

"何以解忧，唯有杜康"是曹操《短歌行》中的一句诗词。自此以后，酒是杜康所创造的说法似乎更合乎情理。但也有人考据了中华民族人群中"杜"姓的起源及沿革，认为杜姓到杜康的时候，已经是禹之后很久的事情了，但在上古时期，早已经有"尧舜千钟"的说法了。

历史上杜康确有其人，如在《吕氏春秋》《战国策》等古籍中，对杜康都有着详尽的记载。在清代重修的《白水县志》一书中，对杜康也有着十分详细的记载。白水县位于我国陕北高原和关中平原交界之处，又因境内流淌的一条河水水底呈白色而得名。杜康，字仲宁，相传是康家卫人，擅长造酒。康家卫是至今还存在的一个小村庄，距离县城七八千米。在康家卫的旁边有一条大沟，沟的起源处是一眼泉眼，泉眼周围绿树丛生，名曰"杜康泉"。县志有记载："俗传杜康取此水造酒""乡民谓此水至今有酒味"。这个说法虽有些夸张，但也说明此泉水质甘爽清冽，泉水从泉眼中涌出，沿沟向下流淌，入白水河，人们将此河命名为杜康河。在杜康泉旁边的土坡上，有一直径五六米的土丘，四周以砖墙包围，据说这里是杜康埋骨之地。每逢正月二十一，周边的村民都会带上供品，到此参加祭祀活动。这一天商贩云集，熙熙攘攘，人们直至日落西山，方尽兴而散。

3. 仪狄造酒说

在我国古代史籍当中，关于"仪狄"其名有多处记载，如"作酒而美""始作酒醪"等，一种说法叫作"仪狄作酒醪，杜康作秫酒"，因此，仪狄与杜康同被后人认为是酒的始祖。在这里，他们似乎无时代先后之分，又似乎他们所造之酒是不同的酒。这种说法是否属实，有待进一步考证。醪是一种糯米经过发酵而成的"醪糟"。"醪糟"多产自我国的南方，其味甜性温。目前，我们很多家庭中，仍有自制酶糟法的习惯；而"秫"是高粱的别称，所谓"杜康作秫酒"指的是杜康当时做酒时使用的原料是高粱。如果我们硬要把杜康或仪狄认定为酒的创始人的话，我们只能说仪狄是黄酒的发明者，杜康是高粱酒的发明者。

史料记载："酒之所兴，肇自上皇，成于仪狄。"此意为，自上古三皇五帝的时候，民间酒流传着各种各样的造酒方法，而仪狄就是将众多造酒方法归纳总结出来的人，并流传至今。所以有的书中把仪狄认定为是司掌造酒的官员。

那么，仪狄是如何发明酿酒技术的呢？《战国策》有文字记载："昔者，帝女令仪狄作酒而美，进之禹，禹饮而甘之，遂疏仪狄，绝旨酒，曰：后世必有以酒亡其国者。"这段文字的含义大致可以这样理解：夏禹的女儿命令仪狄去监造酿酒，经过不断的努力，仪狄造出的酒味道很好，于是就献给大禹。大禹喝完以后觉得很美味，但是疏远了仪狄，并戒绝饮酒，说将来一定有因饮酒而亡国的。

那么仪狄是不是酒的"始作"者呢？有的古籍中还有自相矛盾的说法。例如孔子八世孙孔鲋曾说尧、舜都是酒量很大的君王。而黄帝、尧、舜都早于夏禹。史料中记载尧舜都善饮酒，那么他们所饮之酒是谁所酿呢？由此可见，说夏禹的臣属仪狄"始作酒醪"是不大确切的。中国著名的历史学家郭沫若说："相传禹臣仪狄开始造酒，这是指比原始社会时代的酒更甘美浓烈的旨酒。"这种说法似乎更可信。

4. 猿猴造酒说

唐代著名文学家李肇，其代表作《唐国史补》内有一段关于人类如何捕捉聪明伶俐的猿猴的记载，众所周知，猿猴十分机敏，它们常常深居于郊野荒林之中，喜欢在岩石林木间跳跃攀爬，其出没无常，人类很难捕捉到它们。人类经过细心的观察发现，猿猴有一致命弱点，就是"嗜酒"。于是，人类就在猿猴经常出没之地摆放几缸香甜的美酒。猿猴闻香而至，先是在酒缸前犹豫不前，接着又小心翼翼地吮尝，时间久了，并未发现可疑之处。再后来它们终于经受不住诱惑，便开始开怀畅饮起来，喝得酩酊大醉，被人类抓到。这种捕捉猿猴的方法并不是中国所独有，在东南亚地区和非洲土著居民也都采用类似的方法捕捉猿猴或大猩猩。这说明猿猴是喜欢饮酒的。

猿猴不仅喜欢饮酒，而且还会"造酒"，在我国的古典文学作品中都有记载。清代著名文学家李调元在其著作《粤东笔记》中记载："琼州（今海南岛）多猿……尝于石岩深处得猿酒，盖猿以稻米杂百花所造……味最辣，然极难得。"明代文人李日华也曾在他的著述中有过类似记载："黄山多猿猱，春夏采杂花果于石洼中，酝酿成酒，香气溢发，闻数百步。野樵深入者或得偷饮之，不可多，多即减酒痕。"

以上不同年代、不同学者的记载，至少可以证明一个事实，那就是猿猴的聚居之处多有类似"酒"的东西发现。由于猿猴喜食含糖类的水果，当这些水果成熟后自然坠落，在受到果皮上或空气中的酵母菌作用下便生成了酒，这是一种自然现象。

（二）酒文化的发展

酒在中国五千年的发展史中，曾"扮演"着重要的角色。不管是现存的先秦古书，还是中国最早的文字——甲骨文和金文，都曾提到酒或者刻有"酒"字。

1. 史前时期

原始社会时期，人们将采摘回的野果进行存放，经过长时间的存放，果实自然发酵，产生了酒的气味。经过最初的品尝以后，发现从发霉的水果流出的液体十分美味，于是就有了最初的酿酒文明。远古时期的酒是没有经过滤的酒醪，这种酒醪呈糊状和半流质，这种酒是不适合人们饮用的，而是食用，一般使用碗或者钵等器皿。

2. 夏朝

在我国夏朝时期，酒文化十分盛行，夏朝人喜好饮酒，使用一种叫作"爵"的酒器，这是我国已知最早的青铜器，在我国历史上具有重要的地位。

3. 商朝

历史上，商朝酿酒业已十分成熟，青铜器的烧制技术已十分发达，这个时期中国的酒器已达到空前的繁荣。制作酒已有了成套的经验，如出现了尾勺氏和长勺氏等专业以造酒为生的氏族。

4. 周朝

周朝是我国第三大奴隶制王朝，礼制在社会上大力推广，大力倡导"酒德"与"酒礼"，酒在贵族的祭祀活动中扮演着重要角色，于是便出现了"酒祭文化"。周代酒礼成为最严格的礼节，尊老敬老是周朝以酒为主体的民俗文化中的重要体现。这就是周朝的"酒仪文化"。

5. 春秋战国

春秋战国时期，物质财富大大增加，这就为酒的进一步发展提供了丰富的物质基础。因此，有许多关于酒的文献都在这个时期，从夏商周到春秋战国时期，我国北方游牧民族所使用的酒器，主要以青铜制品为主。随着酿酒技术的进步，酒的质量也得到很大的提升。当时的饮酒方法是将酿成的酒盛到青铜垒壶当中，再用青铜勺去挹取，再倒入杯中饮用。

6. 秦汉时期

"酒政文化"是出现在秦汉时期比较有代表性的文化之一，帝王统治者站在"讲政治"的高度，多次提出禁酒，从而减少对五谷作物的消耗，然而最终是屡禁不止。到了汉代，人们对酒的认识得到很大提升，酒的用途也在进一步扩大，医圣张仲景曾采用以酒疗病，技术水平相当之高。此外，两汉时期，饮酒开始逐渐和各种节日联系起来，形成了特色鲜明的饮酒日，出现了种类繁多的酒曲。

7. 三国时期

三国时期是我国酒文化发展的一个时期，无论是在技术、种类，还是原材料上都取得了很大进步。这个时期的酒风十分盛行，主要表现在嗜酒如命、酒风彪悍，我国著名历史学家陶元珍先生曾这样评价三国时期的酒风："三国时饮酒之风颇盛，南荆有三雅之爵，河朔有避暑之饮。"三国时期劝酒之风颇为盛行，饮酒的形式也比较激烈。

8. 魏晋南北朝时期

在我国魏晋南北朝时期，允许民间自由酿酒，私人酒坊自酿自饮的情况十分普遍，酒税成为国家重要收入来源之一，因此，这一时期就有所谓的"酒财文化"。名人雅士饮酒风气极其盛行，善于借酒抒发自己对人生的感悟和对社会历史的忧思、感慨。"曲酒流觞"就是这个时期的习俗，把酒道又向前推进了一步。

9. 隋唐时期

我国隋唐时期，酒开始与诗词、音乐、绘画、书法等文化相互交融，相融相兴，于是便出现了"酒章文化"。尤其是到唐代，酒文化达到了巅峰时期，不仅底蕴丰富，而且形式各异，多姿多彩。"酒催诗兴"是唐朝文化最具代表性的文化体现。不管是从物质层面还是精神层面，酒文化在唐诗中得到充分酝酿，并融入中国人的日常生活中。当时人们的饮酒之道，是在吃完饭，"饱食徐饮""欢饮"，既不容易醉酒，又能从酒中感受欢聚尽兴之乐趣。

10. 宋代

宋朝的酒文化是对我国唐朝酒文化的延伸和发展，宋朝的酒文化相较于唐朝更加丰富，且更接近于我们如今的酒文化。当时，酒馆、酒店遍布，酒业发达，并且十分重视品牌的文化个性，有着厚重的酒文化底蕴，如烧锅酒文化，这就是我们古代的蒸馏技术。自此以后，白酒成为中国人饮用的主要酒类之一。

11. 明清时期

在我国明清时期，酒已成为老百姓必不可少的饮品之一，并且节日用酒十分讲究。例如，正月十五饮填仓酒、端午节饮菖蒲酒、中秋佳节品桂花酒等。清代时期有"酒品之乡，京师为最"之说，在当时京城的达官贵人十分崇尚喝黄酒，而中下阶层则多饮用价廉味浓的烧酒。此外，酒道在这一时期被推到一个修身养性的境界，上至文人雅士，下到市井百姓，把饮酒、酒令提升至高尚的境地。

二、中国古代饮酒艺术

（一）酒具

古人有云："非酒器无以饮酒，饮酒之器大小有度。"中国人自古十分讲究美食与美器，在饮酒之时，对酒器的讲究显得尤为重要。所以，酒具或酒器在我国酒文化发展历程中，千姿百态，形式各异。

提到饮酒用的酒具，我们不禁会想起说到饮酒之器，我们不禁想起很多文学作品中时常出现的情景，从书圣王羲之所提到的"曲水流觞"到诗仙李太白所作"会须一饮三百杯"的历史名句，再到南宋女词人李清照的"三杯两盏，怎敌他、晚来风急"……诗词当中提到的"觞""杯""盏"等，无外乎都是饮酒之器。随着朝代的更迭，饮酒之器也有着差别，上古之人临池掬捧而饮，梁山好汉瓢舀碗盛豪饮，而文人墨客则推杯换盏，把酒言欢。

中国上下五千年，酒文化占有重要的部分。酒具作为我国关于酒文化溯源最原始的载体，它既包括盛酒所用的容器，也包括饮酒所用的器具，以及造酒所用的工具等。正是因为有了酒具，在我们喝酒前才会有诗意的境界。正因如此，才有了众多关于酒的诗词佳句，如诗仙李白的"举杯邀明月"之雅兴，宋代苏轼的"明月几时有？把酒问青天"所展现出的宽广胸怀。传统上中国的酒分为黄酒和烧酒，而酒具则有金器、石器、玉器、瓷器等质地上的区别，在器型上又分为觞、樽、盏、杯等。酒具的优劣也直接体现出饮酒人身份的不同；酒具在器型上随着时代演变也在发生着变化。

在我国商朝时期，酒器得到了空前的发展，现存最早的铜制酒器是在夏二里头文化时期的爵。众所周知，青铜器在商代达到鼎盛时期，商周时期的青铜器共分为四种，分别为食器、酒器、水器和乐器，共有 50 类，其中酒器就占到了 24 类。酒器按用途来分，可以分为煮酒器、盛酒器、饮酒器、贮酒器。此外还有礼器。器型丰富，变化多样。例如，盛酒器具是一种盛酒备饮的器具。类型主要有壶、尊、皿、斛、鉴、瓮、觥、瓿等，每一种酒器又有着不同的样式，既有普通造型，还有以动物为造型的。以尊为例，主要器型有虎尊、牛尊、羊尊等。饮酒的酒器主要包括爵、角、杯、觯、觚、周等。不同身份的使用者使用不同的酒器，如在《礼记·礼器》篇就明文规定："宗庙之祭，尊者举觯，卑者举角。"温酒器在古代的应用十分广泛，它主要是用于将酒加热，并配以杓，以便取酒，樽是汉代十分流行的温酒器。在湖北曾侯乙墓中出土的铜鉴，可置冰贮酒，故又称为冰鉴。

春秋战国时期，青铜酒器逐渐开始衰落。秦汉时期，在我国南方地区，漆器开始流行，出现了漆制酒器。汉代人们饮酒时一般是席地而坐，酒樽置于中间位置，里面放着挹酒的勺，饮酒的器具也放于地上，因此形状较为矮胖。到了魏晋时期，人们饮酒开始流行坐于床上，盛酒器变得较为瘦长。在我国，瓷器大致在东汉前后出现，与陶器相比，不管是盛酒酒具还是饮酒酒具，在性能上，瓷器都远超陶器。到了唐代，人们在酒具的使用上相较于过去要小巧许多，故有人认为蒸馏酒在唐朝就出现了。宋代是我国陶瓷工艺的鼎盛时期，这一时期出现了很多精美的酒器。宋代人饮用黄酒时，喜欢温热后饮用，因此他们发明了注子和注碗的组合。明清时期是我国瓷质酒器发展的鼎盛时期，瓷制品酒器多以斗彩、青花、祭红酒器最具特色，清代瓷制酒器主要有珐琅彩、素三彩、青花玲珑瓷及各种仿古瓷制品。"康乾盛世"期间，中国的制瓷业飞速发展，除了青花、冬青、斗彩，又创制了珐琅彩、粉彩、古铜彩等新品种，清代流传在世的瓷质酒器屡见不鲜，最常见的器形主要有梅瓶、盅、高脚杯等。

（二）酒礼

中国素有"礼仪之邦"的美誉。自夏、商、周以来，礼就成为人们社会生活的总准则、总规范。古代的礼渗透到政治制度、伦理道德、风俗习惯等各个方面，酒行为自然也纳入了礼的轨道，这就产生了酒行为的礼节——酒礼。

1. 文人与酒礼

如果说我国古代典籍文化代表的是巩固统治阶级的统治、维护特权的利益，那么文人雅士的礼仪则体现的是士大夫阶级的文化心理与审美情趣。有人认为饮酒应当讲究饮酒的对象、地点和时节，如饮酒的对象应该是故交、知己、高雅、可儿等，饮酒的地点是曲涧、画舫、荷亭、幽馆等，饮酒的时节有"春郊""新绿""雨弄""清秋""积雪"，以上都可以看出古代士大夫阶层向往超凡脱俗的生活态度。对于普通平民阶层来说，根本没有像统治阶层和士大夫阶层的那些酒礼，但是对于长辈和地位高者的遵从与谦卑，以及对饮酒对象的选择，都能发现"礼"对于当时社会的影响。

中国古代文人饮酒还有一些礼节。例如，主人与宾客一起饮酒时，应相互跪拜，晚辈陪长辈一同饮酒时，叫侍饮，一般在入席前先行跪拜之礼。此外，古代人将饮酒的礼仪分为四个步骤，分别是拜、祭、啐、卒爵。意思就是饮酒前首先做出拜的动作，以表敬意，然后往地上倒出一些酒，以祭谢大地生养之德；接着再去品尝酒的味道，并对酒加以赞扬，最后一饮而尽。

2. 酒德与酒礼

在中国历史上，儒家学说被封建王朝奉为社会的正统思想，饮酒的习俗也自然受到儒家酒文化的影响。儒家十分注重"酒德"二字，酒德最早见于《尚书》和《诗经》中，所谓酒德就是饮酒或者说酒行为的道德，它和酒礼是分不开的，互为表里。《尚书》最早提出"酒德"概念——"无若殷王受之迷乱，酗于酒德哉"，提倡"毋彝酒"，所谓"毋彝酒"指的是不要滥饮酒。孔子也曾提出"酒无量，不及乱"。意思就是说饮酒没有一个限定的标准，但不要喝醉。儒家经典历来提倡酒礼酒德，总体来说，就是将酒回归文化本位上来，讲求以下几方面的酒德：一是应量力而饮。就是说饮酒量不在多少，贵在适量。首先应准确评估自己的饮酒能力，不可过量饮用。过量饮酒或嗜酒必将导致严重后果。元代忽思慧所撰营养学专著《饮膳正要》指出："少饮为佳，多饮伤神损寿，易入本性，其毒甚也。醉饮过度，丧生之源。"明代经典医学著作《本草纲目》也曾提出："若夫沉湎无度，醉以为常者，轻则致疾败行，甚则伤躯陨命，其害可甚言哉！"以上医学专著中都是在讲过量饮酒的害处。二是应节制有度。节制有度就是要注意自我克制，把握分寸，十分的酒量最好只达到六七分，这样方可饮酒而不乱。春秋时期著名政治家晏子谏齐景公节制饮酒，竹林七贤中山涛的"八斗方醉"也传为美谈。

总之，文明饮酒、科学饮酒、节制饮酒，才是中华民族酒文化所提倡的酒德，也是酒文化的精华之所在。

三、中国名酒

由于人们长期的喜爱，世界各国生产的酒可谓琳琅满目、五彩缤纷，但认真分析后我们发现，酒的种类按照生产工艺可分为发酵酒、蒸馏酒和配制酒。在中国，这几类酒都有漫长的生产历史。

与国外的白兰地、威士忌等烈性酒相比，中国白酒工艺独树一帜，它很早就运用天然微生物发酵技术酿曲,被称为"中国第五大发明"。即使在今天,微生物发酵技术也是生物工程中前沿的技术,人们日常饮用的白酒品质优劣、口感好坏,秘密全在这里。正是凭着不同地理环境中的微生物种群、不同的原料和水质,以及酿酒匠世代传承的非常微妙的个人经验,中国的大江南北才酿制出不同香型和口味的美酒。要想解开这些困惑,我们不仅要了解中国酒的历史,还要了解中国的名酒才行。

（一）黄酒

作为中华民族独创的最古老的酒之一,黄酒在世界三大酿造酒（黄酒、葡萄酒和啤酒）中占有重要的一席之地,由于其制作工艺独树一帜,黄酒可谓中国独有的发酵酒。自南宋起,随着我国政治、经济、文化中心的南迁,黄酒的生产便在中国南方兴起并得以保留。在我国北方同一时期,烧酒的生产才刚刚开始,到了元代,烧酒生产在北方得到进一步的普及和推广,而黄酒的生产逐渐衰落。而南方人饮烧酒者又不如北方普遍,这也是今天黄酒在南方得以保留并发扬光大,到了清代,我国绍兴一带生产的黄酒开始闻名海内外的原因。黄酒主要品种有浙江绍兴元红酒、福建龙岩沉缸酒、山东即墨黄酒等。

1. 绍兴元红酒

绍兴元红酒是以糯米、优质小麦、鉴湖水为原料,按照一定的水、饭比例加工而成,具有酒精浓度较低、酒味醇和、营养丰富、刺激性小的特点。元红酒发酵完全,酒液透明发亮,颜色呈橙黄色,气味芬芳,酒味甘爽但略带苦味。一般酒精度在16%左右,属于干型黄酒。

2. 福建龙岩沉缸酒

福建龙岩酿酒历史久远,《龙岩州志》对龙岩沉缸酒就有记载。民间有用"糯以造酒",而且"莳禾者少糯,则邻邑贩运酿酒"的风俗。到了清代,龙岩已能酿制"气酒、双料、老酒三品,惟为老酒为上品"。清嘉庆年间,在龙岩附近的小池村,有一位从上杭来的酿酒艺人,名叫五老官,他看到这里有江南著名的"新罗第一泉",便在这里创建了酿酒作坊。起初,他是按照传统工艺制得糯米甜酒,装入坛中,埋藏3年后出酒,但这种酒度数较低,劲小味淡,于是,他又在酒醅中加入低度米烧酒,后来他又在酒醅中加入50度左右的米烧酒,再进行压榨后得酒,人称"老酒",之后又做了进一步改进,他又二次加入高度米烧酒,使老酒陈化、增香后形成了别具一格的沉缸酒。

3. 山东即墨黄酒

山东即墨黄酒的历史可追溯至 2000 年以前，有正式记载的始酿在北宋时期，而在清道光年间畅销全国各地，最初是指产自山东即墨的黄酒，宋代时为了区分，才命名为即墨老酒，即墨黄酒历经沧桑，延续至今，其一直以香味独特、微苦焦香、余味冗长而著称。这也都依赖千百年来传承下来的古法酿制工艺"古遗六法"，因此即墨黄酒作为北方黄酒的代表，目前已成为山东非物质文化遗产、中华老字号。

（二）白酒

长期以来，白酒作为我国传统而独具的产品，酿造工艺丰富多彩，酿造的风格各异。按照白酒的主体香型分类，将我国的白酒分为酱香型、浓香型、清香型、米香型、凤香型、芝麻香型、豉香型、特香型、老白干香型、兼香型、馥郁香型等香型。酱香型、浓香型、清香型、米香型白酒比较成熟，趋于标准化和定型化。例如，酱香型白酒以贵州茅台为代表，又称茅香型；浓香型白酒以五粮液、剑南春为代表；清香型白酒以山西汾酒、河南宝丰酒为代表；米香型白酒以广西桂林三花酒为代表。

1. 贵州茅台

酱香型名白酒中以贵州茅台酒最为著名。贵州茅台酒具有"酱香突出、幽雅细腻、酒体醇厚、回味悠长"的风格。茅台酒虽有 53 度，但郁而不温，柔和芬芳。"茅台美酒盛名扬，与众不同韵味长，空杯尚留满室香"，"空杯留香"是茅台酒最大的特点，茅台酒在酿造的过程中，2 次投料，8 次高温堆积发酵，8 次下窖，7 次蒸馏取酒。

2. 四川五粮液

四川五粮液酒是浓香型白酒的代表，以高粱、糯米、大米、小麦和玉米 5 种谷物为原料，按照比例以古法工艺配方酿制而成，有着 4000 多年的历史。在五粮液酒的生产工艺中，总结提炼出"酿、选、陈、调"四字秘诀，其酿酒古窖池群距今有着 500 多年的历史，采用活态酿造工艺，延续至今。

3. 山西杏花村汾酒

山西汾酒是清香型白酒的典型代表，因其产于山西省汾阳市杏花村，故又名杏花村酒。山西汾酒以优质高粱为原料，以神泉古井水为酿造用水，用大麦、豌豆制成糖化发酵剂，采用"清蒸二次清"的独特酿造工艺，制得的酒液晶莹剔透、馥郁清香，堪称清香型白酒的典范。

4. 桂林三花酒

广西桂林三花酒是米香型白酒的代表，有"米酒之王"的美誉，与辣椒酱、豆腐乳合称为"桂林三宝"。桂林三花酒品质上乘，除采用清澈、优质的漓江水，精选大米，蒸馏酵母外，还有冬暖夏凉的气候环境，加之桂林洞穴形成特殊储存条件，从而使酒精更有香味。

第四节 饮食礼仪

中国饮食礼仪可谓源远流长。根据文献记载，早在周代，饮食礼仪就已形成一套相当完备的制度，曾经任鲁国祭酒的孔子推崇的大国之貌、礼仪之邦、文明之所等都是饮食礼仪的重要方面。

在传统的宴饮礼仪中，主人折柬邀请、门外迎客，宾客到达，相互问候，入厅小坐，敬上茶点。待宾客到齐，导客入席，以左为尊，谓之首座，首座相对为二座，首座之右为三座，二座之右为四座。客人坐定，主人敬酒让菜，客人以礼相谢。席间斟酒上菜时，客人必须先敬长者和主宾，最后才敬主人。

一、宴饮之礼

注重"礼"的内涵是中华民族传统宴饮过程中的一大特点。尤其在华夏文明发展早期的周秦两汉时代，最著名的与宴饮有关的礼仪是飨礼、燕礼和乡饮酒礼。其中，飨礼为古代帝王祭祀社稷的礼制，在太庙举行。到秦汉以后，飨、燕之礼就很少完全按照《礼经》的规定举办，但历朝历代天子宴请群臣，常有大宴、节宴等盛大宴饮，且仍然保留着旧礼遗风。

（一）乡饮酒礼

根据《周礼·大宗伯》记载，古代的社会礼制可分为五种——吉礼、凶礼、军礼、宾礼、嘉礼，是为"五礼"，而乡饮酒礼隶属嘉礼。乡饮酒礼由乡大夫做主人设宴，主要目的是向国家推荐贤者，作为记述乡人以时聚会宴饮的礼仪。起始于周代乡大夫为招待乡中贤能之士而在乡学举行宴饮活动，以此来传达尊贤敬老的寓意，后来演变为地方官设宴招待应举之士，此宴为"乡饮酒"。

具体而言，古代诸侯之乡有学制为三年的乡学，为此，每逢有人满三年之学的正月，乡大夫都要作为主人，招待乡学中的贤能之士和德高望重者，举行乡饮酒礼，以借机将优秀的学成者作为人才推荐给诸侯使用。乡大夫和乡先生从学成者中选择最贤能者作为宾，第二贤能者作为介，第三到第五贤能者作为众宾，一共五人。因此，在一定程度上，乡饮酒礼相当于学校通过毕业宴会向国家推荐五名人才。此外，一般在乡饮酒礼之后还会举行乡射，如孙诒让在《周礼·正义》中释为："退，谓王受贤能之书事毕，乡大夫与乡老则退各就其乡学之庠而与乡人习射，是为乡射之礼。"

乡饮酒礼极其复杂。到秦汉以后，乡饮酒礼被士大夫长期沿用，只是在礼节上有所调整，直到清末道光年间此礼才被废止。

（二）燕礼

燕礼的"燕"通"宴"，为安闲、休息之意。燕礼是天子、诸侯为联络与下属的感情而与群臣宴饮的礼仪。燕礼可以是为臣僚出使而归、属官新建功勋、贵宾聘请等具体事由而举行的，也可以无特殊原因而宴请群臣。由此可见，燕礼是专门传递君臣上下相尊之情意。起初天子、诸侯、族人都有燕礼，其中以诸侯宴请臣下之礼最为典型。其燕礼的仪式比较简约，有肉食但没有饭，以饮酒为主，先由主人取酒爵致客，称为"献"；次由客还敬，称为"酢"；再由主人把酒注入觯或爵后，先自饮而后劝宾客随着饮，称"酬"，合起来称为"一献之礼"，一般只行一献之礼，寓意尽宾主之欢。《仪礼》中有《燕礼》一篇专记燕礼的礼法，《礼记》也有《燕义》一篇专记燕礼的礼义。

就燕礼的举办地点而言，古代天子有六寝：一路寝，五小寝；诸侯有三寝：一路寝，一小寝，一侧室。燕礼是在路寝举行的。路寝就是正厅、正殿，是天子、诸侯听政和处理事务的地方；小寝则是休息的地方。

燕礼开始之前，有司们要陈设好各种器物：在路寝的东侧摆放肴馔。在堂下的东、西两阶之间布置好编钟、编磬、钟、镈、鼓等乐器。在正对着堂屋东侧屋檐滴水的地方，放好洗手时接弃水用的盆洗；洗的东边是盛水器，称为"罍"；洗的西边是竹筐，称为"篚"，里面放爵、觯等酒器供卿大夫使用。放在洗的北边的筐又称为"膳篚"，里面放着象牙装饰的酒器"象觚"供国君使用。此外，国君与卿大夫们的酒樽也是分开的。放在堂上的东楹柱的西边的两只方壶是供卿大夫用的。放在卿大夫酒樽的南边，底部有托架，上面用粗葛布或细麻布覆盖的"膳尊"是国君专用的。放在门内的西侧的两把圆壶，是那些参加燕礼的还尚未获得爵命而被称为"士旅食者"的士用的。

总的来说，中国古代贵族社交有很多专门礼节，尤其王侯之间的酒礼中更是，如迎宾礼、献宾礼及酒宴上的饮酒规则。

燕礼是一种安宾待客之礼,主要分燕同姓和燕异姓两种。地点通常设在寝室,相亲和娱乐为主要目的。此外,燕礼上的奏乐,如郑玄《毛诗谱》云:"天子诸侯燕群臣及聘问之宾,皆歌《鹿鸣》,合乡乐。"在《礼记·投壶》里面还有很多关于投壶、燕射等活动的记载,有时还有国君的赏赐,正如《周礼·春官·巾车》中提到的:"凡良车、散车不在等者,其用无常。"《左传·昭公·昭公十二年》中描绘晋昭公和齐景公在宴会中玩投壶游戏,晋昭公先投,穆子发酒令:"有酒像淮流,有肉像高丘。寡君投中壶,统帅诸侯。"晋昭公投中了。然后齐景公也举起箭,说酒令:"有酒如渑水,有肉像山陵。寡人投中壶,代君兴盛。"他也投中了。两人谈话针锋相对,由此可见,投壶游戏有时也包含着政治风云,但大部分的投壶活动还是以娱乐休闲为主。这些活动都是为提升宴会的气氛、增进宾客的感情所设。

按照宴饮的礼节,主人根据宴会礼仪,在倒酒之前,男主人必须先到庭中洗手,以显示其严肃性和清洁性。客人不能一个人坐在大堂里,会让人感到厌烦,是傲慢的表现,所以有必要相应地走下大堂。这个时候,宾客要下堂。对方退下来表示感谢,客人有礼貌地回答。洗完手后,两个人一起去大堂。然后,男主人为了洗手再次下到大堂,表示对方正在严肃地喝酒。因为同样的理由,客人又要下堂,互相的献酒仪式和以前一样。因此,两人再次来到大堂,主人招待客人喝完酒后,为客人提供酒。在向客人表示感谢之后,坐下来祭祀后用餐。客人称赞酒的甜度,主人答拜,宾客将爵中之酒饮尽,拜谢主人,主人再答拜。这是主人向宾客献酒,称为"献"。

普通的敬酒,以敬三杯为度。设置宴会招待宾客,实际上是为了喝酒娱乐。《周礼》中王举行的宴会是为了尊敬主人,一般有仆人陪在一边。主人和客人一起喝酒的时候,他们必须互相弯下身子。年轻的一代在被称为"端酒"的老人面前喝酒,通常是跪着礼拜,坐在第二席上。年长者会在年轻人举杯之前命令年轻人喝。年轻人不能在年长者喝完之前就把酒喝净。《仪礼·燕礼》里面记录的"无算爵",指的就是不计算喝酒的次数,以喝到尽兴为主。燕礼有"折俎无饭"。这种就是可以食用的,但是,其他祭祀用的全烝和房烝都没煮熟,仅供祭祀摆设,不可食用。如《左传·宣公·宣公十六年》记载:"冬,晋侯使士会平王室,定王享之。原襄公相礼,殽烝。"燕礼除有折俎外,还有脯、醢等肴馔。"宾坐,左执爵,右祭脯醢。"《仪礼·燕礼》有云:"膳宰荐脯醢。"脯指的是笾,醢指的是豆,有时候有豆无笾,但往往喝酒的时候二者都要有。

燕礼场合特点鲜明，而且在喝酒的过程中通常还会用乐器或者歌舞助兴。燕礼在举行至旅酬期间，先是堂上的乐工在瑟的伴奏下歌唱《鹿鸣》《四牡》《皇皇者华》，君臣和各方来宾一起喝着酒，讨论修道或者政事。旅酬之后，吹笙者再吹奏《白华》《南陔》《华黍》等曲，而后主人再向奏乐者献酒。奏完之后，宴会上就交替响起各种音乐，歌《南有嘉鱼》，笙《崇丘》；歌《鱼丽》，笙《由庚》；歌《南山有台》，笙《由仪》。多数都是讲述太平盛世及群臣之乐的美好场景。以上乐歌均为《小雅》篇。

燕礼虽然主要为了喝酒娱乐，但是还存在分明的等级制度及主宾的差别。乍一看平凡的仪式中蕴含着深刻的礼仪和正义，一旦举行了仪式，即使是悠闲的宴会，也会在无意识中渗透出美德。例如，《左传·宣公·宣公十六年》记载："王享有体荐，宴有折俎。公当享，卿当宴，王室之礼也。武子归而讲求典礼，以修晋国之法。"仪式的塑造者希望通过这样的礼仪，让皇帝和他的大臣对国政更加勤勉。

我们可以说，君主设燕礼以飨群臣，这本身就是一个充满丰富政治意图的行为，目的是礼贤下士、融洽关系，借以求得君主坦诚、臣子尽忠。

（三）飨礼

飨礼缘起于乡饮酒礼，是古代宴饮之礼中规格最高的，因此其仪式组成和乡礼的十分相近。

飨通"享"，最早也源于享神，后来祭先王的大礼也被称为"飨"。始于周朝，是周天子举行的规模隆重的"王事"。此外，诸侯在朝见天子、参加纳贡述职和升堂助祭时也可以使用飨礼。到了春秋时期，诸侯国的国君也开始盛行飨礼。因此，较其他酒礼而言，飨礼与生俱来具有无法比拟的高规格。飨礼由迎宾之礼、献宾之礼、歌奏合乐和礼终宴射四个部分组成。

飨礼中的迎宾之礼的主人，周朝是周天子，到了春秋时期则演变成诸侯国君；宾客则主要是前来朝拜的诸侯与卿大夫，也有本国级别较高的卿大夫。天子会指派大臣负责邀请参加飨礼的贵宾，膳宰负责摆好馔、具，乐人负责摆、持乐器，并按照尊卑依次设定各个席位。同时，天子会选择主管酒樽之事的人，负责迎宾并引导众人进入，并向天子行礼。然后，天子会先入座，随后其他人才能各就各位。

飨礼中的献宾之礼继承了乡饮酒礼的结构，宾主之间献礼由献、酢、酬三部分组成。只是与多为"一献之礼"的乡饮酒礼不同，飨礼献宾之礼的次数是根据宾客的尊卑来确定的，若宾客的身份足够尊贵，飨礼最多可以达到"九献之礼"。飨礼

第七章 中国饮食文化

中献礼的不同次数,主要是体现君臣的等级差别。周朝初期,最隆重的飨礼仅仅为周天子的"三献之礼",后来不断地发展、升级才出现了周天子专用的"九献之礼"。正如《周礼·秋官·大行人》中的记载:"上公之礼,……飨礼九献,食礼九举,出入五积,三问三劳。诸侯之礼,……王礼壹祼而酢,飨礼七献,食礼七举……诸伯执躬圭,其他皆如诸侯之礼。诸子执榖璧五寸……王礼壹祼不酢,飨礼五献,食礼五举,出入三积,壹问壹劳。诸男执蒲璧,其他皆如诸子之礼。"

在飨礼的"献、酢、酬"中,"酢、酬"是指主人客人相互敬酒,主敬客称"酬",客还敬称"酢"。其中,"酢"是最能突出君臣之别的典型环节。乡饮酒礼中的"酢"是由宾客拿着盛有酒的爵主动到主人席前还敬;而飨礼中的"酢"为了突显主宾、君臣地位之间的尊卑等级,宾客必须等主人发出命令后,才能拿爵还敬主人。

此外,作为贵族阶层的飨礼在礼节中参入乐仪演奏乐歌,其歌奏合乐是为了赞颂国家、天子及欢迎慰劳宾客,场面最为隆重,流程最为复杂,与平民阶层在作乐仪式方面亦有巨大区别。

具体来说,飨礼奏乐主要分为金奏、升歌、下管、舞四部分。飨礼在迎宾之时就是金奏之乐,按照礼节,如果是天子飨诸侯,金奏之乐主要演奏《肆夏》的三个乐章——《樊》《遏》《渠》。但春秋中后期,由于礼崩乐坏,出现种种"僭越"行为,卿大夫之间也有使用金奏《肆夏》的三乐章的。飨礼升歌是指主人向宾客进酒之后,乐工(由"箫""相"组成)在乐正的指挥下,由"箫"升堂演奏,由"相"歌唱宴飨诗。在伴奏乐器方面,伴奏乐器由普通的"瑟""笙"升级为"箫"。在宴飨诗方面,如果主宾双方为诸侯飨使臣,则宴飨诗为《鹿鸣》《南陔》等宴飨诗,如果为诸侯飨诸侯,宴飨诗则为《文王》《大明》《绵》等宴飨诗。在升歌之后,便是"下管"环节,而后是"舞",有管则有舞。用管吹奏乐曲《象》、舞《大武》及《夏籥》两古乐舞。

飨礼的最后一个环节是"宴射",即在宴会临近结束,主人与宾客还会进行射箭比赛。具体流程:第一次射箭,输了比赛的人要站着喝罚酒,然后向赢的人行拱手礼。第二次射箭,乐工用埙演奏《诗经·召南》中的《驺虞》作为音乐伴奏,进行完第三次射箭的比赛后,负方再次喝过罚酒,并向胜方行拱手礼,宴会就至此结束。在整个飨礼中,主要为了表现礼节、表示最高的肃敬,爵中的酒满了并不用来饮用,只能用来漱口,也不能倚靠坐具。

二、待客之礼

（一）迎宾

"有朋自远方来，不亦乐乎"，好客是中华民族的优良传统。好客不仅体现在礼貌待客，更要求做到宾至如归。因此，古人十分注重宾客之礼，入门也有古礼规定："凡与客人者，每门让于客。"即在每道门的门口都让客人先进入，这是主人向客人表达敬意的一种方式。具体来说，每逢宾朋到来，都到门外热情迎接，相互施礼，互致问候，然后引入堂室。

（二）落座

登堂入室之后，入席时，安排座次上也有礼节讲究：中国古代一般以东方、南方为尊。帝王在殿堂之上，一般坐北朝南，表示自己尊于群臣，在万民之上。

至于家人堂室，要根据堂室的门厅、方位而定，有的还会以居东朝西的座位为尊，宾客当然要被请于尊位落座。正如"日听呦呦歌鹿鸣，嘉宾相见即相迎。主人肃客（恭敬客人）右边入，客逊（客人谦让）主人西上行。拜坐毕时当举问，酒汤初进合亲呈。席终礼送详宾顾，恭敬周旋在至诚"。除了东南方位，古人还习惯以右边为尊，引导客人进入堂室时，多请其从右边入门。而作为客人，为表自谦，入席之间又要注意从左边入座。

（三）饮品

中国古代饮酒吃茶，招待客人还讲究"盘盏洁净，茶少堪称，是菜是酒，不可浊混"。此外，为了以示心诚，古人还讲究"茶七、饭八、酒十分"，茶饭不能太满，但酒要满盈。

（四）娱乐活动

在《礼记》中，席间游戏被编录为一种宴席礼仪的必需程序。古人对宴席间气氛的追求是由来已久的。为了显示盛情之意，活跃席间气氛，宾主之间不仅要相互敬酒、畅叙友情，主人还要"对酒设乐""雅歌投壶"。

投壶是一种席间游戏。《礼记》记载，席间主人会拿出矢（一种似箭的一头尖的棍），邀请在座宾朋："某有枉矢哨壶，请以乐宾。"客人则需答谢道："子有旨酒佳肴，某既赐矣，又重以乐，敢辞？"然后，宾主依次把分发的矢投向壶口，投入最多者为胜。除了投壶，古人还有其他多种助兴取乐的游戏，如行酒令等。由于游戏的助兴，宴饮中活跃融洽的气氛，暂时冲破高下尊卑之分，宾客也会因此产生宾至如归的感觉。待客之道讲究的就是敬诚盛情，是主人之礼的精髓。

（五）入乡随俗

正如《礼记》所言："入境而问禁，入国而问俗，入门而问讳。"进入异国境地，应当咨询异国的禁令；进入他乡，应当尊重当地的风俗习惯；而进入别人家，也应当了解人家的习惯和避讳。比如，作为客人，"卧房厨下，不可乱行"，按主人安排的座位就座，要注意礼敬主人，尊重主人的生活习惯。聚会结束，在主人家不能不顾时间地久坐，应及时起身告辞。临别时，所谓"山有木，工则度之；宾有礼，主则择之"，主人送客一般要送至大门之外，施辞别礼。客人若知礼节，主人才会乐意再邀，与他继续交往。

三、进食之礼

（一）做客时的进食之礼

所谓"食至起，上客起，让食不唾"，即菜点端上来，宴饮开始时，宾客要起立。尤其有贵客到来时，为表示恭敬，其他客人也都要起立迎接。面对主人的让食，不可置之不理，要热情取用。

所谓"客若降等，执食兴辞。主人兴辞于客，然后客坐"，即如果来宾地位低于主人，必须双手端起食物面向主人致辞，等与主人寒暄完毕之后，方可入席落座。

所谓"主人延客祭，祭食，祭所先进，肴之序，遍祭之"，即主人引导客人行祭：食祭放在餐桌上，酒祭撒到地上，按照进食的顺序行祭，先吃什么就先用什么行祭。

所谓"三饭，主人延客食胾，然后辨肴，客不虚口"，其中"三饭"，指一般的客人吃三小碗饭后便要说吃饱了，必须等主人劝让才可以开始吃肉。

宴饮临近结束，一方面，主人要等客人先食完才停止进食，不能先客人吃完，表示对客人的尊重。另一方面，如果主人进食未完，则"客不虚口"，虚口指以酒浆漱口，用来清洁安食，即主人还在进食的时候，客人不能擅自虚口，表示对主人的尊重。

"毋抟饭"，即吃饭时，不可把饭攥成大团，然后大口大口地吃。

"毋放饭"，即要入口的饭不能再放回餐具中，有不卫生的风险。

"毋流歠"，即不要大吃大喝，让人感觉是想快吃、多吃，好像不够吃一样。

"毋咤食"，即咀嚼时不要发出响声，主人会认为你是表现对饭食的不满意。

"毋啮骨"，即啃骨头不要发出不中听的声响，有不雅不敬的感觉。

"毋反鱼肉",即自己吃过的鱼肉,不要再放回取食盘。

"毋投与狗骨",即不能把骨头扔给狗去啃。

"毋固获",即不要因为喜欢某一味肴馔而只吃那一味,或者争着去吃。

"毋扬饭",即不要为了能尽快吃,尽快散去热气,就用餐具扬起饭粒。

"饭黍毋以箸",即吃黍饭不要用筷子,必须用匙。筷子是吃羹中之菜专用的,不能混用。

"毋嚃羹",即饮用肉羹,不可出大声,而且如果羹中有菜,必须用筷子夹取,不能用嘴直接吸取。

"毋絮羹",即不能自己动手重新调和羹味,否则就有卖弄自己更精于烹调的嫌疑。

"毋刺齿",即进食时,如遇塞牙,不能不加掩饰地剔牙齿,一定要等到饭后再剔。

"毋歠醢",即不要直接端起调味酱就喝。因为调味酱是用于调味的,味道比较咸,是不能直接饮用的。

"卒食,客自前跪,彻饭齐以授相者",即宴饮完毕,客人自己须跪立在食案前,整理好自己所有的餐具和剩下的食物,交给主人的仆从。直到主人说不必客人再亲自动手,客人才能住手,再坐回座位。

(二) 普通情况下的进食之礼

所谓"虚坐尽后,食坐尽前",其中,"虚坐尽后"是指进食时要坐得比尊者、长者靠后一些,以表达自己的谦恭;"食坐尽前"是指进食时要尽量靠近摆放菜点的食案,坐得靠前一些,以免不慎掉落的食物弄脏座席。

"共食不饱",即同别人一起进食,要注意谦让,不能吃得过饱。

"共饭不泽手",即当与人同食器吃饭,不可用手,需要用匙。

"濡肉齿决,干肉不齿决",即软烂的烧肉、炖肉,可以直接咀嚼食用;但肉干则不能,必须用餐刀切断再咀嚼食用。

"毋嘬炙",即吃大块的烤肉时不能狼吞虎咽,否则仪态不佳。

"羹之有菜者用梜,无菜者不用梜",其中"梜"是筷子,即羹中的菜要用筷子取食,但如果没有菜则直饮即可。

"当食不叹",即"唯食忘忧",吃饭时不能唉声叹气。

第八章

中国节日习俗文化

节日的起源和发展是一个逐渐形成、潜移默化地完善、慢慢渗入社会生活的过程。它和社会的发展一样，是人类社会发展到一定阶段的产物。我国古代的这些节日，大多和天文、历法、数学，以及后来划分出的节气有关，这从文献上至少可以追溯到《夏小正》《尚书》。到战国时期，一年中划分的二十四个节气已基本齐备，后来的传统节日大都和这些节气密切相关。中国的传统节日体系萌芽于先秦时期，这一时期积累的祖先崇拜、天地崇拜等原始信仰，为后世创设节日民俗准备了大量的文化素材。汉魏晋南北朝时期，新的社会经济条件、稳定的历法，使这一时期节日习俗欣欣向荣。传统节日定型于隋唐两宋时期，据宋代陈元靓《岁时广记》记载，当时的节日有元旦、立春、人日、正月晦、中和节、二社日、寒食、清明、上巳、端午、三伏节、立秋、七夕、中元、中秋、重九、小春、下元、冬至、腊日、交年节、岁除等，这一序列基本上囊括了传统社会全部的重要节日，元明清时期对这一体系没有大的突破。

第一节 传统节庆的类型与特征

一、节庆文化的构成要素

中华传统节庆文化有许多重要的组成部分，它们交互作用、彼此依托，保证了节庆文化的持久存在和不断发展。这些重要的组成部分，我们称为节庆文化的要素，其中主要应包括节庆的日期、用具、用语、饮食等方面的内容。节庆日期的选择与设定，一般依据天候、物候和气候的周期性转换而约定俗成，最早被择定为节日的是被确认的节气之交接日，即立春、立夏、立秋、立冬和春分、夏至、秋分、冬至八个节日，"八节"标志着阴阳四时的时令变化，故后世有"四时八节"之称。

节庆用具众多、别具一格，如驱邪祛病的庆典用具，大致说来，属于此类的庆典用具有年节的门神、桃符及鞭炮、锣鼓，人日节的华胜，清明节的柳条，端午节的艾蒿、菖蒲，以及重阳节的茱萸等。春节庆典用具中用以形成和烘托喜庆娱乐气氛的用具最多，也最为集中，如年节中五颜六色的新衣、五彩缤纷的插花，以及大红的对联、色彩斑斓的年画，还有燃放的各种烟花爆竹，敲打摆弄的锣鼓、旱船等。其他节日中，如元宵节令人眼花缭乱的灯笼、灯谜，清明节纷飞飘逸的风筝，端午节的龙舟，七夕节的荷叶灯、"水上浮"，中秋节的皓月和形态各异的"兔儿爷"，重阳节清香四溢的菊花，以及"九九消寒图"等，都是节庆活动中人们表达内心喜悦、欢乐之情的特定用具。

中华传统节庆中的庆典用语亦别具一格，依据节庆用语的基本性质和用途，可将其分为祝福用语、祷告用语和提示用语三个大类。从节庆生活的现实来看，祝福用语是四时节庆中使用最多、最频繁的节庆用语。提示用语在传统节庆用语中同样占有很大比重，它主要用于提醒终日劳作的人们时刻注意节气的变化，保证节庆活动内容的准确无误。提醒人们注意节气变化的用语甚多，如"清明不戴柳，红颜成皓首""摸摸春牛角，赚钱赚得着"等。

节庆饮食不仅保证了人们从事节庆活动的物质动力，而且还起到了渲染和活跃节庆气氛、增添节庆魅力的功效。从种类上分，节庆饮食包括节庆饮料与食物两大类，节庆饮料主要有酒和水两个大类，酒的种类甚多，而水则主要是指茶水。酒在我国出现甚早，《世本·作篇》中就记述说："仪狄造酒，杜康造酒。"到了商代，酒已十分普及。酒与传统节庆结缘，也已十分久远。早在先秦文献《诗·豳风·七月》中就有"为此春酒，以介眉寿"的句子。酒类之外，茶水是传统节庆民俗活动中不可或缺的重要饮料之一。传统节庆的食品比起饮料而言，品类更加繁多，同时具有浓郁的季节性特点，这里按照米面类、鱼肉类、果蔬类三种类别加以简要说明。首先是米面类，这类传统节庆食品甚多，其中主要有馒头、面条（又名汤饼）、饺子、年糕、汤圆、元宵、粽子、巧果、月饼、菊糕、馄饨、腊八粥等。其次是肉类，其典型的制成品有涮羊肉、肉冻、血肠、五彩蛋、烤鸭、板鸭、醉蟹、腌制腊肉、野鸡爪、鹿兔脯、猪头宴、蒸羊汤等。最后还有果蔬类，节日中人们将瓜果蔬菜视为必备用品，同时还进行巧妙的组合，命以喜庆欢快的名字，以增添节庆的气氛。

二、传统节庆类型与特质

根据传统节庆的性质和目的，我们将其大体分为生产类节庆、祭祀类节庆、驱邪祛病类节庆、纪念类节庆、喜庆类节庆五个大类。

（一）生产类节庆

产生于农业社会背景下的中华传统民俗，自然也对反映生产活动的节庆内容青睐有加，一年中最早出现的农事生产类节庆活动，是立春节的"鞭打春牛"和张贴"春牛图"。立春原本是"二十四节气"中的一个节气，后演变成为一个重要的节日。据《礼记·月令》记载，早在先秦时期，就已有立春"出土牛"之俗流行。从宋代起已有刻版印刷的牧童赶牛的"春牛图"，供人们张贴。绘图者也根据立春时间来进行芒童（即牧童）站位的设计，或牵牛于后表示春早，或骑于牛背表示农事平，或驱牛在前表示农事晚。由此可见，立春节为农事生产服务的意图是十分明显的。此外，如添仓节的"打囤添仓"、春龙节的"引龙兴雨"、分龙节的"分龙彩雨"及七夕节的"赛巧会"等节庆活动，也都是围绕着男耕女织、风调雨顺和丰收等农事生产而展开的。

（二）祭祀类节庆

在中国各民族民俗节日中，以祭祀为主要内容的节日最多。在传统节日中，以春节、清明节等的祭祀类节庆民俗活动的规模最大，同时也最为集中。《礼记·月令·孟春》记载："立春之日，天子亲率三公、九卿、诸侯、大夫，以迎春于东郊。"古代皇帝也都在春节举行祭天大典，而清明节作为我国传统节日，也是最重要的祭祀节日，是祭祖和扫墓的日子。"扫墓"俗称"上坟"，是祭祀死者的一种活动，按照旧的习俗。扫墓时，人们要携带酒食果品、纸钱等物品到墓地，将食物供祭在亲人墓前，再将纸钱焚化，为坟墓培上新土，折几枝嫩绿的新枝插在坟上，然后叩头行礼祭拜。另外，中秋节的拜月活动、冬至节的祭灶活动等，也都属于典型的祭祀类节庆民俗活动。

（三）驱邪祛病类节庆

驱邪祛病、祈求安康是传统节庆的重要内容之一。这在众多的传统节日中民俗中也得到了有效的体现，并形成了一系列驱邪祛病的节庆民俗内容。如清明戴柳，端午节插艾、戴五彩线、喝雄黄酒，重阳节插茱萸、饮菊花酒，还有各节庆洒扫庭除等，这些民俗活动，或以心理暗示为旨归，或以药物预防为要义，或以健身强体为目的，或以讲究卫生为关键，都企求达到驱邪祛病的功效。

（四）纪念类节庆

传统节庆民俗中，有许多是为了纪念某个历史人物或英雄人物及历史事件而设,还有一些,虽然并非因纪念人物或事件而设,但在后来的演变过程中,也拥有了纪念类节庆的性质。总体来说,这些民俗活动都属于纪念类节庆的范围,如寒食节的禁火与寒食,传说是为了纪念春秋时晋国名臣介子推;端午节龙舟竞渡、食粽子,据说是为了纪念战国时楚国大夫屈原;中秋节食月饼,是为了纪念岳飞等,均属此类。

(五)喜庆类节庆

喜庆类节庆以庆贺丰收,欢庆人畜两旺、吉祥幸福为主题,往往形成喜庆的连续性或系列化。如在各族中规模最大、影响最广的年节,即主要是由这类节庆民俗连缀而成的,以春节为例,喜庆类民俗是主要内容。人们常说"日子天天赛过年""像过年一样热闹"等语,正反映了春节留在人们记忆中的尽是欢乐和喜庆。春节张贴春联和年画、燃放鞭炮和烟花、张灯结彩、敲锣打鼓、杀猪宰羊、吃"合家欢"宴、守岁拜年,以及扭秧歌、跑旱船、踩高跷、逛庙会等,至今仍然是人们喜闻乐见、人人参与的喜庆民俗。

第二节 传统节庆文化的意蕴

中国的传统节日是中华民族悠久的历史文化的一个组成部分,形式多样、内容丰富,传统节日的形成过程,也是一个民族或国家的历史文化长期积淀凝聚的过程。

一、传统节庆的文化内涵

(一)传统节庆体现古代农耕文化

我国自古以来就是一个农业大国,以农业为主的经济形态必然会产生与之相适应的文化。中国传统节日根源于中国古代农耕文化。据史籍记载,春节在唐虞时叫"载",夏代叫"岁",周代叫"年"。"载""岁""年"都是指谷物生长周期,谷子一年一熟,所以春节一年一次,含有庆丰收的寓意。关于春节的另一种说法是:春节起源于原始社会末期的"腊祭",当时每逢腊尽春来,先民便杀猪宰羊,祭祀祖先,祈求新的一年风调雨顺,免去灾祸。清明节本是二十四节气之一,这时,我国大部分地区气候温暖,草木萌茂,开始忙于春耕春种。关于中秋节的起源,有一种说法是秋报的遗俗,因为农历八月十五这一天恰好是稻子成熟的时刻,人们便在这个季节饮酒舞蹈，喜气洋洋地庆祝丰收。从传统节日的起源看，大多出于农耕目的，虽然在流传过程中有些节日淡化了农耕印象，但传统节日体现或根植于古代农耕文化这一点是确定的。

（二）传统节庆体现了图腾文化

对大自然的崇拜是先民最原始的崇拜形式之一，这里的大自然主要指太阳、月亮、大地及其他自然物。在中秋时节，古代贵族和文人学士对着天上一轮皓月观赏祭拜，寄托情怀，无论是祭月还是赏月都体现了对月亮的崇拜。春节祭祖、清明扫墓是对祖先的崇拜。原始先民都相信自己的氏族与某种动物、植物或无生物之间存在一种特殊的亲密关系，并以之作为氏族崇拜的对象，端午节赛龙舟的习俗早在屈原之前就出现了，这正体现了人们对龙图腾的崇拜。

（三）传统节庆体现古代宗法文化

中国长期处在宗法制社会形态下，人们重血亲人伦，讲究礼教德治、长幼尊卑，宗法制社会形态下的一系列伦理要求在传统节日中找到了很好的依托，春节祭祖、清明扫墓都体现出一种"人道亲亲"。《礼记·大传》中这样解释："人道亲亲""亲亲故尊祖，尊祖故敬宗，敬宗故收族"。通过祭祖扫墓这种方式，整个家族就以血亲人伦为纽带联系在一起了。无论是祭祖、扫墓，还是拜月、登高，都有严格的仪式，通过传统节日中的血亲纽带，"尊尊"与"亲亲"联系在一起，整个社会实现了从"家天下"到"国天下"的过渡，形成了家国同构格局。

二、传统节庆的文化精神

文化精神就是传统文化中具有积极意义的、体现在民族蓬勃向上精神的思想和观念。中国传统节日体现出精忠报国、刚健有为、自强不息、天人合一、贵和尚美等文化精神，正是因为有着这些文化精神的存在，中国传统节日及节日中的一些习俗经过几千年的历程仍被保存、遵守着，体现出强大的文化生命力。

（一）精忠报国

精忠报国思想在清明与端午两大节日中体现得最为明显，并且这种传统文化精神在历史进程中已经自发地上升为一种民族精神，在社会发展中起着非常重要的作用。清明扫墓的习俗来自寒食节，而寒食节相传与春秋时期介子推有关，介子推"割股"给困境中的公子重耳充饥，这里体现了"忠"与"义"两种文化精神，当公子重耳成为晋文公，欲封赏介子推时，介子推背着老母进了深山，这里体现了

"孝"。在几千年的社会进程中，寒食节与清明节合二为一，"忠""义"的文化精神也成为中国传统观念中士大夫精神的渊源，孕育和造就了中国历史上无数仁人志士、英雄豪杰。而以血亲为纽带将人民紧紧联系在一起的"孝"，从小处说，使一个家族具有凝聚力；从大处说，使一个民族、国家更具有凝聚力。

（二）贵和尚美

"和"即和谐、统一，"美"即美好、团圆，贵和尚美作为中国文化的基本精神之一，在传统节日中常有流露。春节虽然是指农历一年的第一天，但人们习惯上的过年活动在头一年进入腊月（夏历十二月）就已开始，一直到元宵节才结束。在腊月里，人们要扫尘、祭灶神；除夕要全家团圆，大家围坐在一起和面包饺子，和面的"和"与"合"谐音，饺子的"饺"与"交"谐音，"合"与"交"是团圆、相聚之意。至元宵节全家又要围在一起吃汤圆，这些都表达了人们希望生活团团圆圆、和谐美好的愿望。七夕乞巧表达出人们希望婚姻美满的愿望。至于中秋吃月饼，更兼有生活团圆、婚姻美满之意。九九重阳，则有珍爱生命、健康长寿之意。此外，清明折柳，端午采艾叶、菖蒲，重阳遍插茱萸，这种驱恶避邪的习俗也显露出贵和尚美的思想。

（三）天人合一

中华传统节庆文化在倡导和谐方面可谓无处不在，从节日的日期选择到节日娱乐与饮食的活动安排，方方面面、时时刻刻都体现着人与自然和谐共处的基本精神。

关于"天人合一"的思想，最基本的含义是充分肯定"自然界和精神的统一"，关注人类行为与自然界的协调，春节迎新、清明踏青、端午赛船、中秋赏月、重阳登高都是天人合一思想的体现。正如《易传·文言》中说："夫大人者与天地合其德，与日月合其明，与四时合其序，与鬼神合其吉凶，先天而天弗违，后天而奉天时。"这种认识影响着许多人的价值取向、人生态度，这与"达则兼济天下，穷则独善其身"的观点是一致的。传统节日中的一些习俗在社会发展中淡化或消失了，唯独亲近自然的行为得以延续，也从一个侧面反映了天人合一的思想具有强大的文化生命力。当然，也必须指出，自先秦以来直至近代以前的漫长历史时期内，中国长期处于农业社会之中，农业生产成为国之大事。因此，在这个前提与背景下生成的传统节庆，必然就表现出与农业生产忙闲有致的模式相一致的特点，从流传至今的传统节庆日的时间安排来看，基本上是冬天农闲时安排的节日数目和节庆活动内容相对为多，而农忙的夏至时节，相关活动相对为少。从这个意义上说，传统节庆的这种自觉调整实则也是一种与自然的协调统一，同样能够表现出其一贯的和谐精神。

（四）淑世情怀

从先秦以来，中华民族就一直贯穿着一个关切人文、人道的优良传统，"天道远，人道迩""观乎人文，以化成天下"，便是其崇高的理想和追求，因此，"修身齐家治国平天下"的淑世情怀，更是弥漫到五千年历史文化的各个角落。在中华传统节庆文化之中，淑世情怀同样是一个十分引人注目的精神基调，在一代又一代中国人中传承赓续、绵延不绝。如《礼记·月令》记载："立春之日，天子亲率三公、九卿、诸侯、大夫，以迎春于东郊。"这里，迎春的目的就明显是给人间带来春暖花开、万物复苏的新春。今日仍在民间流行的祭灶时期望灶王爷"上天言好事，下界保平安"的民俗活动，也深深地打上了淑世情怀的烙印。至于传统节庆中围绕着老人、孩子、女性、恋人等而设的节日，更是将福禄寿禧和太平团圆、多才多艺的淑世情怀全面而彻底地展示出来，如年节时祝福老人健康长寿，人日节时祈祷孩子平安，女儿节时期盼女儿手巧如织女、愿天下有情人终成眷属等，都是其具体表现，流传至今的新年对联亦以昭示世间的文字形式，表达了这种深沉的淑世情怀。

三、传统节庆的文化功能

节庆在人民生活中有着重要的地位，因此节庆文化则显得尤为突出。节庆的文化功能主要表现在以下三个方面。

（一）传统节庆是人们日常生活的一种精神补偿

节日符号规定了人在宇宙中的位置，告诉人们自身的起源与命运。节日的文化功能，就在于通过集体的活动建立起一套公共的精神信仰和价值观念，以达到对内的社会认同与整合及对外的文化中介和民族同化。过节的时候人们可以摆脱劳作，平稳而又自信地掌握自己的命运。节日在年复一年地强化着人类美好的理想，激励人奋进，释放被压抑的生命冲动，弘扬一切正义与爱的品质。过节的真正意义，并不是为了物质的增值，而是为了精神的愉悦与文明的延续，为了建立一个和谐美好的社会环境。传统节日价值就在于彰显了民族的情感，彰显了人生的意义，滋养了民族的精神，是中华优秀传统道德教育的重要载体，所以尽管各个节日内涵不同，纪念庆祝的形式不同，但是对传统节日的传承是我们对民族之根的认同，这是中华民族巨大的精神财富。

（二）传统节庆体现出强大的文化凝聚力与民族凝聚力

春节团聚、清明扫墓、端午节纪念屈原的传统习俗流露出敬祖意识、亲情情结、报国情怀等思想，这些观念最容易唤起人们对亲人、家庭、故乡、祖国的情感，唤起人们对民族传统文化的记忆，对民族精神的认同，唤起人们同宗同源的民族情及对文化同根性的认同。中国有许多俗语，如"一人有难，众人帮忙""老乡见老乡，两眼泪汪汪"等，这些都是传统节日具有强大文化凝聚力的表现；海外华侨回国祭祀祖先及在异国、异地的游子叶落归根等行为则是传统节日中民族凝聚力的体现。文化凝聚力与民族凝聚力有利于增强民族团结、维系国家统一，有利于加深世界各地中华儿女的亲情，也有利于激励一个民族、国家不断前进、发展、强大。

（三）传统节庆体现出浓厚的感恩情怀

众所周知，传统节庆中的不少民俗活动都是围绕着祭奠祖先而展开的。时至今日，每到中元节、清明节、年节等节日之际，人们相携赶往先祖墓前祭扫，用以寄托对先人的感念追思之情。这种追念先人的祭祀活动，归根到底乃是中国人"报本返始"观念的现实和表达，反映了这个民族尊重历史、追慕先人的优良传统。另外，传统节庆中不仅有围绕纪念个人先祖展开的祭祀活动，还有对民族历史上的"英雄及地方历史上受崇拜人物"的纪念活动。尽管节日仪礼中也采取了相当多的祭祀祈祷手段，但都属于纪念人物。例如，寒食节传说是纪念介之推这位居功不取的历史人物，而端午节则是在发展中扩大了它追悼屈原的内容，使端午节增强了纪念性。这类节日除了围绕纪念人物而展开，还有的是为纪念历史事件而设。如元宵节据说是为了纪念西汉政府最终戡平诸吕之乱而设。而不论是因人物设节还是为事件设节，都真切地反映出中华民族尊重历史、崇拜英雄的传统，是其浓重历史意识的直接表露。

第三节 传统节日风俗

目前我国传统节日主要有春节、元宵节、清明节、端午节、七夕节、中秋节、重阳节、冬至节等。重点介绍以下几种节日。

一、春节

春节是农历正月初一，又叫阴历年，俗称"过年"。关于春节传说的来历，有许多种说法,"熬年守岁"这个说法是最为普遍的。守岁,就是在旧年的最后一天熬夜迎接新一年的到来的习俗,也叫除夕守岁,俗名"熬年"。传说太古时期有一种凶猛的怪兽,散居在深山密林中,人们管它们叫"年"。它的形貌狰狞、生性凶残,专食飞禽走兽、鳞介虫豸,一天换一种口味,人人谈"年"色变。后来,人们慢慢掌握了"年"的活动规律,它每隔一段时间到人群聚居的地方尝一次口鲜,而且出没的时间都是在天黑以后,等到鸡鸣破晓,它们便返回山林中去了。算准了"年"肆虐的日期,百姓们便把这可怕的一夜视为关口来煞,称作"年关",并且想出了一整套过年关的办法:每到这一天晚上,每家每户都提前做好晚饭,熄火净灶,再把鸡圈牛栏全部拴牢,把宅院的前后门都封住,躲在屋里吃"年夜饭",由于这顿晚餐具有凶吉未卜的意味,所以置办得很丰盛,除了要全家老小围在一起用餐表示和睦团圆,还须在吃饭前先供祭祖先,祈求祖先保佑,平安地度过这一夜,吃过晚饭后谁都不敢睡觉,挤坐在一起闲聊壮胆,形成了除夕熬年守岁的习惯。

我国一直沿用的农历是以月亮圆缺的周期为月,将一年划分为十二个月,每月以不见月亮的那天为朔,正月朔日的子时称为岁首,即一年的开始,也叫年,古时的正月初一直被称为"元旦",直到中国近代辛亥革命胜利后,南京临时政府为了顺应农时和便于统计,规定在民间使用夏历,在政府机关、厂矿、学校和团体中实行公历,以公历的元月一日为元旦,农历的正月初一称春节。春节是民间最隆重、最热闹的一个传统节日,如何庆贺这个节日,在千百年的历史发展中形成了一些较为固定的风俗习惯,有许多还沿袭至今。过年的前一夜,就是旧年的腊月三十夜,也叫除夕,又叫团圆夜,在这新旧交替的时候,守岁是最重要的年俗活动之一。除夕晚上,全家老小都一起熬年守岁,欢聚酣饮,共享天伦之乐,北方地区在除夕有吃饺子的习俗,在南方有过年吃年糕的习惯,甜甜黏黏的年糕象征新的一年生活甜蜜。大年初二就开始走亲戚看朋友,相互拜年,道贺祝福,还有拜庙、祭祖等活动,一些地方的街市上还有舞狮子、耍龙灯、演社火、游花市、逛庙会等习俗,一直要到正月十五元宵节过后,春节才算真正结束。在春节期间还有以下习俗。

(一) 贴春联

春联也叫门对、春贴、对联、对子、桃符等,它以工整、对偶、简洁、精巧的文字表达美好愿望。春联的"春"字表达了民间百姓对新年寄予的希望,春天意味着万物复苏,农业生产的新开始,体现了在中国传统农耕文化中春天的重要性。贴春联这一习俗起于宋代,王安石的《元日》就有"千门万户曈曈日,总把新桃换旧符"的诗句,一直流传至今。春联的种类比较多,依其使用场所可分为门心、框对、横批、春条、斗方等。"门心"贴于门板上端中心部位;"框对"贴于左右两个门框上;"横批"贴于门楣的横木上;"春条"根据不同的内容贴于相应的地方;"斗方"也叫"门叶",为正方菱形,多贴在家具、影壁中。每逢春节来临之际,家家户户都会贴春联,期盼来年的好运。

(二)贴窗花和倒贴"福"字

新春佳节时,许多地区的人们喜欢在窗户上贴上各种剪纸——窗花。剪纸在我国是一种很普及的民间艺术,千百年来深受人们的喜爱,因它大多是贴在窗户上的,所以也被称为"窗花"。窗花的内容多种多样,有广为流传的民间故事,也有各类人物和动物的图案,象征吉祥幸福。在贴春联的同时,一些人家要在屋门上、墙壁上、门楣上贴上大大小小的"福"字。春节贴"福"字,是我国民间由来已久的风俗。"福"字寄托了人们对幸福生活的向往,对美好未来的祝愿。为了更充分地体现这种向往和祝愿,有人干脆将"福"字倒过来贴,表示福气已到。民间还有将"福"字精描细绘做成各种图案的,图案有寿桃、寿星、鲤鱼跳龙门、五谷丰登、龙凤呈祥等,增添喜庆气氛。

(三)贴年画

年画是我国的一种古老民间艺术,起源于"门神"。随着雕版印刷术的兴起,年画的内容已不仅限于门神之类单调的主题,变得丰富多彩。在一些年画作坊中产生了《五谷丰登》《六畜兴旺》《迎春接福》等精美的彩色年画,以满足人们喜庆祈年的美好愿望。民间流传最广的是一幅《老鼠娶亲》的年画,描绘了老鼠依照人间的风俗迎娶新娘的有趣场面。民国初年,上海郑曼陀将月历和年画二者结合起来,这是年画的一种新形式,这种合二而一的年画以后发展成挂历,对现今产生了深远的影响。

二、元宵节

每年农历的正月十五日是我国的元宵节,正月十五日是一年中第一个月圆之夜,也是一元复始、大地回春的夜晚,古人称夜为"宵",所以称正月十五为元宵节。人们对此加以庆祝,也是庆贺新春的延续。元宵节又称为"上元节",按中国民间的传统,在这天人们要出门赏月、燃灯放焰、喜猜灯谜、共吃元宵、合家团聚、同庆佳节,点起彩灯万盏,以示庆贺。元宵燃灯的风俗起自汉朝,到了唐代,赏灯活动兴盛。宋代的赏灯活动更加热闹,赏灯活动要进行5天,灯的样式也更丰富。"猜灯谜"又叫"打灯谜",是元宵节后增的一项活动,出现在宋朝。南宋时,首都临安每逢元宵节时制谜,猜谜的人众多,开始时是好事者把谜语写在纸条上,贴在五光十色的彩灯上供人猜,因为谜语能启迪智慧又饶有兴趣,所以深受社会各阶层的欢迎。明代要连续赏灯10天,这是中国最长的灯节。清代赏灯活动虽然只有3天,但是赏灯活动规模很大,盛况空前,除了燃灯,还放烟花助兴。民间过元宵节还有吃元宵的习俗。元宵由糯米制成,或实心,或带馅,馅有豆沙、白糖、山楂、各类果料等,食用时煮、煎、蒸、炸皆可。起初,人们把这种食物叫"浮圆子",后来又叫"汤团"或"汤圆",这些名称与"团圆"字音相近,取团圆之意,象征全家人团团圆圆、和睦幸福。随着时间的推移,元宵节的活动越来越多,不少地方节庆时增加了耍龙灯、舞狮子、踩高跷、划旱船扭秧歌、打太平鼓等传统民俗表演。

三、清明节

清明是我国的二十四节气之一。由于二十四节气比较客观地反映了一年四季气温、降雨、物候等方面的变化,所以古代劳动人民用它安排农事活动。《淮南子·天文训》云:"春分后十五日,斗指乙,则清明风至。"按《岁时百问》的说法:"万物生长此时,皆清洁而明净,故谓之清明。"清明一到,气温升高,雨量增多,正是春耕春种的大好时节,故有"清明前后,点瓜种豆""植树造林,莫过清明"的农谚,可见这个节气与农业生产有着密切的关系。但是,清明作为节日,与纯粹的节气又有所不同,而是最重要的祭祀节日,是祭祖和扫墓的日子。我国传统的清明节大约始于周代,已有两千五百多年的历史,后来由于清明与寒食的日子接近,而寒食是民间禁火扫墓的日子,渐渐地,寒食与清明就合二为一了,而寒食既成为清明的别称,也变成清明时节的一个习俗。

清明节除了讲究禁火、扫墓,还有踏青、荡秋千、蹴鞠、放风筝等一系列风俗体育活动。

(一)荡秋千

这是我国古代清明节习俗。秋千的历史很古老,最早叫千秋,后为了避忌讳,改为秋千。古时的秋千多用树枝为架,再拴上彩带做成,后来逐步发展为用两根绳索加上踏板的秋千。

(二)蹴鞠

鞠是一种皮球,球皮用皮革做成,球内用毛塞紧,蹴鞠,就是用足去踢球,这是古代清明节时人们喜爱的一种游戏，相传蹴鞠是黄帝发明的，最初的目的是用来训练武士。

（三）踏青

踏青又叫春游，古时叫探春、寻春等。三月清明，春回大地，自然界到处呈现一派生机勃勃的景象，正是郊游的大好时光，我国民间长期保持着清明踏青的习惯。

（四）放风筝

放风筝也是清明时节人们所喜爱的活动。每逢清明时节，人们不仅白天放，夜间也放。过去，有的人把风筝放上蓝天后便剪断牵线，任凭清风把它们送往天涯海角，据说这样能除病消灾，给自己带来好运。

四、端午节

农历五月初五是中国民间的传统节日——端午节，端午也称端五，端阳。此外，端午节还有许多别称，如午日节、重午节，五月节、浴兰节、女儿节，龙日等，虽然名称不同，但总体上说过节的习俗还是同多于异的。过端午节是我国两千多年来的传统习惯，由于地域广大、民族众多，各地也有着不尽相同的习俗。其内容主要有：女儿回娘家，悬挂菖蒲、艾草，游百病，佩香囊，赛龙舟，比武、击球、荡秋千，给小孩涂雄黄，饮用雄黄酒，菖蒲酒，吃五毒饼、咸蛋、粽子和时令鲜果等。

关于端午节的由来，说法甚多，如纪念屈原说、纪念伍子胥说、纪念曹娥说、吴越民族图腾祭说等。农历五月已到湿热之时，蛇虫鼠蚁较多，由于儿童抵抗力较差，再加上古代的科技水平有限，所以在端午节气来临之时会给小孩穿五毒背心，戴五色线，起到辟邪的作用。在五月端午这天，人们还会赶早买艾草，挂于家门之上，用来驱赶蚊蝇。中国民众普遍把端午节的龙舟竞渡和吃粽子等与纪念屈原联系在一起。我国民间过端午节是较为隆重的，庆祝的活动也是各种各样，比较普遍的活动有以下几种形式。

（一）赛龙舟

赛龙舟是端午节的主要习俗。相传起源于古时楚国人因舍不得贤臣屈原投江死去，许多人划船追赶拯救，他们争先恐后，追至洞庭湖时不见踪迹，之后每年五月五日划龙舟以纪念之，借划龙舟驱散江中之鱼，以免鱼吃掉屈原的身体。竞渡之习盛行于吴、越、楚。我国南方的不少临江河湖海的地区，每年端午节都要举行富有自己特色的龙舟竞赛活动。

（二）端午食粽

端午节吃粽子，是民间的又一传统习俗。粽子又叫"角黍""筒粽"，其由来已久，花样繁多。据记载，早在春秋时期，用菰叶（茭白叶）包黍米成牛角状，称"角黍"；用竹筒装米密封烤熟，称"筒粽"。晋代，粽子被正式定为端午节食品，这时，包粽子的原料除了糯米，还添加中药益智仁，煮熟的粽子称为"益智粽"。时人周处《风土记》记载："俗以菰叶裹黍米，……煮之，合烂熟，于五月五日至夏至啖之，一名粽，一名黍。"南北朝时期出现杂粽，米中掺杂肉类、板栗、红枣、赤豆等，品种增多。到了唐代，粽子的用米已"白莹如玉"，其形状出现锥形、菱形。宋朝时，已有"蜜饯粽"，即果品入粽，诗人苏东坡有"时于粽里见杨梅"的诗句。元、明时期，粽子的包裹料已从菰叶变革为箬叶，后来又出现用芦苇叶包的粽子，料中出现豆沙、猪肉、松子仁、枣子、胡桃等，品种更加丰富多彩。一直到今天，每年五月初，中国百姓家家都要浸糯米、洗粽叶、包粽子，其花色品种更为繁多，从馅料看，北方多以红枣做馅，代表品种是北京枣粽；南方则有豆沙、鲜肉、火腿、蛋黄等多种馅料，其中以浙江嘉兴粽子为代表。

五、七夕节

农历七月初七，即人们俗称的七夕节，也有人称之为"乞巧节"或"女儿节"，是中国传统节日中最具浪漫色彩的一个节日，也是过去姑娘们最为重视的日子。传说在七夕的夜晚，抬头可以看到牛郎织女的银河相会。东晋葛洪的《西京杂记》有"汉彩女常以七月七日穿七孔针于开襟楼，人俱习之"的记载。七夕节最普遍的习俗，就是妇女们在七月初七的夜晚进行的各种乞巧活动，古代七夕乞巧相当隆重，乞巧的方式大多是姑娘们穿针引线验巧，做些小物品赛巧，摆上些瓜果乞巧，各个地区的乞巧方式不尽相同，各有趣味。

在今日浙江各地仍有类似的乞巧习俗，如杭州、宁波、温州等地，在这一天用面粉制作各种小型物状，用油煎炸后称"巧果"，晚上人们在庭院内陈列巧果、莲蓬、白藕、红菱等，女孩对月穿针，以祈求织女能赐以巧技，或者捕蜘蛛一只放在盒中，第二天开盒如已结网称为"得巧"。为了表达人们希望牛郎织女能天天过上幸福家庭生活的愿望，在浙江金华一带，七月七日家家都要杀一只鸡，意为这夜牛郎织女相会，若无公鸡报晓，他们便能永远不分开。

六、中秋节

中秋节有悠久的历史，和其他传统节日一样也是慢慢发展形成的。古代帝王有春天祭日、秋天祭月的礼制，早在《周礼》一书中，已有"中秋"一词的记载，后来贵族和文人学士也仿效起来，在中秋时节观赏祭拜、寄托情怀，这种习俗就这样传到民间，形成一个传统的活动。一直到了唐代，这种祭月的风俗更为人们重视，中秋节才成为固定的节日，《唐书·太宗纪》记载有"八月十五中秋节"。这个节日盛行于宋朝，至明清时，已与元旦齐名，成为我国的主要节日之一，也是我国仅次于春节的第二大传统节日。

根据我国的历法，农历八月在秋季中间，为秋季的第二个月，称为"仲秋"，而八月十五又在"仲秋"之中，所以称"中秋"。中秋节有许多别称：因节期在八月十五，所以称"八月节""八月半"；因中秋节的主要活动都是围绕"月"进行的，所以又俗称"月节""月夕"；中秋节月亮圆满，象征团圆，因而又叫"团圆节"。在唐朝，中秋节还被称为"端正月"。关于"团圆节"的记载最早见于明代。《西湖游览志余》中说："八月十五谓中秋，民间以月饼相送，取团圆之意。"《帝京景物略》中也说："八月十五祭月，其饼必圆，分瓜必牙错，瓣刻如莲花。……其有妇归宁者，是日必返夫家，曰团圆节。"中秋晚上，我国大部分地区还有烙"团圆"的习俗，即烙一种象征团圆、类似月饼的小饼子，饼内包糖、芝麻、桂花和蔬菜等，外面有月亮、桂树、兔子等图案。祭月之后，由家中长者将饼按人数分切成块，每人一块，如有人不在家，即为其留下一份，表示阖家团圆。

在中秋节民间通常有以下习俗。

（一）赏月

在中秋节，我国自古就有赏月的习俗，《礼记》中就记载有"秋暮夕月"。到了周代，每逢中秋夜都要举行迎寒和祭月。在唐代，中秋赏月、玩月颇为盛行。在宋代，中秋赏月之风更盛，据《东京梦华录》记载："中秋夜，贵家结饰台榭，民间争占酒楼玩月。"每逢这一日，京城的所有店家、酒楼都要重新装饰门面，牌楼上扎绸挂彩，出售新鲜佳果和精制食品，夜市热闹非凡，百姓们多登上楼台，一些富户人家在自己的楼台亭阁上赏月，并摆上食品或安排家宴，团圆子女，共同赏月叙谈。明清以后，中秋节赏月风俗依旧，许多地方形成了烧斗香、树中秋、点塔灯、放天灯、走月亮、舞火龙等特殊风俗。

（二）吃月饼

我国民众过中秋都有吃月饼的习俗，月饼最初是用来祭奉月神的祭品，"月饼"一词最早见于南宋吴自牧的《梦粱录》，那时，它也只是像菱花饼一样的饼形食品，后来人们逐渐把中秋赏月与品尝月饼结合在一起，寓意家人团圆。月饼最初是在家庭制作的，清袁枚在《随园食单》中就记载有月饼的做法。到了近代，有了专门制作月饼的作坊，月饼的制作越来越精细，馅料考究、外形美观，在月饼的外面还印有各种精美的图案。

七、重阳节

农历九月九日为传统的重阳节。因为古老的《易经》中把"六"定为阴数，把"九"定为阳数，九月九日，日月并阳，两九相重，故而叫重阳，也叫重九，古人认为是个值得庆贺的吉利日子，并且从很早就开始过此节日。九九重阳，早在春秋战国时的楚辞中已提到了，屈原的《远游》里写道："集重阳入帝宫兮，造旬始而观清都。"这里的"重阳"是指天，不是指节日。三国时魏文帝曹丕《九日与钟繇书》中，则已明确写出重阳的饮宴了："岁往月来，忽复九月九日。九为阳数，而日月并应，俗嘉其名，以为宜于长久，故以享宴高会。"东晋陶渊明在《九日闲居》诗序文中说："余闲居，爱重九之名。秋菊盈园，而持醪靡由，空服九华，寄怀于言。"这里同时提到菊花和酒。大概在魏晋时期，重阳日已有了饮酒、赏菊的做法。到了唐代重阳被正式定为民间的节日。明代，九月重阳，皇宫上下要一起吃花糕以庆贺，皇帝要亲自到万岁山登高，以畅秋志，此风俗一直流传到清代。

庆祝重阳节的活动一般包括出游赏景、登高远眺、观赏菊花、遍插茱萸、吃重阳糕、饮菊花酒等活动。九九重阳，因为与"久久"同音，九在数字中又是最大数，有长久长寿的含义，且秋季也是一年收获的黄金季节，重阳佳节，寓意深远，人们对此节历来有着特殊的感情。

（一）登高

在古代，民间在重阳有登高的风俗，故重阳节又叫"登高节"。相传此风俗始于东汉。唐代文人所写的登高诗很多，大多是写重阳节的习俗，杜甫的七律《登高》就是写重阳登高的名篇。登高所到之处，没有统一的规定，一般是登高山、登高塔。

(二）吃重阳糕

据史料记载，重阳糕又称花糕、菊糕、五色糕，制无定法，较为随意。九月九日天明时，以片糕搭儿女头额，口中念念有词，祝愿子女百事俱成，乃古人九月作糕的本意。讲究的重阳糕要做成九层，状如宝塔，上面还做成两只小羊，以符合重阳（羊）之义，有的还在重阳糕上插一小红纸旗，并点蜡烛灯，这大概是用"点灯""吃糕"代替"登高"的意思，用小红纸旗代替茱萸。当今的重阳糕仍无固定品种，各地在重阳节吃的松软糕类都称为重阳糕。

（三）赏菊、饮菊花酒

重阳节正是一年的金秋时节，菊花盛开，据传赏菊及饮菊花酒起源于东晋大诗人陶渊明。陶渊明以隐居出名，以诗出名，以酒出名，也以爱菊出名，后人效之，遂有重阳赏菊之俗。民间还把农历九月称为"菊月"，在菊花傲霜怒放的重阳节里，观赏菊花成了节日的一项重要内容。清代以后，赏菊之习尤为昌盛，且不限于九月九日，但仍然以重阳节前后最为繁盛。

（四）插茱萸、簪菊花

重阳节插茱萸的风俗在唐代就已经很普遍。古人认为在重阳节这一天插茱萸可以避难消灾，或佩戴于臂，或做香袋把茱萸放在里面佩戴，还有插在头上的。茱萸大多是妇女、儿童佩戴，在有些地方，男子也佩戴。重阳节佩茱萸，在东晋葛洪的《西京杂记》中就有记载。除了佩戴茱萸，人们也有头戴菊花的，唐代就已经如此。宋代，还有将彩缯剪成茱萸、菊花来相赠佩戴的。清代，北京重阳节的习俗是把菊花枝叶贴在门窗上，"解除凶秽、以招吉祥"，这是头上簪菊的变俗。

除了以上较为普遍的习俗，各地还有些独特的过节形式。陕北过重阳在晚上，白天是一整天的收割、打场，晚上月上树梢，人们喜爱享用荞面熬羊肉，待吃过晚饭后，人们三三两两走出家门，爬上附近山头，点上火光，谈天说地，待鸡叫才回家。夜里登山，许多人都摘几把野菊花，回家插在女儿的头上，以之避邪。

在福建莆田，人们沿袭旧俗，要蒸九层的重阳米果，我国古代就有重阳"食饵"之俗，"饵"即今之糕点、米果之类。宋代《玉烛宝典》云："九日食饵，饮菊花酒者，其时黍、秫并收，以因黏米嘉味触类尝新，遂成积习。"清初莆田诗人宋祖谦《闽酒曲》曰："惊闻佳节近重阳，纤手携篮拾野香。玉杵捣成绿粉湿，明珠颗颗唤郎尝。"近代以来，人们又把米果改制为一种很有特色的九重米果，将优质晚米用清水淘洗，浸泡2小时，捞出沥干，掺水磨成稀浆，加入明矾（用水溶解）

搅拌，加红板糖（掺水熬成糖浓液），而后置于蒸笼于锅上，铺上洁净炊布，然后分九次，舀入米果浆，蒸若干时即熟出笼，米果面抹上花生油。此米果分九层重叠，可以揭开，切成菱角，四边层次分明，呈半透明体，食之甜软适口，又不粘牙，堪称重阳敬老的最佳礼馔。一些地方的群众也有利用重阳登山的机会，祭扫祖墓，纪念先人。

八、冬至节

冬至是我国农历中一个非常重要的节气，俗称"冬节""长至节""亚岁"等，也是我国的一个传统节日。冬至是北半球全年中白天最短、黑夜最长的一天，过了冬至，白天就会一天天变长。冬至是二十四节气中最早制定出的一个，时间在每年的阳历12月21日至23日之间。

在我国古代，人们对冬至很重视，冬至被当作一个较大节日，曾有"冬至大如年"的说法，而且有庆贺冬至的习俗。《汉书》中说："冬至阳气起，君道长，故贺。"人们认为，过了冬至，白昼一天比一天长，阳气回升，是一个节气循环的开始，也是一个吉日，应该庆贺。《晋书》上记载有"魏晋冬至日受万国及百僚称贺……其仪亚于正旦"，说明古代对冬至日的重视。古人认为到了冬至，虽然还处在寒冷的季节，但春天已经不远了，这时外出的人都要回家过冬至节，表示年终有所归宿。另外民间往往以冬至日的天气好坏与来到的先后，来预测往后的天气，俗语说："冬至在月头，要冷在年底；冬至在月尾，要冷在正月；冬至在月中，无雪也没霜。"

现在，一些地方还把冬至作为一个重要的节日来过，北方地区有冬至宰羊，吃饺子、吃馄饨的习俗，南方地区在这一天则有吃冬至米团、冬至长线面的习惯，某些地区在冬至这一天还有祭天、祭祖的习俗。

第九章

中国古代科技

我国是世界上最古老的科技文化发源地之一,也是世界上唯一没有中断过的科学文明古国。我国古代科技文化不仅在相当长的历史时期处于世界领先水平,而且其成果对世界文明的发展也产生了极其深远的影响。

第一节 中国古代科技文化的发展历程

中国古代科技文化是我国先民在东亚大陆上一个特殊的地理环境中创造出的一种极具民族特色的文化。中国古代科技文化在其漫长的历史发展进程中,经历了一个由萌芽到奠基,进而走向辉煌顶峰的过程,其中也经历了从停滞到转型的阵痛。回顾这一历史过程,对于我们了解和把握中国古代科技文化的本质特征及其现代意义无疑是非常有益的。

一、中国古代科技文化的产生

从远古到春秋战国是我国科技文化从孕育、萌芽到初步发展的时期。

在距今约 180 万年前到公元前 2000 多年的漫长岁月中,我国处于原始社会时期。在这个被现代人视为蛮荒的年代里,我国先民已经创造出了一个又一个生产技术成果。我国目前发现的最早的石器是西侯度文化时期的石器,距今约 180 万年,这表明最迟从那时起,我国先民已掌握了石器技术。考古学还表明,距今 170 万年前元谋人除了会制造各种石器、骨器和木器等原始工具,还掌握了用火的技术,这可以说是我国先民支配的第一种自然力。此外,在距今约 2.8 万年前的原始人遗物中还出现了石镞,这表明那时弓箭已发明。从科技发展史的角度看,弓箭的发明具有非同寻常的意义。它一方面说明我国先民在制造工具方面已具有丰富经验和较高的技能;另一方面,弓箭使我们的祖先可以从较远的距离安全有效地猎获野兽,因此它对我们这个民族的生存和发展起到了重要的作用。

第九章　中国古代科技

在距今约一万年前，我国先民进入了新石器时代。这个时期，除了人们制造的生产工具更加精致，还发展了原始的耕作技术和动物驯养技术。在原始农牧业发展的同时，又出现了制陶、纺织等原始手工业。从陕西半坡村出土的6000多年前制作的彩色陶瓶来看，其制陶工艺已相当成熟。而原始纺织技术则是母系家族中的妇女从最初的手工编网编席发展而来。这一时期还出现了原始的养蚕制丝技术，传说中黄帝的妻子嫘祖就是一个养蚕制丝的能手。除此之外，我们的祖先还发明了建筑住房的技术和制造原始舟、车的技术。

在原始社会中，除了生产技术的发明，对自然界规律性认识的科学知识也已经萌芽。在新石器时代中期，我们的祖先已开始观测天象，并用以定方位、定时间、定季节，相传黄帝时代已有历法。在新石器时代，人们把石斧、石铲、石锛等工具磨制得背厚刃薄，显然表明那时的人们已认识到尖劈越尖、越省力的力学道理。仰韶文化遗址中出土的一种小口尖底瓶，是专门用来提水的容器，由于把器形制成为尖底，使瓶子盛水后尽管重心不断变化，但仍能保持瓶口不断进水，这反映了半坡村人已初步认识了力的平衡的知识。由于烧制陶器，以及进一步发展起来的冶炼、酿酒、染色等技术，人们对一些物质变化的化学知识也不断积累。

在这些科学知识的萌芽中，医药学知识的萌芽具有特别重要的意义。我国医学知识起源很早，这首先表现在我国先民的饮食上。早在旧石器时代，我们的祖先就已知道要把食物做熟，这样既防止了许多肠胃道疾病，又使身体能得到更好的发育。新石器时代，人们还学会了用陶器蒸煮食物，减少食物污染，使营养吸收更全面。随着陶器烹食，我们祖先可能已养成了喝开水的习惯。我国医学史专家认为，许多出土陶器如陶壶、陶杯、陶碗等，可视为饮开水的器具，进一步则可能发展为饮茶。远古时代人类的生存环境极其恶劣。我们祖先在艰苦的生活环境中体会到，如果不加强身体的运动必会"气郁瘀而滞着筋骨瑟缩不达"，为此他们创造了"为舞以宣导之"的体育疗法。在烤火取暖中，先人们还学会了用烧热的石头、砂土包裹起来放在身体上，用于减轻因风寒冷湿而引起的疼痛，这就是最早的"热熨法"。以后我们的祖先又将其进一步改进，这就是灸法的开始。在这以后，我们的祖先又在发现身体某些部位偶然被一些尖硬器物碰撞，会发生意想不到的疼痛减轻的现象后，有意识地用一些石块来刺身体的某些部位，用来减轻病痛。到了新石器时代，先人们便已能够制造比较精致的刺病用的石器——砭石，这就是针法的起源。另外，我们的祖先在采集野果、植物种子和根、茎的过程中，还逐步辨认了某些植物吃了对人体有益，另一些吃了则会引起吐泻、昏迷甚至死亡。古代传说"神农尝百草,日遇七十二毒",就是这漫长艰苦过程在神话传说中的反映。在此过程中,我们的祖先积累了一些关于植物药的知识。此外,也还通过渔猎、畜牧和制造工具,积累起动物药、矿物药的知识。我国伟大的医药学正是从这里迈开第一步的。

在原始社会里,我们的祖先虽然在技术上取得了不少进步,科学知识也在萌芽,但人类相对于自己的生存环境毕竟还是太弱小了。我们祖先刚刚成长起来的理性意识还不能理解自然的博大与奥秘,这使我们的祖先和世界上其他古老的民族一样产生了原始的宗教和巫术。尽管如此,人们还是借助幻想,表达了与自然抗衡的愿望,这就形成了我国最早的神话。"夸父追日""精卫填海"正是我国先民征服自然的勇气和愿望的真切体现。这种愿望也许正是我国科技文化不断发展的原始精神动力。

远古时期之后的夏商周时期是我国古代科学技术真正的诞生时期。大约在公元前2000多年前,我国进入了奴隶制社会。夏、商、周三代,不仅农业和各种手工业技术以前所未有的速度发展起来,更重要的是,随着社会财富的增长,出现了脑力劳动者。古人在这一时期不仅创造了文字,而且使科学从生产技术中分化出来,走上了独立发展的道路。

我国第一个奴隶制国家是夏朝,从此中国社会进入了以家族世袭继承政治地位和财产为特征的奴隶制时代。夏代科技文化的特征是人们的生产工具和生活用具正由石器、陶器向青铜器过渡,农业生产则有相当的发展。夏代科学上最大的成果是确立了以正月为岁首的历法,这同时表明天文学乃是中国科学的开端。

夏王朝延续了400多年后为商朝所取代。商代在科技上还是取得了不少成果。商代使夏代开始的青铜器文明达到了高峰。大量的青铜武器戈、矛、刀、斧、箭镞、盔等,以及盛酒的尊、彝,喝酒的爵、觥被生产出来。殷商人当然也会用当时最先进的技术祭祀他们的祖先。1939年在河南安阳出土的后母戊大方鼎,就是商王为祭祀其母——戊而铸造的,它高1.33米,重833公斤,其制作工艺十分精良,是现存最大的商代出土铜器,反映了那个时代人们青铜铸造的技术水平。到了商代后期,铁的开发和利用也逐渐开始了。

由于商王当时已懂得集中专门人才(当时称为卜师和贞人),对王族和贵族子弟进行教育并从事学术研究,使科学的发展有了新的进展。商代天文学家已开始系统地观测与记录天文现象和气象,并最先在世界上记录了一颗超新星。商代还在夏代天干纪日的基础上进一步使用干支纪日法,将夏代开始的历法发展成为初步完备的阴阳合历(殷历)。商代数学也产生和发展起来,十进制的位值记数法已经出现,人们已有了奇数、偶数和倍数的概念。

继商而起的周代是中国历史上极其重要的朝代，是中国传统文化奠基的朝代。伴随着周代巨大的政治经济改革，技术和科学也在不断进步。西周近300年，与商代一样同属青铜时代，但冶铸的技术和规模有了更大的发展。农业已发展成为社会经济中最重要的生产部门，手工业种类繁多，分工更细，一些官府手工业作坊作为制作中心因具有相当规模的分工协作，已号称为"百工"。西周科学领域进展最快的是天文学和医学。西周初年，周公在洛邑（今河南洛阳）附近的嵩山之阳（大禹的故里，今河南登封告成镇）建立了观星台，这是我国最古老的天文台，也是世界上最重要的古代遗迹之一。当时，大批天文学家在这里长期观测天象，有了不少新的发现。与天文学密切相关的数学已发展为独立学科，西周数学家已发明了用算筹进行简单的四则运算，还能将这些知识用于土方工程计算等生产应用活动。医学正经历一个革命性的变化，医疗技术开始和巫术分开，出现了专职医生并建立了最早的医事制度。

与西周时代技术与科学的具体成就相比，人们自然观的变化对以后的科学发展则具有更重要的意义。这一时期人们的有神论的宗教自然观正在向哲学的自然观过渡。周人还进一步提出"天命靡常"和"敬德"的思想，对科学的发展产生了深远的影响。这一时期还出现了《易经》和《尚书·洪范》，说明周人已试图通过阴阳和八卦的认知框架来把握复杂的自然现象和生活现象，中国传统科学的整体辩证性和直觉思辨的思维方式由此而发端。

春秋战国时代是中国古代科技发展的第一个高峰期。随着封建社会取代奴隶制社会而进行激烈变革，知识分子作为"士"阶层成为独立的社会群体。中国在学术上出现了诸子百家争鸣的繁荣景象，揭开了中国文化史上最为光彩夺目的篇章。百家争鸣不仅为中国建立世界文明史上最完备的封建制度奠定了思想基础，也为中国科技文化发展提供了各种可能性。在诸子百家中"孔子创立的儒家，以重血亲人伦、重现世事功、重实用理性、重道德修养的醇厚之风，独树一帜"。由于儒家文化在以后的中国传统文化发展中占有统治的地位，所以它对中国古代科学实用化、技术化的形成有很大的影响。和儒家相比，道家的文化视野则突破了人生和社会的局限，开始关注整个自然变化的法则。老子提出"天道自然"的哲学见解，进一步排除了天在人们心目中的神秘性，有利于人们以理性方式把握自然界。正因为如此，大多数学者都认为，道家文化比儒家文化对科学有更多的推动作用。道家除了和儒家一样从《易经》出发持有整体、辩证的特点，更具有"对分析的方法深表怀疑，对自然界的细致观察结合着强烈的神秘主义直觉"。应当指出的是，由于儒家有"重政轻技"的倾向，而道家则持有"重道轻器"的态度，这对中国古代科技的全面发展也产生了不良的影响。在诸子百家中，对古代科学发展最具价值的是墨家文化。墨子本人就是科学家和高级工匠。墨家的知识论以实证为特色，形成了初步"实验—逻辑"的科学认识模式。

春秋战国时代作为中国古代科学技术发展的第一次高潮，技术上的成就首推铸铁技术的出现和铁制工具的使用。我国古代对铁的认识和使用，比其他文明古国要晚，但冶铁技术发展很快。在春秋战国时期，我国已有了生铁冶铸、块炼铁渗碳钢、生铁经热处理得到柔化等先进技术，从而使我国在钢铁的产量和质量方面都远远超过其他文明古国。一些现代科技史家推测，这是我国先于其他文明古国从奴隶制社会进入封建社会的重要原因之一。手工业技术的发展则奠定了古代手工业技术传统的基础，成为后来一系列伟大发明的源头。春秋末年出现的《考工记》记述了30项手工业生产的设计规范、制造工艺等技术问题，是一部有关手工业技术规范的汇集，它反映出当时的人们试图从各种生产技术中总结出某种规律的努力。

春秋战国时代科学成就方面更是硕果累累。在天文学方面，对行星和恒星观测开始数量化，产生了古四分历，这一历法在当时世界上是十分先进的，标志着我国历法已经进入比较成熟的阶段。在数学方面，十进位值制的记数法和在这基础上以筹为工具的各种运算更加成熟，西汉时被发现的古代数学名著《周髀算经》《九章算术》当时可能已成稿，这标志着具有中国特色的数学体系大体轮廓已经形成。尤其值得一提的是，墨家已基本正确地定义了平、直、圆等概念，对点、线、面、体等概念都已给予了说明，并且还有了类似于极限的概念。这与希腊数学研究传统十分相似，在中国以代数为主体的数学传统中是十分难得的。春秋战国时代，中国古代的医学传统也基本形成，战国晚期成书的《黄帝内经》奠定了中国传统医学的理论基础。这一时期新发展出来的科学学科是物理学和地理学。墨子和他的学生通过实验和思考，对光学和力学的一些原理进行了正确的阐述。我国古地理学著作中现存最早的《山海经》《尚书·禹贡》《管子·地员》等均已出现，反映了那时人们随着活动区域扩大，对地理知识有了更加迫切的需求。

二、中国古代科技文化的发展

秦汉两代，中国封建社会如日东升，国家空前的统一和中央集权的形成都为生产力迅速发展奠定了基础，从而也促进了科学和技术上新的进步。秦汉时代技术上的成就首推冶铁术的成熟,不仅在农具和武器的制造上铁基本上取代了铜,而且还出现了炼钢技术。它的出现和逐步推广改变了整个冶铁生产的面貌,这是钢铁发展史上有划时代意义的大事情。相比之下,欧洲用炒钢法冶炼熟铁的技术直到18世纪中叶才出现,比我国要晚约1900余年。秦汉时代还是建筑、交通及陶瓷、纺织技术迅速发展的年代。万里长城的修筑,不仅显示了秦代建筑技术的高超水平,而且反映了那个时代闳阔的文化精神。秦汉时代还修建了许多驰道与栈道,开凿了灵渠,不仅促进了各地经济文化交流,更直接带动了车、船技术的发展。从东汉开始,瓷器和丝绸一起成为中国举世闻名的特产。汉代出现的造纸术对整个人类文明史更是产生了极为深远的影响。

秦汉时代科学的最大成就是农、医、天、算四大学科的成熟。中国以农业立国,农业历来得到统治者的高度重视。秦汉时代,牛耕技术趋于成熟。汉代还出现了以《氾胜之书》为代表的数家农书,这标志着农业技术已发展到创立农学的阶段。秦汉时代医学在临床实践经验的总结方面取得了许多重要的成就。被称为医圣的东汉人张仲景所著的《伤寒杂病论》奠定了传统中医辨证施治的理论基础;而同时代的华佗,以其精湛的外科手术技艺流誉千古。成书于汉代的《神农本草经》则是我国现存最早的中药学专著。汉代天文学成就非凡,出现了张衡这样一位著名的天文学家。古代宇宙理论在这一时期也有新的进展,除了最早的盖天说,又出现了浑天说和宣夜说。汉朝虽然没有人写出一部全新的数学巨著,但春秋战国时流传的一些已基本成书的著作被整理出来,其中汉代问世的《九章算术》是我国最早的传世数学专著。它的问世标志着以算筹为计算工具的、具有独特风格的中国古代数学体系的形成。秦汉时期还是中国古代化学的奠基时期,炼丹术作为原始形式的化学,自战国时代兴起,到东汉已成为一门独立的学问。除此之外,生物学和物理学的知识也有了新的进步。

从以上所述的科技成果来看,我们可以说在秦汉时代,中国古代科学技术已形成自己成熟而独特的体系和研究风格。

三国两晋南北朝是中国历史上精神比较自由、文化多元化发展的特殊时期。所以这一时期古代科技的发展也呈放出独特的异彩。

由于外部因素的影响,这一时期的武器制造技术有了较大的发展,从而也带动了机械技术向精巧化方向发展。三国时曹魏的马钧不仅发明了战争中使用的石车,而且将东汉发明的翻车改进为龙骨水车。在水泵发明前,它一直是世界上最先进的提水工具之一。与此同时,佛教和道教的蓬勃发展,打破了汉代儒学一统天下的局面。道教炼丹术的发展不仅推动化学进一步发展，而且带动了医药学的进步。这一时期，著名的道士葛洪和陶弘景同时又是著名的医学家和药学家。道教文化成为推动中国医药学，特别是养生学发展的重要因素。而佛教寺院建造，在一定程度上也提高了我国古代的建筑技术水平。

三国两晋南北朝时期的数学研究和数学教育又有了显著的发展。这一时期撰写的数学书不下数十种，其中一部分被收入有名的《算经十书》，一直流传至今。这一时期还出现了刘徽和祖冲之这样两位数学大家，这表明中国古代数学继秦汉之后，又一次出现了高潮。天文学也非常活跃，东晋天文学家虞喜发现了岁差现象，生活于北魏北齐时代的张子信，在海岛上坚持了30多年的观测，从而发现了太阳视运动的不均匀性。这一时期，在恒星观测、历法计算和天文仪器制造等方面也取得了不少新成就。这一时期医学发展的特点，一是对《黄帝内经》与《伤寒杂病论》的整理研究，二是内容丰富的临床经验的系统总结。而农学最突出的成就是北魏时期贾思勰所著的《齐民要术》的问世，这是现存最早和最完整的一部中国古代农学名著。与此同时，地理学也有不少新的创造，出现了裴秀的制图理论和杰出的地理著作《水经注》。

在整个中国古代科技史上，这个时期科技发展最突出的特征是科技非实用趋向的出现。譬如这个时代两大数学家刘徽和祖冲之的工作具有明显的纯理论探讨的性质。与科学的非实用化倾向相呼应，奇器制作也出现了一个高峰。三国两晋南北朝的科技文化之所以在某些方面突破了秦汉时期形成的实用性和经验性的特征，根本原因在于文化的多元化。

三、中国古代科技文化的高峰

从隋唐至宋元，随着国家的空前统一，封建社会制度高度成熟和中外文化广泛交流，中国古代的科学技术也达到了它辉煌的顶点。

隋代很短暂，但在中国医学、天文学、建筑学史上却留下了几项非常有光彩的记录。尤其是工匠李春所设计的河北赵县的安济桥（举世闻名的赵州桥），无论是从工程力学角度还是从建筑美学角度看，都在建筑史上留下了一座丰碑。

盛唐时代，中国社会发展如日中天，文学艺术的发展放射出灿烂的光芒，相比之下，科学技术发展远远不能与盛唐的气象相符。从整体上看，唐代的手工业和农业技术无长足的进步，然而与文化生活密切相关的技术却有了明显的进展。长安城的设计和建设、雕版印刷都是这一时期突出的成就。陆羽著《茶经》标志着茶学的问世，给那时的农学多少添了一些光彩。陶瓷技术也有了很大的发展，出现了著名的"唐三彩"。唐代技术真正有意义的发明是火药，但当时在社会上引起的反响还不大。占星术和天文学由于和王朝命运相关，其发展尚能与盛唐气象相一致，出现了李淳风、张遂（僧一行）这样伟大的天文学家。医药学则受到朝廷的重视和扶植，出现了世界第一部由国家颁行的药典——《唐本草》，也出现了中国医药学集大成者孙思邈。隋唐时期数学在业已成熟的基础上又有所发展，出现了二次插值法这样比较重要的成就。

宋代是中国封建文化鼎盛时期，社会发展在各个方面都大大超过了前代。在这一背景下，中国科学技术也达到了古代历史发展中的高峰时代。

指南针、印刷术和火药在军事上的运用是宋代科技最为突出的成果。支撑着这三大发明的是古代科技各个门类的整体全面的推进。在农学方面，出现了陈勇《农书》，这是现存最早论述南方水稻区域的农业技术和经营的农书。医药学进入了医学争鸣与学派形成的新阶段。金朝时期，中国北方出现了三位著名的医学家刘完素、张从正和李杲，他们和后来元代的朱震亨一起并称为"金、元四大家"。北宋王惟一著《铜人腧穴针灸图经》统一了各家对腧穴的不同看法。而我国法医学远在秦汉已积累了比较丰富的经验和一些理论知识，南宋宋慈所编撰的《洗冤集录》，则是一部集大成并影响人类法医学发展的法医学专著。它先后被译为朝、日、英、德、俄等多种文字出版，成为许多国家审理死伤案件和研究法医学的重要参考书。宋代还进行了大规模的恒星观测，并使我国天文仪器制造达到了一个新的高峰。宋代数学取得了多项突破性进展，出现了贾宪、秦九韶、杨辉等杰出数学家，中国传统数学逐步走上了发展的顶峰。

除了传统的四大学科，科学的各个门类都有不少进展。生物学知识进一步积累和蓬勃发展，出现了大量有相当水平的动植物学者。在地学方面，地方志和域外地理著述不断出现，当时宋中央政府所藏各州府等行政区按定例选送的地图已相当丰富。宋代由于矿冶事业的发展，人们对矿物和地质现象的知识大为增长，北宋杜绾所著《云林石谱》就是一部岩矿学著作，书中对许多地质现象进行了正确的论述。物理学各学科的知识也在不断地积累，冶金化学发展迅速，始于唐末的胆水炼铜在宋代已具有较大规模。

与科学上辉煌成就交相辉映的是各种技术发明层出不穷，传统技术日渐精湛。瓷器在工艺技术上达到了一个新的高峰，名瓷名窑遍布南北。冶金技术进一步发展，传统钢铁技术体系定型。宋代还出现了许多优秀的金属工匠。中国古代建筑以木结构为主的结构形式，发展到宋代已达到了十分纯熟的阶段。北宋东京城（今河南开封）及山西应县佛宫寺释迦塔都是那时的建筑杰作。织锦技术也有很大发展，出现了著名的苏州的宋锦、南京的云锦和四川的蜀锦。

科学的主体是人。宋代一大批杰出的科学家和技术专家的出现，反映了那个时代的人普遍具有较高的知识水准和重视科技研究的价值取向。沈括则是那个时代科学家群体的杰出代表。他在天文、地学、数学、物理、化学、生物、医药及水利、军事、文学、音乐等许多方面都有精湛的研究和独到的见解。他晚年著作《梦溪笔谈》，反映了我国古代特别是北宋时期科技所达到的辉煌成就，不仅在中国古代科技史上，而且在世界文化史上也有重要的地位。沈括所使用的科学方法也达到了那个时代最高的水平。他非常重视对事物的观察，并勤于记录，在观察的基础上不仅能对事实进行概括，还能运用逻辑方法进行推理，提出假说。譬如他根据太行山上的海生化石提出海陆变迁的假说就是一个突出的例子。沈括还注意实验，他关于凹、凸面镜的成像特点，以及声音共振的认识都是通过实验得到的。在沈括的科学实践活动中，中国传统科学的以观察和推理为主，辅以必要的实验和一定的数学计算的基本方法已获得较为完备的形式。

中国古代科学技术在宋代能达到自己发展的顶峰，领先于世界上其他民族，这绝不是偶然的。它是中国在长期发展中形成的深沉潜力在那个历史时期迸发的结果。更值得注意的是，宋代也是统治者对知识分子最宽容、对科学技术最为重视的年代。

继宋而起的元代对宋代的科技发展而言是高起点的承传与进步。元代的统治者十分重视科学技术的发展。元朝末代皇帝甚至亲自制造了构思精巧、精妙绝伦的计时器——漏壶和龙舟。这在历代统治者中都是少见的。元代统治者还注重网罗人才，其中不仅有汉人、女真人、阿拉伯和波斯人，甚至还有像马可·波罗这样的欧洲人。元代地域辽阔，各民族各地区之间交往大大加强。所有这一切使得宋代积聚起来的科技文化，在中外文化大交流的时代里继续放射出夺目的光彩。

元代直接承袭了宋代高水平的农学成就，建朝不到百年就出现了《农桑辑要》《王祯农书》《农桑衣食撮要》三部著名的农书。元代的医药学也有突出的成就，不仅产生了"金、元四大家"之一的朱震亨，而且中国传统医药学和中亚的医药学还进行了可贵的交流，使得中亚医药学中的一些新药和特殊的治疗方法融会到中国传统医药学中。由于有崇敬上天的习俗，所以元代的统治者非常重视天文历法，加上宋朝形成的雄厚的天文学基础，天文学发展在这一时期盛况空前，出现了像郭守敬这样伟大的天文学家。元代出现的杰出的数学家有朱世杰、李冶、王恂和郭守敬等，可谓人才济济，成果辉煌。元代东西方交通盛况空前，有许多西方旅行家来中国旅行，最著名的有意大利人马可·波罗、鄂多锐等人。与此同时，中国也有不少旅行者西行，人们的地理视野得到扩大，出现了不少著名的游记。元代地图学成就突出，朱思本绘制的《舆地图》在以后的历史上产生了重要的影响。

与此同时，元代水利事业也十分发达，形成了完整的京杭大运河。元代纺织业最突出的成就是棉纺业的推广，松江府人黄道婆从海南黎族地区带回的棉纺技术，使江南棉布生产兴盛起来，松江布获得"衣被天下"的美誉。由此可见，元代的科学技术上承高水平的宋代科技，下启集古典之大成的明代科技，显现出博大宏伟的文化气象。

四、中国古代科技文化的停滞与转型

明清时期是我国封建社会的后期，科学技术发展日渐缓慢。然而商品经济的萌芽、实学思潮兴起和西学的传播，还是对明清科技发展提供了新的动力，使中国古代科技出现了转型的趋势。国门洞开以后，随着整个社会深刻的变革，中国古代科学技术除了个别学科，结束了独立的形态，逐步融入世界科技发展的潮流中。

中国古代科学技术在明代进入了它的总结阶段。从总体上说明代的科学技术在宋元基础上仍有不少发展。明代研究数学的人为数不少，著述也相当多，但是总体水平并不高。随着商品经济的发展，商业数学得到了较大的发展。明代地理学发展比较迅速。郑和七下西洋，在这一背景下，域外地理学取得了较大成就。明代还出现了不少旅行家，出现了不少地理学上非常有价值的游记。明代生物学著作不少，说明那个时代人们在动植物形态和分类、动植物生活习性及其与环境的关系、微生物及遗传变异等方面的生物学知识更加丰富。

中国科技在明代没有发生重大革命。这个时期最重要的特征是，各门学科相继出现大规模的科学总结，出现了一系列具有总结性的科学成果。宋应星于1637年撰成的《天工开物》是继战国时《考工记》之后出现的又一部技术巨著，是中国古代农业和手工业技术的百科全书；医药学领域出现了李时珍的《本草纲目》；徐霞客所著《徐霞客游记》在中国地理学史上也具有划时代的意义；而徐光启所著《农政全书》则是一部对当时农业技术进行总结的汇集性著作。明代科技发展的总结性特征，表明中国古代科技已高度成熟，除了医药学和少数技术学科，科学技术在原有的框架中已无重大发展的可能性。

明末，随着西方传教士在我国活动，西方刚刚兴起的科学技术知识也被有选择地介绍到我国来。以徐光启为代表的中国士大夫阶层中的先进分子，敏锐地注意到西方科学技术所包含的新鲜内容，他们大力翻译、介绍西方的科技著作，形成了"西学东渐"的局面，对中国科技发展产生了极为积极而深远的影响。

这一时期以徐光启、李之藻为代表的文化官僚，不仅大力引入西方科学文化，更重要的是以西方科学为参照系，对中国传统科学文化进行了自觉的反思和改造。李之藻认为，西方科学"真修实学"，其著作"多非吾中国书传所有，总皆有资实学，有裨世用"（《请译西洋历法等书疏》）。通过比较，徐光启等人开始初步认识到中西科学理论构成和思维方式上的差异。徐光启认为，数学是一切科学的基础，而中国传统数学的缺陷是只能言其法（解决实际问题和对经验数据的运算），不能言其义。为此，徐光启希望通过翻译《几何原本》，以补中国传统数学之不足。更重要的是，徐光启还希望将《几何原本》中蕴含的西方科学的基础移植到中国来，使中国人逐步放弃朴素直观的思维方式，接受一种精确的、几何式的研究自然的方式和方法。与徐光启齐名的李之藻则与人合译了中国第一部介绍西方逻辑学的著作《名理探》，并强调逻辑"为百学之宗门"，这些工作都为中国传统科学向西方近代科学转变做了最初的理论准备。徐光启等人还通过历法改革，着手用西学对传统科学进行改造。当然，由于各种历史条件限制，这次科学转型没有成功，但它成为中国近代科学技术的先声。

清朝在继承传统和接受西方科技的结合上仍有一定的发展。天文学家王锡阐集中西天文学之长，提出了精确的计算日月食的方法，并发明了计算水星、金星凌日的方法。另一位天文学家梅文鼎则在复兴中国传统的天文和算学，以及推进中西天文学的融合方面作出了突出的贡献。乾隆时期著名数学家明安图证明了18世纪初传教士带来的3个没有证明的无穷级数展开式，并发明了另外6个公式。传统的医药学仍有进步，建立了温病学说，王清任则成为第一个认真研究解剖学的中国医生，他所著的《医林改错》体现了中国医学开始朝着把治疗和正确认识人体生理结构联系起来的新方向发展。这一时期中国传统技术在吸收外国技术因素的基础上变得更加精巧，出现了许多新的发明。

中国近代科技出现的最重要的标志是西方科技知识体系的输入和职业科学家群体的崛起。浙江海宁人李善兰从19世纪50年代开始，与伟烈亚力合作翻译了《几何原本》后9卷、《代数学》、《代微积拾级》等书，使明末清初传入中国的《几何原本》有了较为完整的中文译本，并使西方近代的符号代数学及解析几何学、微积分第一次传入我国。江苏无锡人徐寿在江南制造局参加西方科技书籍的编译工作达7年，系统介绍了近代无机化学、有机化学、物理化学、分析化学及工业化学知识，为中国近代化学与化学工业的产生与发展奠定了基础。除此之外，华蘅芳、徐寿之子徐建寅、张福僖等大批学者都为将西方科学知识比较完整地引进中国作出了重要的贡献。经过这些科学家的努力，在20年间，西方近代科学中数、理、化、天、地、生各大门类的先进知识都先后被介绍到了中国，这就为中国近代科学发展奠定了坚实的理论基础。

这一时期的科学转型还表现在不同时代科学家社会角色的变化上。晚清著名科学家李善兰、徐寿、华蘅芳、徐建寅等人在时代意识、知识结构、科学家角色自我认同等各个方面，都与古代科学家有了明显的区别：其一，对科学职业的选择表现了自觉性和唯一性，这一点在华蘅芳、徐建寅身上表现得尤为鲜明。华蘅芳自幼不爱读"四书五经"，而"于故书中检得坊本算法，心窃喜之。日夕展玩，尽通其义"。徐建寅从少年起，就随其父（徐寿）钻研科学书籍，从事科学实验，后终身从事科学研究和管理工作。为科学事业终生奋斗并以此为主要谋生手段，使他们在科技史上成为一代新人。其二，在科学活动中表现出鲜明的近代科学风格。徐寿等人不仅购买科学书籍及物理、化学仪器，而且还自制多种科学仪器进行实验，融科学研究和技术发明于一身。徐寿父子和华蘅芳等人，根据西方热学理论，通过对蒸汽机工作原理的考察，造出了中国第一台蒸汽轮机。徐寿通过这次实践进一步研究汽机原理，在此后译出的《汽机发轫》中就加入了自己的见解。他们的工作完整地体现出近代科学活动中"理论—实验—理论"和"科学—技术—科学"两个加速循环的机制。其三，唯科学为重的求真精神。这在致力于西方科技著作翻译的第一位学者李善兰身上表现得最为充分。李善兰选择的主动接触西方人士、寻找科学真理的道路是十分艰险的，他本人不仅要顶住科举仕途的诱惑，还必须冒着蒙受"用夷变夏"恶名的风险。他虽然取得了巨大的学术成就，但在相当长一段时间里生活潦倒，但他不改初衷。而当大儒名宦阮元宣传"西学东源说"、贬低哥白尼学说时，李善兰不畏权贵，对其进行了严厉的批评，表现出只信真理、不信权威的科学精神。晚清科学家的这些人格特征，无疑标志着职业科学家群体的崛起和中国近代科技时代的到来。

第二节　中国古代科技的伟大成就

我国古代科学技术在数千年的发展过程中取得了伟大的成就。这不仅表现在公元 3 世纪到 13 世纪之间的 1000 多年里，我国科技水平始终领先于其他国家，更重要的还在于，我国科学技术在世界范围内的广泛传播，对世界文明与文化的历史进步产生了重要影响，特别是对欧洲文艺复兴时代科学文化的推动、生产技术的发展，以及社会政治经济和文化进步，都起到过巨大的影响作用。

一、中国古代科学的伟大成就

（一）农学

早在大约公元前五六千年前，我国的黄河、长江流域就已出现农耕作业。到了西周时期，以农业为主、以畜牧业为辅的生产格局已经形成。由于农业是中国社会的经济基础，历来统治者都非常重视农业生产，因此我国很早就形成了独具特色的农学体系。在我国文化典籍中，专门的农书有 300 余种，其中最著名的有《氾胜之书》《齐民要术》《农书》《农政全书》。

《氾胜之书》是目前流传下来最早的农书。氾胜之在汉成帝时官拜议郎，曾在包括整个关中平原的三辅地区推广农业，教导种植小麦，许多热心于农业生产的人都前来向他请教，关中地区的农业因此取得了丰收。正是在总结农业生产经验的基础上，氾胜之写成了农书 18 篇，这就是《氾胜之书》。该书总结了我国北方地区主要是关中地区的耕作经验，提出了农业生产六环节理论，即及时耕作、改良和利用地力、施肥、灌溉、及时中耕除草、及时收获六个环节，并对每一个环节都做了具体的说明。

《齐民要术》是现今完整保存下来的最古老的农书，其作者是北魏的贾思勰。他当时担任北魏青州高阳太守，在今天华北一带实地考察过农业生产状况。为了写成此书，他不仅阅读了大量的文献，而且亲自向老农请教。《齐民要术》堪称是一部农业巨著。贾思勰在《齐民要术》中建立了较为完整的农学体系，并以实用为特点对农学类目做出了合理的划分。该书精辟透彻地论述了黄河中下游旱地农业生产关键的技术问题，规范了耕、耙、耱等项基本耕作措施。对动植物养殖技术和农产品加工、酿造、烹调、贮藏也都有详细的论述。《齐民要术》作为一部农学百科全书，不仅奠定了我国农学发展的基础，在世界农业科技发展史中也占有重要地位。

宋高宗时，世居扬州、靠种药治圃为生的全真派道徒陈旉写成了《农书》，这是现存最早的论述南方水稻区域的农业技术与经营的书。

元代王祯曾在安徽、江西两地任过县尹。他不仅廉洁奉公，为百姓做了不少好事，而且极为重视农业生产，他搜集了历代农书进行研究，并且经常注意观察各地农事操作和农业机具。他所著的《农书》综合了黄河流域旱地耕作和江南水田耕作两方面的生产经验，全面系统地解释了广义农业生产所包括的内容和范围，在中国农学史上占有极其重要的地位。

明末杰出科学家徐光启从小对农业技术就很有兴趣，在博取功名的漫长时间里深感陆王心学祸国害民，因而竭力主张经世致用，后成为明末清初学术界实学思潮的一位有力推动者。徐光启几度宦海沉浮，他利用在家守制、赋闲的时间，在北京、天津和上海等地设置试验田，亲自进行各种农业技术实验。晚年辞官回家，潜心编写《农政全书》，至死方初步编就。全书共60卷、50多万字，主要包括农政思想和农业技术两大方面。具体内容分为农本、田制、农事、水利、农器、树艺、蚕桑、种植、收养、制造和家政等12项，不仅对我国古代的农学成就做了系统总结，而且提出了许多新的思想，得到同代和近代学者较高的评价："人间或一引先生独得之言，则皆令人拍案叫绝。"（刘献廷：《广阳杂记》）《氾胜之书》《齐民要术》《农书》《农政全书》被称为中国古代四大农书，代表了中国古代农业科技所达到的水平。

（二）天文学

我国是世界上天文学发展最早的国家之一。在我国，天文学不仅直接关系到农业生产这一国家经济命脉，而且还是统治者了解"天意"、施行政令的重要手段。所以在官方的大力支持下，中国古代的天文学在天文观测、历法制定、天文仪器的制造和使用等方面一直走在世界各文明古国的前列。

首先，中国古代天文学的成就表现在天文观测方面。天文观测是中国古代天文学的主要内容，在恒星、行星、日月和异常天象观测方面，我国古代天文学都有杰出的成就。而天象记录方面的连续性、完备性和准确性，是世界上任何其他国家都无法比拟的。

在恒星观测方面，我国有世界上公认最早的星表《甘石星经》，它载有不同方位的恒星数百颗；从敦煌石窟中发现的一幅唐代绘制的星图载有1300多颗恒星。1247年南宋石刻天文图上已刻有1434颗星，是世界天文学史上珍贵的文物。在日月行星观测方面，我国古代天文学家也做了不少工作，而对日月食的观测记录更具特色。《尚书·胤征》记载公元前 2137 年掌管天文的羲和因荒酒失职没有预测出当年发生日食而受到夏王的征伐。这是世界上最早的日食记录。从汉初到公元 1785 年，我国共记录有日食 925 次，月食 574 次，堪称世界之最。

在异常天象的观测记录方面，目前世界公认最早的太阳黑子记录是《汉书·五行志》中记录的公元前 28 年 3 月的太阳黑子现象。而欧洲记录黑子最早的时间是公元 807 年，比世界公认的中国记录晚 800 多年。而且关于太阳黑子的记录也以中国最为丰富。这些记录对当代天文学研究具有重要的科学价值，德国、美国和日本等国科学家都根据这些记录做出了重要的科学发现。中国最早记录彗星是在周昭王十九年（公元前 1034 年），而欧洲最早记录彗星是在公元前 11 年，比中国晚了 1000 多年。自春秋至清末，中国古代天文学家记录彗星不下 500 次，记录哈雷彗星 31 次。20 世纪 50 年代，法国巴尔代在研究了《彗星轨道总表》以后曾这样断言："彗星记载最好的（除极少数例外），当推中国的记载。"

中国古代天文学对现代天文学贡献最大的是新星和超新星记录。早在公元前 14 世纪殷商时代的甲骨文中就有了新星的记载，从那时到公元 1700 年的 3000 多年中，中国共记载新星 90 颗，其中超新星 10 颗。而古希腊、罗马和巴比伦却没有任何新星和超新星的记录，在中世纪欧洲编年史上有关的记载也十分罕见。中国古代天文学在古代恒星观测上的这项伟大成就，对现代天文学对新星、超新星的探索显然具有重要的意义。

其次，中国古代天文学的成就体现在历法的制定与修订方面。作为一个农业大国，中国历代统治者都极为重视在天象观测的基础上制定历法。中国传统的历法是阴阳合历，既考虑月亮的运动，又考虑太阳的运动。早在一万年前氏族公社初期的"人皇氏"时期，就发明了用"十天干"和"十二地支"迭相搭配以纪日的方法，这是人类历法的开端。春秋后期，产生了一种取回归年长度为 365 又 1/4 日，并采用 19 年 7 闰为闰周的历法——古四分历。这一回归年数值比真正的回归年长度只多 11 分钟，这是当时世界上最精密的数值。而在欧洲，罗马人采用儒略历也是用这个数值，但比我国晚了约 500 年。而古四分历确立的 19 年 7 闰的原则，西方是在公元前 433 年由希腊天文学家默冬宣布的，也比我国晚了 100 年左右。

从古四分历诞生以来，我国历法不断改进。据统计，自春秋末年至太平天国，前后一共出现了 102 种历法。尤其是元代天文学家郭守敬集历法之大成，于 1280 年参与编定《授时历》，将岁实精确到 365.2425 日，这个数值比地球绕太阳公转一周的实际时间仅差 26 秒，与现代世界通用的公历——格里历完全相同。而格里历制定于 1582 年，比授时历晚了 300 年。明代末年，邢云路在兰州建造历史上最高的木制六丈高表，进一步测得岁实为 365.24190 日，同现代理论计算值只差 2.3 秒，其精确度之高远远超过了当时欧洲的水平。

再次，中国古代天文学的成就还表现在天文仪器的制造和使用方面。我国天文仪器的制造历史悠久，独具特色。很多文献记载表明，中国远在五六千年以前的黄帝、尧、舜时代，就创制了世界上最早的测天仪器——浑仪。浑仪是由一系列同心圆组成的一种仪器，往往还加上窥管以观测天象。汉宣帝时，天文学家耿寿昌创制了浑象，浑象相当于今天的天球仪。浑象和浑仪又统称浑天仪。原始的浑天仪经过历代不断改进，发展成为具有六合仪、三辰仪、四游仪这样三重结构、多种功能的复杂仪器。到了元代，著名天文学家郭守敬于 1276 年在此基础上制成简化的浑仪——简仪，领先世界 300 多年，直到 1598 年丹麦天文学家第谷所发明的仪器才能与之相比。天文仪器的另一杰作是北宋时期苏颂、韩公廉等人制成的水运仪象台。它集观测、授时、演示等功能于一体，被认为是世界上最早的天文钟，不仅标志着我国 11 世纪天文学发展所达到的高度，更直接体现了我国古代机械制造技术的卓越水平。

依靠先进的测天仪器，我国天文学取得了辉煌的测天成就。早在五六千年以前，中国先民就开始把天体黄道、赤道附近的恒星分为 28 个星区，每个星区各取一星为主，称为二十八宿。大约春秋以后，中国古代天文学的二十八宿理论经中亚传入印度，再传入波斯、阿拉伯等地。

然后，中国古代的天文学成就体现在具有东方特色的宇宙理论上。宇宙理论是我国古代天文学的重要组成部分，也是浑天仪制作的理论根据。自远古以来，我国先民就相信宇宙的基本结构是天盖地承。春秋战国时期，这种看法精致化为一种盖天说的宇宙理论。盖天说认为，天和地是两个同心半球，之间相距八万里，北极是天球的中央，日月星辰附着天而平转。盖天说比较直观，但不能很好地解释观测到的天象。所以春秋战国时又孕育了另外两种宇宙理论——浑天说和宣夜说，并在汉代形成完整的理论。浑天说认为天是一个完整的球，地球处于天球之中，如同蛋黄居于鸡蛋之中一样，恒星处在天球之上，而日月五星则游离于天球附近。浑天说是一种以地球为中心的宇宙理论，但在当时，它比其他宇宙理论能更好地说明天体运动，因此在我国古代宇宙理论中居主导地位，影响也最大。宣夜说与盖天说、浑天说相对立，它反对有固定的天球，主张宇宙处处充满无边无涯的气体，日月星辰在其中漂浮游动。宣夜说显然已有宇宙无限的观念萌芽，这在哲学上有一定意义，但它过于思辨，无法用其指导天象观测，所以其科学价值不大。

最后，中国古代天文学的成就又具体体现在灿若星辰的古代天文学家身上。自秦汉以来，我国出现了一大批杰出的天文学家，其中尤以张衡、祖冲之、一行和郭守敬贡献最大。

东汉张衡是一位具有多方面才能的科学家，他的成就除天文学外，还涉及地震学、数学、机械技术及文学艺术等许多领域。他作为一位天文学家，最突出的贡献是系统阐述浑天说和制造漏水转浑天仪。这台浑天仪是一种以水为动力的演示天球星象运动的表演仪器，它开创了我国天文学制造水运仪象的传统。他对地震学最突出的贡献是发明了候风地动仪。根据20世纪60年代中国科技工作者王振铎研究，张衡的候风地动仪形似酒樽，樽外附有8条龙，龙首朝着8个方向；龙口中含有一粒铜丸；地面上有8只昂首张口的蟾蜍。樽中一根高而细的铜柱，一旦发生地震，铜柱顺着震动的方向倒向一条龙，该龙口中的铜珠落入蟾蜍口中，观测者即可得知地震的时间和方向。据记载，地动仪确实探测到了公元138年在甘肃发生的一次地震，而国外到19世纪才真正能用仪器观测地震。从这个意义上讲，张衡制造的候风地动仪应是世界上的地震仪之祖。

南北朝时的祖冲之不仅是一位伟大的数学家，也是伟大的天文学家。祖冲之在天文学上的贡献主要是制定了《大明历》，他指出了前辈天算历法家的不足，在历法制定中颇多创新和改革。他在《大明历》中所推算和采用的一些基本天文常数普遍达到了相当高的精度，从而将我国历法提高到一个新的水平。

唐代僧人一行，俗名张遂。他自小聪颖勤奋，对天文历法有特别的兴趣，后因避权贵，削发为僧。721年他奉唐玄宗诏行新历法。为此，他和机械专家梁令瓒一起共同创制了黄道游仪等大型天文观测仪器和演示仪器，并组织了一大批朝野天文学家进行系统的天象观测，特别是直接观测太阳在黄道上的运动，获得大量准确的数据，作为制定新历的依据。一行主持编制的《大衍历》以众多的创新充实了传统历法体系的内容，其中最突出的贡献是比较正确地掌握了太阳在黄道上视运行速度变化的规律，对后世历法产生了重大的影响。一行以对天文仪器制造、天文观测、历算等多方面的贡献，在中国天文学史上占有重要的地位。

元代郭守敬是13世纪时杰出的学者，元朝最著名的科学家。他在天文学上的巨大贡献首先体现在天文仪器制造方面。据史籍记载，郭守敬一生中创制的天文仪器不少于22种，这些仪器大都具有实用、简便、灵巧、精确的特点，使用这些仪器，可以使天体测量精度大大提高，其中简仪更是世界闻名的天文测量仪器。宋朝制造的浑仪虽然精致完善，但是构造十分复杂，郭守敬在沈括等人改革的基础上取消了黄道环，把浑仪分解为两个独立的装置（赤道装置和地平装置），这就是著名的简仪。简仪是当时世界上最先进的天体测量仪器，尤其是赤道装置，构思奇巧、结构新颖，对近代和现代天文仪器的发展都有深远的影响。郭守敬在天文学上另一项突出的贡献是参与创制了《授时历》，这部历法是我国古代历法中最优秀的典范。

（三）数学

中国数学古称"算学"，侧重于解决实际应用问题，与其他文明古国数学相比，自成体系，创造了许多世界一流的研究成果。

这些成果首先就体现在十进位制的创制上。史载"黄帝历法，数有十等"（徐岳《数学记遗》）。至商代甲骨文中已用一、二、三、四、五、六、七、八、九、十、百、千、万等13个数字记10万以内的任何自然数。这表明中国远在四五千年以前就使用了十进位值制。著名科技史学家李约瑟对此曾进行高度的评价："如果没有这种十进位制，就几乎不可能出现我们现在这个统一化的世界。"

《九章算术》也是中国古代数学的代表性成就之一。汉代出现的《九章算术》早在公元前2世纪以前就已存在，经过历代学者修改、补充，于公元前1世纪定型问世。全书9章共246个数学问题，广泛涉及了分数计算法、比例计算法、面积体积计算法、开方术及方程中的正负数运算等，是那个时代世界上最先进的算术。《九章算术》对于中国古代数学有着奠基的意义。它所开创的体例和风格一直为后世沿用，中国古代数学家正是在对它的注释、补充和完善中推动中国数学发展的。而且《九章算术》对世界的数学发展也有很大影响，朝鲜和日本曾用它作教科书。《九章算术》中一些内容（如"盈不足"）还经过印度、阿拉伯传入欧洲，对欧洲代数的复兴起到了推动作用。

割圆术是我国古代算学方面的又一杰出成就。魏晋南北朝时期我国数学发展迅速，出现了我国早期伟大的数学家刘徽和祖冲之父子。刘徽生活于曹魏和西晋时期，他在其名作《九章算术注》中第一次提出了极限思想，并创立了"割圆术"这一新的数学方法。由圆内接正192边形计算出圆周率为3.1416，指出圆内接正多边形的边数之限增加，其周长就愈逼近圆周长。祖冲之与其子祖暅，通过计算圆内接正6144边形和正12288边形的面积，确定圆周率在3.1415926与3.1415927之间，精确到小数点后7位。直到1000多年以后，阿拉伯数学家阿尔·卡西格才求出更精确的数值。祖冲之父子还应用"缘幂势既同，则积不容异"的原理，解决了刘徽未能求出的"牟合方盖"体积问题，得出了球体体积的正确公式。这一原理和17世纪意大利数学家B·卡瓦列里所提出的"卡瓦列里公理"的意义相同，但时间早其1000多年。

中国古代数学的成就在宋元时期则以"宋元四大家"为代表。中国古代数学在宋元时期达到其繁荣的顶点，涌现了一大批卓有成就的数学家，其中秦九韶、李冶、杨辉和朱世杰成就最为突出，被誉为宋元数学四大家。他们的研究成果代表了当时世界最先进的数学水平。

南宋人秦九韶多才多艺，虽然为官期间利用职权谋取私利，生活上非常奢华，但在数学上有杰出的贡献。他著的《数学九章》是中国数学史上一部重要著作。书中提出的"大衍求一术"和"正负开方术"遥遥领先于当时世界的数学水平。欧洲数学家欧拉和高斯的同类研究比秦九韶晚了500多年。

生活在金元交界时期的李冶出身于学问世家，其父为人正直及好学精神对李冶深有影响。元世祖忽必烈慕名多次召见，许以高官，都被他婉言谢绝。李冶潜心著述讲学，研究工作涉及数学、文学、历史、天文、哲学、医学，但投入精力最多的是数学。他所撰写的《测圆海镜》是一部惊世之作，书中提出的"天元术"（一元高次方程）标志着我国传统数学中符号代数学的诞生，其与欧洲的研究相比早了300年。

南宋人杨辉是东南一带有名的数学家和数学教育家。他在沈括隙积术基础上发展了垛积术，并探索纵横图（幻方）规律，给出三、四阶乃至十阶纵横图的构成规律，这些成就对后世数学家深有影响。他还讨论了勾股容方问题，提出了一条重要的面积定理，后人称为杨辉定理。杨辉还特别注意社会上的数学问题，毕生致力于改进计算技术，在捷算法方面取得了一定的成就。

元代的朱世杰，以数学为业游学四方。他不仅继承了当时北方数学以天元术为中心的主要成就，而且还吸收了南方各种日用、商用数学的成就，这使朱世杰成为宋元时期数学发展的总结性人物。朱世杰最重要的科学成果是他撰写了《四元玉鉴》。该书讨论了高次方程组的解法、高阶等差级数的求和及高次内插法等，这在当时世界上首屈一指。欧洲数学家直到18世纪才得出同样的结论。

二、中国古代技术的伟大成就

（一）陶瓷技术

中国瓷器驰名世界，西文中"中国"（China）一词又指"瓷器"，这充分反映了陶瓷技术在中国古代科技中的重要地位。考古学已证明,早在一万年前,我国先民就开始制造陶器。最初单用陶土烧制的陶器表面粗糙,后来人们发现了"釉",也就是一种矽酸盐,涂在陶坯表面再烧制,陶器表面便变得十分光洁。如果在矽酸盐中加入带颜色的金属氧化物,陶器表面就能显示美丽的色彩,著名的"唐三彩"就是这种技术发展的成果。

瓷器是由陶器发展而来的。原始的瓷器在商代早期已经出现,汉代瓷器技术发展迅速,三国两晋南北朝时期,中国烧制瓷器的技术已完全成熟,当时南方以青瓷为主,北方以白瓷为主,间有黑色等。隋唐时期,中国陶瓷技术进入一个新的阶段。陶器技术在汉代铅釉基础上选用多种金属的呈色作用创制出了唐三彩。唐三彩不仅色彩丰富,而且在造型艺术上也有很高的成就,至今仍是享誉中外的具有独特中国风格的著名工艺品。五代时期的瓷业主流仍然是"南青北白",制瓷技术继唐之后有所发展。后周世宗柴荣御窑出产的青瓷器,被列为五大名瓷之一。其特点是"青如天,明如镜,薄如纸,声如磬"。五代时期陆续形成了定窑、钧窑、耀州窑、景德镇窑、越窑、龙泉窑和建窑等八大窑系,以及定、汝、官、哥、钧五大名窑,出现了百花齐放的局面。到了元代,北方诸窑相继衰退,而南方景德镇则异军突起,成为全国最重要的瓷器生产地。明代瓷器技术进入了一个崭新的历史时期,景德镇成为全国制瓷业的中心,彩瓷制作进入黄金时期。明代青花瓷成为景德镇生产的主要产品,大量输出国外,永乐、宣德青花瓷,以其质地精细、色泽浓艳、造型优美而闻名于世。成化时期的斗彩更是彩瓷的代表作。它开创了釉下青花和釉上多种彩色相结合的新工艺,呈现鲜红、油红、鹅黄、杏黄、姜黄、水绿、叶子绿、松绿、孔雀绿、孔雀蓝、葡萄紫等绚丽色彩,使瓷器艺术上升到了一个崭新的高度。清代作为中国制瓷史上的黄金时代,以康熙青花瓷为历代青花瓷器之冠。在康熙五彩的基础上又出现粉彩,各种色泽趋于清逸淡雅,格外亲切。康熙初期还创制了珐琅彩瓷品,其珐琅彩料多来自外国,画法不仅极为工细,而且吸收了西洋画法,具有油画效果,精美异常,所以它成为康熙、雍正、乾隆三朝极为名贵的宫廷御器。

我国瓷器从唐代通过"丝绸之路"或东方的海路传到西亚和南亚,再由这些国家传到欧洲各国。随着瓷器的西传,造瓷技术也于11世纪传到波斯和阿拉伯世界,1470年传到意大利及西欧,使欧洲人民得以生产出自己的瓷器。

(二)丝织技术

中国是世界上最早养蚕和织造丝绸的国家。在新石器时代晚期,我们的祖先就已开始利用蚕丝织作。商周时代,丝织技术有了很大的提高,出现了提花技术,从而能够织作比较复杂和华美的提花织物。提花技术是中国古代在织作技术上的一个重要贡献，对于世界纺织技术的发展有很大影响。已有史料证明西方的提花技术是在汉以后由中国传过去的。

到了汉代，我国丝织品已十分丰富。从长沙马王堆汉墓中发掘出的大量丝织品来看，当时的丝织品从品种上讲，有绢、罗纱、锦、绣、绮；从颜色上讲，有茶褐、绛红、灰、黄棕、浅黄、青、绿、白；从制作方法上讲，有织、绣、绘等；这些丝织品的图案亦很丰富，有动物、云彩、花草、山水及几何图案。

唐代在丝绸染色、印花和纺织机械方面都有很大的改进，所产丝织品更为精美。唐代诗人白居易曾这样赞道："应似天台山上明月前，四十五尺瀑布泉，中有文章又奇绝，地铺白烟花簇雪。"宋代织锦技术发展很快，南宋时锦的品种已有40多种，著名的"苏州宋锦"和南京"云锦"都是这个时期出现的。宋代还发展出一种缂丝技术，它可以用简单工具在一根纬线上分段设色，然后用各色小梭分别织造，织出与原作几乎完全相同的织物。缂丝织制品多以唐宋名画作底本，有很高的艺术性。元代则发展出了"织金锦"，继元之后明清两代又发展出了"妆花"，可谓异彩纷呈，美不胜收。

不仅如此，丝绸作为我国名贵特产，其贸易还形成了著名的"丝绸之路"，成为古代中国与世界交往的通道。据考证，丝绸大约在公元初年传到了罗马。西方史书曾记载，罗马的恺撒大帝曾经穿着一件中国丝袍到剧院看戏，引来全场一片啧啧称赞之声。由于当时丝绸价格十分昂贵，所以只有皇帝和少数贵族才能享用。随着丝织品的外传，我国的养蚕法和丝织技术也相继传到了世界各地。公元6世纪传到东罗马帝国，12世纪末传到意大利，14世纪法国人学会养蚕，16世纪末传到英国，19世纪再传到美国，从而在世界文明史上写上了独具风采的篇章。

（三）造纸术

纸的发明是人类文字载体的一次重大革命。在植物纤维纸出现之前，各古老民族只能采用各种原始粗重的书写材料，给人类文化知识的积累和传播造成了很大的困难。

我国人民在处理茧丝的过程中发明了絮纸。秦汉时期，人们在制作麻料衣服时又发明了植物纤维纸，由于它原料丰富、便宜，很快流行起来。

至东汉时期，宦官蔡伦在改进造纸技术方面做出了重要的贡献。他与造纸工匠经反复琢磨，最后采用树皮、麻头、破布、渔网作原料制造纸张。这一新技术不仅使原料来源更为广泛，而且纸的质量也大大提高。蔡伦所发明的这种纸具有埃及纸草、希腊羊皮、巴比伦的泥板、印度树皮无法与之比拟的优点，它的发明为人类的文化传播，提供了至今依然不可或缺的信息存贮和传递手段，所以纸发明后以很快的速度向外传播。中国造纸技术大约在3世纪首先传入越南，4世纪传入朝鲜，5世纪传入日本，7世纪传入印度，8世纪从中亚传入阿拉伯，12世纪传到欧洲。在蔡伦造纸1000多年以后，西班牙和法国于12世纪建立了造纸厂，以后意大利和德国也于13世纪建立造纸厂，到了16世纪，整个欧洲都学会了造纸。由此可见造纸术是中华民族对世界文明的伟大贡献。对此，美国学者德克·卜德评价道："世界受蔡侯的恩惠比受许多更有名的人的恩惠更大。"

（四）印刷术

中国是纸的故乡，与纸相伴的印刷术的出现也就非常早。隋朝时，中国已发明了雕版印刷术。唐懿宗咸通九年（公元868年）印刷的《金刚经》就是目前世界上最早印有出版日期的印刷品。欧洲最早印有确切日期的印刷品，是德国南部1423年的《圣克利斯托菲尔》画像，晚于我国近600年。

雕版印刷术在宋代达到了极高的水平，但它每印一部书就要雕一次版，费力耗时的弱点也日益暴露出来。宋代庆历年间，优秀的刻字工人毕昇终于发明了活字印刷术：用胶泥刻成单字烧硬，再拼版印刷。活字印刷术克服了雕版印刷的缺陷，实现了印刷史上一次重要的技术革命。后来元代著名农学家王祯创造了木活字印刷术，改进了泥活字容易破损的缺点，这是印刷技术的又一次重大进步。王祯还创造了转轮排字架，大大提高了排字效率，减轻了排字工人的体力消耗。此后，我国古代的印刷术又发展为各种金属活字印刷。

据记载，我国雕版印刷术在公元8世纪传到日本，10世纪传到朝鲜，13世纪末从土耳其传到伊朗，之后从伊朗传到埃及和欧洲。而中国的活字印刷术大约在14世纪传到朝鲜和日本，15世纪传到欧洲。公元1450年，德国人古腾堡仿造中国活字印刷术制成了用铅、锑、锡合金为材料的欧洲拼音文字的活字，开始了欧洲活字印刷的历史。

（五）火药技术

火药的主要原料是木炭、硝石和硫黄。早在商周时期，我国已经在冶金中广泛使用木炭。春秋战国时又发现了天然的硫矿和硝石（硝酸钾）。尽管这些基本原料很早就被发现，但把它们放在一起制成火药，却是道教炼丹家的功劳。

炼丹家在炼制丹药的过程中逐步认识到硫黄和硝石的若干化学特性，并将其混合在一起。据史籍记载早在公元3世纪，中国古代炼丹家就将硝石和硫结合以期炼出人造金，公元300年前后著名的炼丹家葛洪发明了把硫、硝石、云母等原料混合、加热而成为"紫粉"的配方。唐初著名炼丹家、医药学家孙思邈和唐中期炼丹家清虚子，又分别提出"伏硫黄法"和"伏火矾法"，由于当时还没有自觉地加入炭，这些配方的制造物易于燃烧，但还未能形成真正的爆炸。公元850年，唐中期丹书《真元妙道要略》中记载了原始火药的第一个配方。因此，火药实际上在唐代就已发明，但它的广泛运用则是在宋代。

火药发明以后，主要被用在军事上。火药使火箭、大炮等武器在战争中显示了前所未有的威力。南宋时期出现了用毛竹筒制成的突火枪，这已是近代枪炮的前身，随后又出现了用金属管代替竹筒的铳枪和用铜和铁铸成的筒式火炮，这是当时世界上最先进的武器。至于宋元之际出现的火药箭，和现代火箭的发射原理非常相近。明代又创造了自动爆炸的地雷、水雷和定时炸弹，其中一种名叫"火龙出水"的火箭是两级火箭的雏形。这些在当时都堪称是世界上最先进的武器。

中国的火药技术可能通过战争外传，阿拉伯人首先掌握了火药武器的制造。大约公元1280年，阿拉伯人哈森·阿拉马就曾把火箭称为"中国箭"。14世纪初，阿拉伯人又将火药技术传到欧洲，欧洲人在14世纪末的战争中开始使用火箭。火箭最终的作用是将人类送上了外星球。因此，著名的科技史学家李约瑟认为火箭是中国对人类做出的最大的技术贡献。

（六）指南针和航海技术

早在战国时代，我国就有了关于磁石性能的认识，而且已发明了磁性指向工具，当时被称为"司南"。它由天然磁石磨制而成，其形状像一把汤匙，放在平滑的底盘上，勺柄会自动转向南方。因此，司南是世界上最早的指南针。但天然磁石在强烈震动和高温时容易失去磁性，司南的指向也不太精确，到了宋代，人们便用人造磁钢片代替天然磁石，制成了指南鱼、指南龟，直至名副其实的指南针。宋代大科学家沈括在《梦溪笔谈》中最早记载了指南针的制造技术。沈括在该书中还说到磁偏角，这是磁学史上一个非常重要的发现，欧洲人直到400年后才有关于这一现象的记载。

指南针的发明和改进，使中国古代的航海事业在中世纪达到了世界最高水平。早在宋元时期，中国商船就已到达大西洋沿岸，欧洲人和阿拉伯人在航海时与中国人接触，获得了航海磁罗盘。这一技术的掌握使欧洲人最终开辟新航线，不断发现新大陆，终于建立了统一的世界市场。

参考文献

[1]陈玉英,张秀梅,祁顺柱.中华传统文化[M].石家庄:河北科学技术出版社,2019.

[2]从云飞.中华优秀传统文化[M].北京:华文出版社,2021.

[3]杜昀芳,刘永记.中华优秀传统文化[M].北京:新华出版社,2021.

[4]费君清,刘家思,朱小农.中华优秀传统文化论丛[M].杭州:浙江工商大学出版社,2020.

[5]何艳萍.传统文化润童心[M].北京:北京理工大学出版社,2019.

[6]侯永华,黄玉洁.中华传统文化三十六讲[M].郑州:文心出版社,2023.

[7]李若冰.中华优秀传统文化读本[M].昆明:云南大学出版社,2020.

[8]李素玲,胡欣育.传统文化与应用文写作[M].北京:北京理工大学出版社,2021.

[9]刘斌.中华传统文化知识26讲[M].北京:中国政法大学出版社,2021.

[10]陆通.中华优秀传统文化与文化自信[M].长春:吉林出版集团股份有限公司,2018.

[11]马建荣.中华优秀传统文化十六讲[M].银川:宁夏阳光出版社,2021.

[12]彭翠.中华传统文化在新时代的传播与传承[M].北京:中国传媒大学出版社,2022.

[13]戎川.中华传统文化精义选释[M].昆明:云南大学出版社,2023.

[14]宋艳春,杨雨琪,廖贵强.中华传统文化与大学生礼仪修养[M].厦门:厦门大学出版社,2020.

[15]苏晨杰,丁莉.中华传统文化民俗课程[M].上海:华东师范大学出版社,2018.

[16]苏金良,卢洪利,王洪霞.中华优秀传统文化启蒙教育导论[M].长春:吉林人民出版社,2019.

[17]孙敬华.中华传统文化读本[M].重庆:重庆大学出版社,2020.

[18]王朝艳,杨昌洪,常超英.中华传统文化经典诵读[M].成都:电子科技大学出版社,2019.

[19]肖颖.关中地区传统文化研究[M].西安:陕西科学技术出版社,2022.

[20]徐礼诚.传统文化与语文教学[M].长春:吉林人民出版社,2020.

[21]杨文笔.中国传统文化导论[M].银川:宁夏人民出版社,2020.

[22]易志军.中华优秀传统文化读本[M].重庆:重庆大学出版社,2020.

[23]于慧.中华优秀传统文化与高中地理教学研究[M].长春:吉林人民出版社,2020.

[24]张宏.中国传统文化概论[M].北京:北京理工大学出版社,2019.

[25]张利.中华优秀传统文化经典诗文导学[M].北京:北京理工大学出版社,2022.

[26]张亮.走近中华优秀传统文化[M].南京:南京大学出版社,2018.

[27]张绪佑.传统文化杂谈录[M].南昌:江西美术出版社,2020.

[28]晁永光.中华优秀传统文化的传播创新策略[J].对联,2022(22):24-26.

[29]樊宪雷.中华优秀传统文化的现代化路径[J].国家现代化建设研究,2023(2):47-58.

[30]倪素香.论中华优秀传统文化的价值与弘扬[J].中国德育,2022(24):15-18.

[31]王彬彬.中华优秀传统文化及其价值探析[J].大连干部学刊,2023(1):53-57.

[32]叶小文.论中华优秀传统文化之"优"[J].人民论坛,2023(14):40-43.